Jörg Greck

# Rein rechtlich ist das alles kein Problem

Jörg Greck

# Rein rechtlich ist das alles kein Problem

REALSATIREN & ALLTAGSGROTESKEN

VERLAG 28 EICHEN
BARNSTORF

*Für Inge, meine geliebte Frau.*

Die Deutsche Bibliothek verzeichnet diese Publikation
in der Deutschen Nationalbibliographie.
Detaillierte bibliographische Daten sind im Internet über
http://dnb.ddb.de abrufbar.

ISBN 978-3-940597-74-8

Cover unter Verwendung einer Illustration von
Gordon Browne, The Strand Magazine, London 1898.

# Inhalt

**A**

# ABHÖRAKTION, NSA

Die neuen Enthüllungsstories des tapferen Snowdon über Wirtschaftsspionage durch den NSA überraschen nicht wirklich. Denn schließlich werden die weltumspannenden Ausspähaktionen der „Men in black“ amtlicherseits mit der „Terrorabwehr aus Gründen der nationalen Sicherheit“ gerechtfertigt, gleich ob sie sich gegen Regierungsmitglieder „befreundeter“ Staaten oder Angehörige arabischer Selbstmordkommandos richten. Und das z. B. so mancher angestaubte amerikanische Automobilhersteller, der seine Blechbüchsen am Weltmarkt nicht mehr unterbringen kann, weil sie schlicht antiquiert sind, den hart erarbeiteten technologischen Vorsprung der deutschen Autobauer als Terrorangriff bewertet, kann ich gut verstehen.

### *Rednecks im Pentagon?*

Ich frage mich allerdings, ob jetzt auch der Pentagon-Beamte überwacht wird, der sich angeboten hat, „dem größten Verräter aller Zeiten“, gemeint war Snowdon, eine Kugel in den Kopf zu jagen, wie es in BuzzFeed nachzulesen war: „I would love to put a bullet in his head …“?[1] Man weiß es nicht. Kann aber auch sein, dass Ein-Personen-Terrorkommandos US-amerikanischer Herkunft durchs Raster fallen. Oder haben Sie schon jemals etwas darüber gelesen, dass der „Pilot“ einer im Nahen Osten Terror und Tod verbreitenden amerikanischen Drohne ins Visier der NSA gekommen ist? Man weiß es nicht.

---

1 Als ich die Geschichte über diesen Redneck las, musste ich an den amerikanischen Liedermacher Randy Newmann denken, der in einem Song, klavieruntermalt, zu einem anderen US-amerikanischen Gesellschaftsphänomen mit rauer Stimme etwa so festhielt: We’re rednecks, we’re rednecks, we don’t know our ass from a hole in the ground …“ Wo ist eigentlich meine CD „Good Old Boys“?

***Safer Email-Verkehr***

Wie dem auch sei. Nach meinen Erfahrungen mit Mr. Smith[2] bin ich vorsichtig geworden und vermeide in meinen Emails Formulierungen wie: auf der Feier war eine „Bombenstimmung“ oder der Obameyang ging ab wie eine „Rakete“ und verwende stattdessen lieber blasse Formulierungen wie: „Heißa, was haben wir schön gefeiert“ oder „der kann aber richtig schnell laufen“ – auch wenn die Botschaft so in ihrer ganzen Bedeutungstiefe nicht perfekt abbildet wird.

**Tipp**

Sollten Sie eine **Reise** in die **USA** planen oder auch nur erwägen, dann bestellen Sie dieses Buch **nicht** über den **Internet-Buchhandel.** Die mit dem Kauf zum Ausdruck gebrachte latent-kritische Haltung gegenüber dem Land jenseits des Atlantik könnte spätestens bei der Einreise am Flughafen zu Problemen führen, wenn Sie nicht schon vorher bei der elektronischen Einreiseregistrierung über das Online-System ESTA (Electronic System for Travel Authorization) gescheitert sind.

Gefahren lauern aber überall, auch beim Telefonieren. Das eigentlich unverfängliche „Ich bin dann mal weg“ habe ich mir wegen der Verwechslungsgefahr mit Osama bin Laden abgewöhnt. Ja, ich bin verunsichert, das gebe ich zu, aber wie schnell kann die Klangfarbe eines gesprochenen Wortes zu Missverständnissen führen. Ich erinnere nur an die legendäre Unterhaltung zwischen George W. (einem US-Amerikaner) und seiner Condi (einer US-Amerikanerin) im Oval Office, in der es u. a. um den „new leader of China“ namens Hu ging und George W. permanent „Hu“ mit „who“ verwechselte.[3] Da gehe ich doch lieber auf „Nummer sicher“.

---

2 Siehe *Heizöl, Bestellung*.

3 Ein Appetithäppchen: „... Condi: Hu is the new leader of China. George: That's what I want to know. Condi: That's what I'm telling you. George: That's what I'm asking you. Who is the new leader of China? Condi: Yes. George: I mean the fellow's name. Condi: Hu. George: The guy in China. Condi: Hu. George: The new leader of China. Condi: Hu. George: The Chinaman! Condi: Hu is leading China ...“ (Das vollständige Interview gibt’s auf YouTube, unbedingt anhören, Suchbegriff: „Bush and Condi – The new president of China“).

# ABWRACKPRÄMIE, Hunde

Als die „Neue Rheinpresse" auf ihrer Homepage titelte „Dortmunder Gemeinderat will Abwrackprämie für Hunde einführen", um die Hundekotschwemme in der City in den Griff zu kriegen, fand der Vorsitzende der CDU-Ratsfraktion an den auf die Veröffentlichung folgenden Tagen diverse Grußadressen mit den unflätigsten Beschimpfungen von erbosten Hundehaltern auf seinem Schreibtisch und im Postfach des Email-Accounts seiner Partei. Das war etwas vorschnell, denn die frei erfundene Schlagzeile hatte ein Satiremagazin vom Stapel gelassen.

Die Erregung der zu allem entschlossenen Hundeliebhaber, die Züge einer Hexenverfolgung trug, sie wollten Blut sehen, zeigte eines ganz klar: Der Hund kann sich auf den Menschen verlassen, ja, man kann sogar sagen, der Mensch ist des Hundes bester Freund[4] – die Redaktionsmitglieder des Satiremagazins mal ausgenommen.

### *Leben wie ein Hund in Frankreich*

Belegen lässt sich das auch mit den Anstrengungen der Futtermittelindustrie, die mittlerweile eher die Rolle eines auf die Herstellung exquisiter Speisen spezialisierten Feinkosthändlers übernommen hat, um Herrchens und Frauchens Liebling nur das Beste anzubieten. Wen's interessiert, im Trend liegen Luxus- und Biofutter und natürlich darf auch der Grüntee für den Seniorenhund nicht fehlen. Leben wie ein Hund in Frankreich!

### *Überarbeitung des Dudens*

Konsequenterweise müsste man mit Blick auf diese und ähnliche Entwicklungen schnellstens einige Wörter und bildhafte Ausdrücke aus dem Duden streichen und sie durch neue ersetzen, denn sie entsprechen nicht mehr der Lebenswirklichkeit: Statt „Hundejahre", jetzt: „Menschenjahre", statt „Hundstage", jetzt: „Katzentage", nein, lieber nicht, dann schon eher

4 Loriot hat, wie Sie wissen, das Besondere an der Mensch-Hund-Beziehung so zusammengefasst: „Ein Leben ohne Möpse ist möglich, aber sinnlos."

eine Tiergattung ohne starke Lobby: „Regenwurmtage", das passt, statt: „hundeelend", jetzt: „igelelend" (auch keine schlagkräftige Lobby), statt: „leiden wie ein Hund", jetzt: „leiden wie Ihrwisstschonwer" oder „The Artist Formerly Known As Dog". Eine solche Bereinigung des deutschen Sprachschatzes ist überfällig.

## AKTIE, Dividendenstripping

Es gibt Situationen, in denen könnten einem die Gäule durchgehen, wenn man nicht gewaltfrei erzogen worden wäre. Oder hätten Sie geglaubt, dass es unsere Steuergesetze ermöglichen, sich eine einmal gezahlte Steuer mehrfach erstatten zu lassen?

### *Legal, illegal, scheißegal*

Man weiß wirklich nicht, auf wen man stärker verbal einprügeln soll, die Banken (z. B. Hypo-Vereinsbank, LBBW und die HSH-Nordbank), Geldanlagefonds und Privatleute, die sich mit der erst zum 1.12.2012 halbwegs geschlossenen Gesetzeslücke bei den sogenannten Cum-ex-Geschäften mit Aktien „legal" bereicherten, obwohl sie etwas taten, das jedem halbwegs verständigen Menschen als „illegal" erscheinen musste, oder die Politiker, die sehenden Auges jahrelang das steuerliche Schlupfloch nicht schlossen, es vielmehr, diesen Eindruck erweckt jedenfalls ihre Untätigkeit, als „scheißegal" hinnahmen.

In der Sache geht es um die Erstattung der Kapitalertragsteuer bei sogenannten Cum-ex-Geschäften mit Aktien, auch Dividenstripping genannt, bei denen rund um einen Dividendenstichtag Aktien „cum" (mit) Dividendenanspruch schnell hintereinander gekauft und „ex" (ohne) Dividendenanspruch wieder verkauft werden – am besten mehrmals hintereinander. Dies führte dazu, dass das durch die schnellen An- und Verkäufe bewusst über Anteilseignerschaft in die Irre geführte Finanzamt für eine durch die Aktiengesellschaft nur einmal gezahlte Steuer auf die Dividendensumme zwei oder mehrere Erstattungsbescheide für die Kapitalertragsteuer ausstellte.

***Schlagloch-Soli auch für Steuerschlupf-Löcher?***
Presseberichten zufolge werden bundesweit von der Finanzverwaltung mittlerweile 50 Fälle untersucht, teilweise unter Beteiligung der Staatsanwaltschaft, in denen seit dem Entstehen des Steuerschlupflochs durch die Unternehmenssteuerreform des Jahres 2002 ein Gesamtschaden zu Lasten des Fiskus im zweistelligen Milliardenbereich entstanden sein soll.

Wenn Sie nun glauben, dass der Einnahmeausfall für den Fiskus zu einem Problem werden könnte, dann irren Sie. Für das Zuwerfen von Löchern wird in Deutschland traditionsgemäß der Kfz-Halter in die Haftung genommen, gleich ob die Löcher auf der Straße oder im Haushalt des Bundesfinanzministers entstanden sind. Denn das Thema „Schlagloch-Soli"[5] für den Wirtschaftsstandort Deutschland ist doch wohl als ein alle Ebenen des Staates einschließendes Projekt zu sehen, gell, Herr Torsten Albig.

## AKTIONISMUS, Handlungsprinzip

Mit dem Handlungsprinzip „Lieber Scheiße mit Schwung als gar nichts" bin ich während meiner Bundeswehrzeit vertraut gemacht worden. Ausführlich. Diese Maxime ist aber nicht auf diesen Lebensbereich beschränkt, sondern gilt als universelle Verfahrensweise in allen Situationen, in denen sich eine Person, meist schon seit längerer Zeit, einer misslichen, unangenehmen Situation ausgesetzt sieht, das Problem als begabter Prokrastinast aber immer wieder aufgeschoben hat, auch deshalb, weil die Lösung im Nebel liegt, sich aber irgendwann zum Handeln aufgerufen fühlt, weil der Druck von dritter Seite, das Problem endlich anzufassen, zu groß geworden ist.

Wir kennen dieses plötzlich einsetzende unreflektierte, konzeptionslose Handeln zur Vertuschung eigener Unsicherheit und Untätigkeit unter dem Begriff „Aktionismus". Aktuelle Beispiele aus der Politik sind das Betreuungsgeld und die Straßenmaut[6] oder aus der Wirtschaft, wenn sich kriselnde Unternehmen Berater ins Haus holen, die aus ihrem Erste-

5 Siehe *Solidaritätszuschlag, Autobahnen.*
6 Siehe *Pkw-Maut, Schlägerei in GroKo.*

Hilfe-Koffer ein betriebswirtschaftliches Allerweltswerkzeug nach dem anderen herausziehen, um damit wild drauflos zu hämmern, zu sägen und zu feilen, dass der gesamten Belegschaft der Kopf dröhnt.

### *Diffuse Problemlage*

Betroffen sein kann aber auch der private Bereich. Ich glaube, ich habe jetzt so einen Fall. Es geht um die Bekämpfung von nicht mehr zu leugnenden Schadensbildern bei Buchsbaumpflanzen, die noch vor drei Wochen als tief dunkelgrüne wohlbelaubte zierliche, akkurat in Form gehaltene Hecke die Beete im Garten säumten und jetzt in der Draufsicht so aussehen wie eine Urwaldminiatur nach einer Entlaubungsaktion mit Agent Orange im Vietnamkrieg.

Ich habe lange genug zugesehen, jetzt ist entschlossenes Handeln angesagt. Nach einer Schnelldurchsicht der circa 1,7 Mio. Treffer im Internet zum Stichwort „Buchsbaum“ begann ich mit der Befunderhebungs- und Beweissicherungsphase zu den vermuteten Schadensursachen: Eine durch Pilzbefall ausgelöste Blattkrankheit, ein tierischer Schädling, Spinnmilbe, Schildlaus, Zünsler, zu wenig Wasser, Staunässe? Kein eindeutiges Ergebnis. Auch nicht nach der Befragung diverser Gartenexperten mit fotografisch gesicherten Krankheitsstadien unter Vorlage der Beweisstücke. „Mal tüchtig Wässern“, „das ist ganz klar Staunässe“, „eindeutig die Schildblattlaus“, wahlweise „Buchsbaumzünsler", „zu wenig Nährstoffe bei zu geringem PH-Wert des Bodens, da bin ich mir sicher“. Die verschiedenen Analysen wurden jeweils verbunden mit dem Angebot des Erwerbs von Spezialdünger, teilweise hochgiftiger Pflanzenschutzmittel oder entsprechender Gerätschaften zur Dauerbewässerung bzw. Trockenlegung der betroffenen Bereiche im Garten.

### *Brecht hilft*

Verzweiflung machte sich bei mir breit und ich musste an das Parabelstück „Der gute Mensch von Sezuan“ von Bertolt Brecht denken, nach dessen Regieanweisung am Schluss des Stücks ein Spieler vor den Vorhang tritt und sich ans Publikum mit den Worten wendet: „Wir stehen selbst enttäuscht und sehn betroffen den Vorhang zu und alle Fragen offen.“

Doch, Moment mal, da gibt es doch noch die sich an diesen Satz anschließende Scheiße-mit-Schwung-Passage, die die Aufführung beendet: „Verehrtes Publikum, los, such dir selbst den Schluss! Es muss ein guter da sein, muss, muss, muss!“

Ich denke, dass wir gleich morgen das Haus zum Verkauf anbieten werden, lieber Bertolt.

## ALBTRAUM, Gegenstrategie

Auf das durch Albträume ausgelöste Nachtprogramm unseres Gehirns, in dem es um Ekel, Scham, Trauer, Wut, Gewalt, Verfolgung, bodenlosen freien Fall, Lähmung, den Gewinn der Deutschen Fußballmeisterschaft durch den Verein aus der Verbotenen Stadt[7] oder andere angstauslösende Zustände[8] geht, kann man getrost verzichten. Wer hieran Gefallen findet, schaltet sich einfach bei einem Nachmittags- oder Vorabendprogramm einer x-beliebigen Fernsehanstalt zu oder wählt gleich gezielt Sender wie RTL oder SAT 1 aus, die sich auf emotionales Kino am Rande des guten Geschmacks spezialisiert haben.

Anders als beim Fernsehen lassen sich die Horrorszenarien, die unser Hirnstamm gemeinsam mit anderen Arealen des Gehirns erzeugt, aber nicht einfach mit einer Fernbedienung wegswitchen, gleich, ob man sie wie in der Antike als Botschaft der Götter versteht, sie mit Sigmund Freuds unbewiesener Theorie als Spiegel unserer unbewussten Wünsche und Gefühle einstuft oder mit den wissenschaftlichen Theorien der 80er-Jahre als liebevolle Bastelarbeit der Großhirnrinde aus dem neuronalen Rohmaterial ansieht, das der Hirnstamms angeliefert hat.

### *Zurück an Absender*

Per Knopfdruck wegswitchen ist also nicht so ohne Weiteres möglich. Das heißt aber nicht, dass man die Annahme der vor allem während des REM-Schlafes[9] mehrmals pro Nacht

7 Verbotene Stadt = Herne-West hat das amtliche Autokennzeichen GE.

8 Siehe z. B. *Badezimmer, Renovierung*.

9 In der Traumphase des Rapid Eye Movement (REM), die 20 % des

erzeugten unerwünschten Informationspakete nicht verweigern könnte.

Das „Return to Sender“[10] gelingt mit der herkömmlichen IRT-Therapie (Imagery Rehearsal Therapy), die vor allem bei chronischen Albträumen angewendet wird, also immer dann, wenn der Dämon Alb sich mindestens alle vierzehn Tage einmal auf die Brust des Schläfers setzt. Nach der IRT-Methode wird der Albtraum analysiert und die bedrohlichen Elemente werden gegen harmlose Versatzstücke ausgetauscht, die der Schläfer vor dem Zubettgehen visualisiert.[11]

### ***„40-Hertz-Knopfdruck-Technik“***

Die moderne von Neurologen vorangetriebene Schlafforschung geht einen alternativen Weg, den man als „40-Hertz-Knopfdruck-Technik“ bezeichnen könnte und, dies sei zur Ihrer Beruhigung gesagt, keinerlei Parallelen aufweist zu der „Fünf-Punkte-Pressur-Herzexplosions-Technik“ aus Tarantinos „Kill Bill II“.

Ausgangspunkt ist das Phänomen des sog. Klartraums, auch luzider Traum genannt, bei dem sich der schlafende Mensch bewusst ist zu träumen und daher das Traumgeschehen beeinflussen kann.

Während beim normalen Traum in der REM-Phase nur Hirnstamm und Großhirnrinde aktiv sind, schaltet sich beim Klartraum – aus welchen Gründen auch immer – der für das logische Denken zuständige frontale Cortex ein, der beim luziden Traum Gamma-Wellen von exakt 40 Hertz in den Hirnstrom einspeist. Laborversuche an der Johann-Wolfgang-Goethe-Universität in Frankfurt am Main an richtigen Menschen und nicht an Kapuziner-Äffchen zeigten nun, dass sich mit einigen am Kopf des Probanden angelegten, mit 40 Hertz stimulierten Elektroden quasi auf Knopfdruck aus einem gewöhnlichen Traum ein – vom Träumenden beeinflussbarer – Klartraum machen lässt, der den Zugriff auf ein quälendes albtraumhaftes Geschehen ermöglicht.

---

Nachtschlafs ausmacht, bewegen sich die Augäpfel unter den geschlossenen Lidern schnell hin und her.

10 Zurück an Absender.

11 Zur Online-Variante der IRT-Therapie siehe www.albtraumcoach.de.

**Tipp**
Hmmm ..., mag ja alles sein, aber ich weiß nicht so recht. Ein **Strom fressender 40-Hertz-Generator** auf dem Nachttisch? Und man kann dieses Ding ja nun nicht Nacht für Nacht laufen lassen, nur weil sich vielleicht irgendwann mal ein Albtraum in irgendwelchen Gehirnwindungen manifestiert. Und dann auch noch die vielen Elektroden mit den Drähten auf der Kopfhaut. Das sieht **kurios** aus und **behindert** einen doch sicherlich, wenn man mal ... zur Toilette muss. Und wer benutzt schon gern Bettpfannen? Ich sach ma, nur im äußersten Notfall. Auf der anderen Seite, interessieren tät's mich schon, ob das funktioniert. Vielleicht schließ' ich mich doch mal **drahtlos an** die neue **Fritz Box** an, wenn ich die alte, die beim letzten Sommergewitters durchgeknallt ist, ausgewechselt habe.

## ALIMENTATIONSPRINZIP, Konsequenzen

Das ist extrem praktisch und sollte als grundgesetzliche Garantie für alle Bundesbürger in unserer Verfassung verankert, wenn nicht sogar zu einem Menschenrecht erklärt werden. Ich meine die Möglichkeit, die Höhe des eigenen Gehaltes – jedenfalls innerhalb einer gewissen Bandbreite – selbst festzulegen.

Für Richter und die ihnen besoldungssystematisch gleichgestellten Beamten ist das möglich. So befanden jetzt Richter beim Verfassungsgerichtshof in Münster, dass die ihnen, ihren Berufskollegen und den Beamtenbesoldungsgruppen des höheren Dienstes von dem nordrhein-westfälischen Finanzminister Norbert Walter-Borjans auf maßgebliches Betreiben unserer Ministerpräsidentin Hannelore Kraft verordnete Nullrunde bei der Gehaltsanpassung gegen die Landesverfassung und im Grundgesetz verankerte Prinzipien der Alimentation dieser Staatsdiener verstoße.

### *„Hannelore, die Schreckliche“*

Was hatte „Hannelore, die Schreckliche“, getan, die gleich im Anschluss an die Urteilsverkündung von dem Vorsitzenden der Partei, die sich (endlich) selbst abschaffen will,[12] wegen eines „wiederholten Verfassungsbruches“ verbal abgewatscht wurde? Um den Landeshaushalt nicht vollkommen aus dem Ruder laufen zu lassen, hatte sie sich erdreistet, die in den Tarifverhandlungen beschlossenen Gehaltserhöhungen für Angestellte des öffentlichen Dienstes nicht, wie sonst üblich, 1:1 auf die Richter und Beamten des Landes zu übertragen. Ein Gehaltsplus – in unterschiedlicher Höhe – sollte es nur für die unteren und mittleren Besoldungsgruppen bis A 12 geben; die Gutverdiener bei den Beamten und alle Richter sollten durch den regierungsseitig verordneten Gehaltsverzicht ihr Scherflein zur Sanierung des Landeshaushaltes und damit zur Aufrechterhaltung eines funktionierenden Gemeinwesens in finanziell schwierigen Zeiten beitragen.

### *Ali-Mentholprinzip*

Sicherlich hätten sie das auch mit Freuden getan. Aber auch sie haben natürlich die Verfassung zu respektieren, vor allem den Artikel 33 Absatz 5 des Grundgesetzes, der die hergebrachten Grundsätze des Berufsbeamtentums und damit auch das hier entscheidungserhebliche Alimentationsprinzip festschreibt, das sie dazu verpflichtet, sich von ihrem Dienstherrn während des aktiven Dienstes und nach dem altersbedingten Ausscheiden einen angemessenen Lebensunterhalt gewähren zu lassen. Und der Verfassungsgerichtshof, der – schon wegen seines Namens ebenfalls dem Grundgesetz verpflichtet – auch nicht anders entscheiden konnte als er es getan hat, schrieb den verzichtwilligen Staatssanierern ins Stammbuch, dass das von ihnen geplante Sonderopfer einen evidenten Verstoß gegen die Verfassung darstelle, den das Gericht nicht tolerieren könne.

### *Tränen nach der Urteilsverkündung*

So gab es denn im Anschluss an die Urteilsverkündung auf allen Seiten betretene Gesichter. Bei Walter-Borjans, weil er jetzt einen 600 Mio. schweren Nachtragshaushalt einbringen muss und auf Seiten der Beamten und Richter, die nur zu gern das getan hätten, was der Staat bei einer dramatisch ange-

12 Siehe *FDP, Selbstauflösung*

spannten Haushaltslage von allen Nicht-Beamten mit „starken finanziellen Schultern“ verlangt, wenn es etwa darum geht, die „Stabilität des Systems der gesetzlichen Krankenversicherung“[13] durch eine rückwirkende Mehrbelastung bestimmter Bevölkerungsgruppen zu erhalten, nämlich einfach den Gürtel etwas enger zu schnallen.

So aber müssen wir den guten Willen für die Tat nehmen. Ein ranghoher Vertreter des Deutschen Beamtenbundes stellte hierzu unter Tränen fest: „Auch unsere Berufsgruppe hätte sich gern an der Sanierung der maroden Staatsfinanzen beteiligt, zumal wir uns als Beamte und Richter dem Staat in besonderer Weise verpflichtet fühlen. Leider zwingt uns aber der Gesetzgeber dazu, das zu unterlassen und uns als der Verfassung unterworfene Bürger den strengen Vorgaben des Alimentationsprinzips zu beugen.“

Wer eigentlich die Normenkontrollklage beim Landesverfassungsgericht in Münster eingelegt hatte, ließ sich nicht mehr aufklären. Der Finanzminister, Beamte oder Richter kommen als Urheber ja wohl nicht in Betracht.

## ARBEITSKOLLEGE, Besuch

Gelegentlich fahre ich noch nach HER und besuche meinen alten Arbeitgeber, auf dessen Gehaltsliste ich während der Ruhensphase der Altersteilzeit zurzeit noch stehe. Genau genommen besuche ich natürlich nicht ihn, sondern einen bestimmten Altgesellen, den wir, die Freigänger, liebevoll den „letzten Mohikaner“ nennen. Eine entsprechenden Gipsfigur, ein Indianer mit vollem Kopfputz, steht auf seinem Schreibtisch und wartet darauf, mit ihm zusammen in fünf Jahren, 237 Tagen, sieben Stunden und 45 Minuten die honesta missio zu bekommen – von jetzt an gerechnet.
Es war in HER alles wie immer: Gestiegene Umsatzzahlen, eine aus diesem Anlass wohlgelaunte Belegschaft, allerorten, und ein aufgeräumter Verwaltungschef. „Na, wird der alte Mann und das Meer neu verfilmt“, lautete seine mir etwas zu

13 Siehe *Danaergeschenk, gesetzliche Krankenversicherung.*

kecke Begrüßung, als ich meinen Kopf zur Tür der Personalabteilung hineinsteckte, um kurz „Hallo“ zu sagen.

### *Der alte Mann und das Meer*

Gut, ich habe mein Aussehen seit dem Ausscheiden aus dem aktiven Dienst, wie man so sagt, ein wenig verändert. Die Haare an den Kopfseiten, nur da ist das möglich, habe ich wachsen lassen (Macht richtig Laune, sich morgens nach der Dusche das Haar trocken zu rubbeln.), nachdem Inge meine mit dem Barttrimmer in der einen und einem Spiegel in der anderen Hand auf vier Millimeter eingekürzte Lockenpracht süffisant mit der gemurmelten Frage kommentierte, „welcher Kameradschaft gehörst du eigentlich an?“ Auch, vollkommen richtig, habe ich mir einen Vollbart wachsen lassen, was Inge wohl noch nicht bemerkt, zumindest aber noch nicht kommentiert hat. Alles in allem also ein, wie ich meine, maßvoll verändertes, meiner neuen sozialen Stellung durchaus angemessenes Erscheinungsbild. Aber dann gleich so etwas, das schrie nach Vergeltung. Ich machte diesem vollmundig formulierenden Jungspund also unmissverständlich klar, dass seine Bemerkung gänzlich unangemessen sei und – rechtlich betrachtet – unzweifelhaft einen Verstoß gegen das Allgemeine Gleichbehandlungsgesetz darstelle, das Benachteiligungen u. a. aus „Gründen des Alters“ sanktioniere. Mein Anspruchsschreiben werde in Wochenfrist bei ihm eingehen.

### *Auf zu Fossi!*

Ich ließ meine Schlussbemerkung nachhallen, blickte noch einmal mit entschlossener Miene auf alle inzwischen hochgereckten Köpfe der Mitarbeiter, schloss die Tür und machte mich beschwingt auf den Weg zum „letzten Mohikaner“, der übrigens Hans-Jürgen Voß heißt und in Köln (auf der richtigen Rheinseite, auf diesen Hinweis legt er wert) geboren wurde, was für Mohikaner eigentlich ziemlich ungewöhnlich ist. Aber er ist ja, wie gesagt, nur ein Mohikaner ehrenhalber und das auch nur auf Zeit bis zum Tag seiner Pensionierung. Das Blut, das in seinen Adern rinnt, ist mit Rheinwasser angereichert und fließt in den Farben Rot und Weiß oder manchmal auch Blau und Weiß, den Erkennungsfarben der beiden größten Kölner Karnevalsvereine. In Abwandlung eines verbürgten Zitats der großen Liverpooler Spieler- und Trainerlegende Bill Shankly gilt für ihn der Satz: „Es gibt Leute, die denken, Karneval ist eine Sache von Leben und Tod. Ich mag diese Einstellung nicht. Ich kann Ihnen versichern, dass es viel ernster ist."

Eigentlich trägt H. Bindestrich J. Voß, der letzte Mohikaner aus dem Kreis der Altgesellen, noch einen weiteren Alias-Namen, „Fossi" nämlich. Nicht etwa deshalb, weil er so putzig ist, etwa von zwergenhaftem Wuchs oder er so ganz und gar drollig daherkommt, oder mit piepsiger Stimme spricht. Der Mann misst 1,93 m (und zwar in der Höhe), schlingt Unmengen von allem in sich hinein, was nicht bei Drei auf den Bäumen ist, und hat sich als Mann erwiesen, der in allen Lebenssituationen klare Kante zeigt. Nein, „Fossi" habe ich ihn deshalb getauft, weil seine Witze von der gleichen unterirdischen Qualität sind, wie die, mit denen der Fossibär zu Zeiten der Muppet Show seine Künstlerkollegen im Studio und die Zuschauer vor den Bildschirmen quälte.

### *Freunde der gepflegten Konversation*

Tür auf. Fossi hinter dem Schreibtisch mit der Nase dicht am Flachbildmonitor, diese Blindschleiche. „Na, du Pappnase, wenn man den Rausch vom Vortag ausgeschlafen hat, arbeiten man die Rückstände locker weg, oder?" Er, ohne aufzusehen, „Grüß dich, alter Mann. Haben sie (klar, er meint die Pfleger im Altenheim) dich heute mal vor die Tür gelassen, meinst du, du findest nachher zurück oder muss ich dich wieder bringen, wie beim letzten Mal?" Wirklich sehr witzig, so mit dem Thema Demenz umzugehen. Es ist wohl wieder Karneval, denke ich und röhre, denn anders geht es nun mal nicht, den berühmt-berüchtigten Dreifach-Tusch, den die Kapelle in einer Sitzung spielt, um einen Büttenredner für einen gelungenen Gag zu feiern, manchmal auch, um – wie bei Fossis total deplatzierter Bemerkung – von einer misslungenen Pointe abzulenken.

Den sich anschließenden Gedankenaustausch blende ich aus, das führte an dieser Stelle zu weit, und halte für die verehrte Leserschaft nur noch unsere inzwischen fast ritualisierte Verabschiedungszeremonie fest: Er: „Grüß deine arme Frau von mir!" Ich: „Sauf nicht so viel, du weißt, dann prügelst du immer deine Kinder!"

**Tipp**

Die folgenden **Hinweise gelten nicht** für (fristlos) gekündigte Arbeitnehmer, notorische, stadtbekannte „Blaumacher" im Zeitraum ihrer selbstverordneten Abwesenheit vom Arbeitsplatz oder solche Mitarbeiter, die, aus welchen Gründen auch immer, ihrem Arbeitgeber bereits den Laufpass gegeben haben!

Rentner, Altersteilzeitler in der Ruhensphase, Teilzeitkräfte, aber auch Arbeitnehmer, die – in ungekündigter Stellung tätig – ihren Jahresurlaub zuhause verbringen, haben manchmal das **Bedürfnis, „einfach mal zu gucken,** was die Kollegen gerade so machen". Die Gründe hierfür sind häufig häusliche Zerwürfnisse mit der Ehefrau, das Bedürfnis, den anderen mitzuteilen, wie schön ein Leben ohne Präsenzpflichten am Arbeitsplatz ist oder auch einfach nur plötzlich auftretende Desorientierung oder Langeweile.

Ein dringender Rat. Überfordern Sie nicht die Geduld Ihrer (ehemaligen) Leidensgenossen. Tragen Sie bei Ihrer **Stippvisite nie** Sandalen, Shorts oder kurzärmelige, mit Südsee-Motiven oder provokanten Parolen (sog. Bekenner-T-Shirts) bepflockte Hemden (Beispiel: „Arbeit ist was für Idioten"). Vermeiden Sie – auch bei Vormittags-Temperaturen um die 40 Grad und einer Luftfeuchtigkeit nahe 90 % – Hinweise auf eine extreme Wetterlage. Das könnte missverstanden werden. Und – ganz wichtig – weisen Sie nie darauf hin, dass Sie den Rest des Tages an einem schattigen Platz im Garten auf einer Liege unter dem Sonnenschirm („Und dann mach' ich mir erst mal ein kühles Fläschchen Pils auf."), einem Besuch im Schwimmbad („Die Schulkinder kommen ja erst ab 15 Uhr, bis dahin kann ich in Ruhe meine Bahnen ziehen.") oder anderen entspannenden Freizeit-Aktivitäten zu verbringen gedenken.

Die staatsanwaltschaftlichen Ermittlungsakten berichten über Fälle, in denen allzu leger gekleidete oder zu unbedacht auftretende Besucher scheinbar aus dem Nichts heraus geschlagen, gebissen oder übel beschimpft worden sind. Durch die **Presse** ging Anfang 2011 der Fall eines Rentners, der nach dem Besuch seiner Kollegen den gerade erst – unter vollständigem Einsatz seiner ihm beim Ausscheiden aus dem aktiven Dienst zustehenden betrieblichen Kapitallebensversicherung – erworbenen Porsche-Cabrio mit Parolen beschmiert („Viel Spaß im Schwimmbad" und „Gute Fahrt in den Urlaub"), eingeschlagenen Scheiben und zerstochenen Reifen auf dem Firmenparkplatz vorfand.

# ARZT, Allgemeines

Ärzte stehen unter ständigem Druck. Über ihrem Handeln hängt das von ihren Kunden immer heftiger geschwungene Damoklesschwert des Behandlungsfehlers, sei es weil Patienten nicht richtig aufgeklärt worden sind, der ärztliche Eingriff fehlerhaft war oder nicht richtig dokumentiert wurde. Die Situation wird zusätzlich dadurch erschwert, dass es ihnen durch die mittlerweile unüberschaubare Menge medizinischer Fachveröffentlichungen selbst als spezialisierter Facharzt unmöglich gemacht wird, ihr Wissen auf einem aktuellen Stand zu halten, was immer mehr Patienten dazu veranlasst, Google-gestützt selbst eine Diagnose zu stellen und zum Skalpell zu greifen.

Um als unternehmerischer Dienstleister im Markt zu überleben, suchen niedergelassene Ärzte daher nach neuen Einnahmequellen auch abseits der herkömmlichen Tätigkeitsfelder, und zwar nicht nur in Deutschland, wie ein Blick ins Ausland zeigt. Siehe *Schönheitswahn, Teheran.*

## BADEZIMMER, Renovierung

Ich werde die Renovierung unserer beiden Mini-Badezimmer auf den Sankt Nimmerleinstag verschieben. Das Risiko gehe ich nicht ein! In der Nacht bin ich schweißgebadet aus einem Albtraum aufgewacht, in dem mir ein Badausstatter eine Schlussrechnung mit den Worten überreichte: „Der Kostenrahmen ließ sich leider nicht ganz einhalten. Ich bekomme von Ihnen statt der 30.000 €, die wir veranschlagt hatten, bedingt durch Ihre Änderungswünsche (eine zusätzliche Seifenschale), unvorhersehbare Erschwernisse bei der Bauausführung (unzureichendes Pilsdeputat, nur drei warme Mahlzeiten pro Tag für die Handwerker) inklusive der An- und Abfahrtpauschale – abzüglich der Vertragsstrafe von 600 € für eine sechs Jahre verspätete Herstellung – insgesamt 311.917,93 €." Dass die Mehrwertsteuer „schon in dem Betrag enthalten" sein sollte, hat mich nicht beruhigt.

***Öffentlich-rechtliche und private Vollpfosten***

Wie kommt man nur auf solche Gedanken, was löst einen derartigen Angsttraum aus?[14] Dann erinnerte ich mich. Tags zuvor hatte ich in meiner Tageszeitung eine – aus welchen Gründen auch immer – sträflich unkommentiert gebliebene Meldung zum Skandalprojekt Elbphilharmonie in Hamburg gelesen und für mich resümiert, wie blöd muss man eigentlich sein, um einen solchen Scheiß zu verzapfen, liebe Hamburger Bürgerschaft, liebes Bauunternehmen Hochtief![15] Geplant: Baubeginn 2007, Fertigstellungstermin 2010, Baukosten 77 Mio. €, tatsächlich, wenn alles gut geht: Fertigstellung Mitte 2016, Baukosten 789 Mio. €.

Das war's, mein kleinbürgerliches Unterbewusstsein hatte alle Daten zur „Elphi" abgespeichert und in einem ruinösen Skandaltraum gegen mich verarbeitet, der mich auch jetzt noch durchschüttelt und einfach nicht mehr loslassen will.

---

14 Siehe auch *Alptraum, Gegenstrategien.*

15 Die sollten – mit Blick auf die Dramaturgie ihrer Kostenvoranschläge – in „Tiefhoch" umfirmieren.

***Mit einer Stiftung zum Traumbad?***
Sie werden verstehen, dass ich dieses traumatische Erlebnis nur dann verarbeiten kann, wenn Inge und ich weiter mit und in unseren alten Nasszellen leben, die doch eigentlich gar nicht so abgewrackt aussehen, wenn man nicht alle Lichtquellen auf einmal einschaltet. Denn schließlich bin ich nicht Hamburg, das die Kostenüberschreitung durch einen Griff in die Steuerkasse oder mit dem Betteln um Spenden bei reichen Bürgern der Stadt glattstellen kann. Obwohl, wenn ich überlege, vielleicht wäre eine Stiftung der richtige Weg, um doch noch unsere Traumbäder zu verwirklichen? Man soll ja nicht so schnell aufgeben.

PS: Es ist nur ein unbestätigtes Gerücht, das sich allerdings hartnäckig hält. In 2017 soll die „Elphi“ feierlich mit der „Sinfonie des Grauens“ aus der Feder eines gewissen Herrn Nosferatu eröffnet werden.

## Bausandreserve, Aufbau einer nationalen

Der weltweite Bauboom lässt die natürlichen Bausandreserven schmelzen. Was plausibel ist, denn dieser Sand entsteht im Gebirge als Endprodukt der Erosion und landet meist erst nach mehreren hundert Jahren im Meer, wo er ohne Schädigung des ökologischen Gleichgewichts der Küstenregionen nur begrenzt abbaubar ist.

***Künstlicher Sand***
Da sich Wüstensand wegen seiner glatten, durch das Herumwirbeln im Wind glatt geschliffenen Körner nicht als Bausand eignet, der rau sein muss, suchen Wissenschaftler nach Wegen, industriell verwertbare Ersatzstoffe zu entwickeln, die den Rohstoff Bausand ersetzen können. Diese entstehen durch das Recyceln von Altglas zu feinem Granulat, dem sogenannten Blähglas, das Zerreiben von abgebautem Beton oder das Shreddern von Gestein zu sandkorngroßen, im Hoch- und Tiefbau verwendbaren Partikeln. Mit einer Hightech-Methode experimentiert jetzt das Fraunhofer-Institut für Bauphysik (IBP) in Holzkirchen. Dort wird ein unter Wasser liegender

Betonblock mit einem Spezial-Laser in kiesgroße Bestandteile zertrümmert, die als Baustoffe einsetzbar sind. Die Bemühungen der Wissenschaftler zeigen, wie bedrohlich die Situation mittlerweile für die Bauindustrie geworden ist. Der Engpass in diesem Rohstoffbereich führt schon dazu, dass der illegale Handel mit Bausand boomt.

### *Exklusivvereinbarung mit dem Sandmann*

Vielleicht muss man das Problem von einer ganz anderen Seite her anfassen, um eine sofort greifende und dauerhaft belastbare Lösung zu finden.

Nach Berechnungen des Berliner Instituts für Bevölkerung und Entwicklung leben unter den knapp 7 Mrd. Menschen auf dieser Welt circa 1,8 Mrd. Kinder. Bekanntlich besucht sie des Abends immer der Sandmann, um ihnen Schlaf bewirkenden Sand in die Augen zu streuen. Rechnet man pro Kind und Tag nur einen Verbrauch von 1 kg Schlafsand,[16] von dem man die Hälfte, also 500 Gramm, für Bauzwecke nutzbar machte, was die Tiefschlafphasen der Kleinen nicht stören würde, so ergibt das in der Summe eine Sandmenge von 900.000 t pro Tag. Die jährliche Schlafsandproduktion des Sandmanns für den Hoch- und Tiefbau beliefe sich also auf rund 330 Mio. t Sand (900.000 t x 365 [Tage]) – das sogenannte Nachstreuen bei unruhigem Schlaf und Schaltjahre nicht gerechnet. Mit dieser Menge ließe sich problemlos der mit 300 Mio. t angegebenen Jahresverbrauchs an Sand und Kies in Deutschland abdeckte, wenn es uns gelänge, den Sandmann exklusiv unter Vertrag zu nehmen.

### *Sofortiges Verbot von Sandkuchen*

Um eine nationale Sandreserve anzulegen, müsste diese Maßnahme flankiert werden von einem deutschlandweiten Verbot der Herstellung von Sandkuchen. Industriell und in Privathaushalten werden in Deutschland pro Jahr – wenn ich die mir unterjährig vorgesetzten Exemplare statistisch auf die Gesamtbevölkerung hochrechne – ca. 80 Mio. Exemplare dieser vollkommen entbehrlichen furztrockenen Süßspeisen her-

16 Das ist nun mal die benötigte Menge, um die kleinen Schreihälse des Abends ruhig zu stellen; ich kann's nicht ändern.

gestellt, die man nur mit Unmengen von in heißem Wasser mit aus Kaffeebohnen gelöstem 1,3,7-Trimethyl-2,6-purindion[17] unfallfrei herunterwürgen kann. Bei einem durchschnittlichen Gewicht von 1 kg verschwenden wir in Deutschland also per anno 80 Mio. t feinsten Bausandes für die Herstellung im Grunde ungenießbarer Kuchen, die keiner will. Das muss doch nun wirklich nicht so bleiben.

## BEHANDLUNGSFEHLER, Arzt

Der AOK-Krankenhausreport legt alarmierende Zahlen vor: Pro Jahr 19.000 Behandlungsfehler mit tödlichem Ausgang und 190.000 Behandlungsfehler ohne Todesfolge. Meine Empfehlung für Hartgesotten, einfach mal im anonymen Fehlermeldesystem für Krankenhäuser im Internet nachsehen, das von Klinikmitarbeitern gefüttert wird. Das CIRS (Critical Incident Reporting System) dokumentiert übrigens auch alle Beinahe-Fehler. Die Quartalsberichte des CIRS-NRW (www.-cirs-nrw.de) zeigen zwar nur die Spitze des Eisbergs, vermitteln aber einen guten ersten Eindruck von den potenziellen Fehlerquellen. Man fasst es nicht!

Dazu passt die Meldung, dass ein Fünftel der Pflegekräfte in Operationssälen deutscher Krankenhäuser sich nicht im eignen Haus operieren lassen würde. Dies hat jetzt eine Studie des Zentrums für Gesundheitswirtschaft und -recht an der Fachhochschule Frankfurt ergeben, das seit 2008 alle zwei Jahre rund 1.400 OP- und Anästhesie-Pflegekräfte aus ganz Deutschland befragt.

**Tipp'**

Abschließend zu diesem Themenkreis noch ungefragt zwei Hinweise, die Ihr gesundheitliches Wohlergehen im Blick haben: Erstens, einem **Arzt** oder dem Pflegepersonal **nie die Hand geben!** Verbeugen Sie sich stumm, machen Sie einen Knicks oder wählen Sie ein anderes garantiert keimfreies Begrüßungsritual. Nach Untersuchungen des Robert-Koch-Instituts, es setzt bei uns

17 Siehe *Trimethyl-2,6-purindion*.

die verbindlichen Standards in Sachen Hygiene, sind nämlich Mitglieder diese Personengruppen diejenigen Krankenhausmitarbeiter, die am stärksten verkeimt (MRSA, ESBL etc.) und am lässigsten im Umgang mit **Hygienevorschriften** sind. Dies wohl auch deshalb, weil sie bei der Einhaltung der bestehenden Regeln ihre Arbeit in der dafür vorgesehenen Richtzeit nicht erledigen könnten. Zweitens, beherzigen Sie bitte auch den Rat, den mir mal einer meiner älteren Autoren vor vielen Jahren gab: „Junger Mann, Ärzte meiden, auch privat - und immer viel Grünzeugs fressen."

## BERGSTEIGEN, betreutes

Wenn Menschen ihr Leben lassen, nur damit gutsituierte Adrenalin-Junkies in ihrem Golfclub mit einem wohltemperierten schottischen Single Malt in der Hand darüber schwafeln können, unter welchen Entbehrungen sie den höchsten Berg der Welt, den Mount Everest, bezwungen haben, dann wendet man sich angewidert ab.

***Lass das mal den Sherpa machen***

Die Wahrheit ist, dass sich diese selbsternannten Helden gegen eine Investition von 40.000 bis 80.000 € bei darauf spezialisierten Reiseveranstaltern eine von Sherpas rund um die Uhr betreute All-inclusive-Tour auf den Gipfel des Daches der Welt erkaufen. Diesen alpinen Pauschaltouristen wird in der kurzen alpinen Saison von Anfang April bis Ende Mai jede in dieser unwirtlichen Gegend nur denkbare Annehmlichkeit geboten.

Schon im März des Jahres errichten die Sherpas, wie die nepalesischen Bergführer und Träger genannt werden, auf 5.400 m Höhe das Basislager, das zur Hochsaison auf die Größe einer kleinen Zeltstadt für mehr als 1.000 Menschen anwächst. Im Anschluss daran wird für unsere Helden die Strecke „asphaltiert". Dazu wird zunächst der wegen der Lawinenabgänge gefürchtete Khumbu-Eisbruch von den Sherpas unter Lebensgefahr mit Aluminium-Leitern bestückt, damit die Touristenscharen möglichst elegant rutschend auf ihren mit feinsten Daunen isolierten Hochleistungshosen die Gletscherspalten gefahrlos überqueren können. Dann werden die sechs Hochlager ausgestattet. Ein mühsames Geschäft, was aber nicht weiter störend ist, denn die Miet-Sherpas schaffen alles nach oben, was unsere Supermänner dort so brauchen: Essen, Getränke, Zelte, Sauerstoffflaschen etc. etc.

Schließlich wird der höchste Klettersteig der Welt, wie die Route von passionierten Bergsteigern verächtlich genannt wird, an besonders problematischen Stellen mit allen denkbaren Hilfsmitteln entschärft, damit die Everest-Touristen sich beim Kraxeln nicht allzu sehr verbiegen müssen. Außerdem werden so Staus und Wartezeiten zumindest minimiert, denn Stops bei minus 30 Grad mögen unsere Helden nicht. Jetzt soll sogar der berühmte Hillary-Step kurz unter dem Gipfel mit Leitern für unsere Gebirgsakrobaten trittsicher ausgebaut werden.

### *Betreutes Bergsteigen*

Man könnte es betreutes Bergsteigen nennen, was da in Nepal in jedem Frühjahr passiert, wenn es nicht eine Beleidigung für all die passionierten Bergsteiger wäre, die sich ihren Weg auf die höchsten Gipfel dieser Welt Schritt für Schritt aus eigener Kraft abseits der hochfrequentierten Touristenrouten allein oder in kleinen Teams selbst erkämpfen. Für die Bergtouristen am Mount Everest aber werden sicherlich eines nicht allzu fernen Tages auch Touren angeboten werden, die gegen einen saftigen Aufpreis den Transport in einer Zweiersänfte vorsehen. Verwundern würde es mich nicht, denn schon heute tragen die Sherpas die gesamte persönliche Ausrüstung unserer Helden bis auf den Gipfel, während diese versuchen, ihr eigenes Körpergewicht nach oben zu wuchten.

Also, wenn wir denn schon Gipfelstürmer feiern wollen, dann bitte die Sherpas, von denen kürzlich wieder mindestens 16 Personen auf dem Khumbu-Eisbruch durch eine Lawine zu Tode gekommen sind, als sie die Strecke für ihre Geldgeber präparierten.

Berlin kann man sehr gut vom Osten aus erkunden. Am Prenzlauer Berg gibt es noch bezahlbare, ruhig gelegene Hotels in der Nähe zu typischen Berliner Restaurants, und mit der Buslinie 200 ist die Stadtmitte vom Friedrichshain aus in fünf Minuten erreicht. Wir haben die Stadt jetzt zusammen mit Anne und Bernd erkundet.

***Vollalimentierung durch Steuergelder***

In der City wir immer noch wie wild gebaut. Der Blick von der Kuppel des Reichstags ermöglicht einen Blick auf die kunstvoll gestaltete Choreographie eines Balletts der Baukräne. Man wundert sich, woher das viele Geld kommt, denn Berlin hat nie städtische Erdöl- oder Erdgasvorkommen besessen, mit denen Stadtväter oder andernorts Oligarchen üblicherweise einen großstädtischen Bauboom finanzieren, und auch die Erträge aus den Currywurst- und Buletten-Plantagen sind, wie man hört, seit Jahren rückläufig. Winfried Hentschel, aktives Mitglied des Fördervereins Berliner Schloss, hat uns das Geheimnis in der Humboldt-Box vor dem neu entstehenden Stadtschloss verraten: Steuergelder des Bundes. Vorerst 590 Mio. €. Der Wiederaufbau des Stadtschlosses sei allerdings unabweisbar notwendig gewesen, um die durch den Abriss entstandene „unschöne Baulücke“ zwischen dem Alten Museum mit dem davor liegenden Lustgarten und dem Berliner Dom zu schließen, was natürlich auch jedem Nicht-Berliner sofort einleuchtet.

Die U-Bahn-Anbindung des Schlosses, die bis zum Brandenburger Tor reicht, kommt noch mal auf geschätzte 100 Mio. €, könne aber auch teurer werden, denn beim Bau der Röhre habe man entdeckt, dass die Spree mitten durch die Stadt fließe, was für ein unterirdisches Bauvorhaben ein gewisses Risiko in sich berge, denn der Fluss führe unglücklicherweise auch noch Wasser.

Diese Mentalität einer Vollalimentierung durch Steuergelder schlug sich denn auch in seiner tiefenentspannten Haltung nieder, mit der er die Lage um den Beinahe-Flughafen Berlin-Brandenburg kommentierte.[18] Verzögerung gut und schön, aber schließlich habe Berlin der Welt ja auch ein vollkommen neues Entlüftungssystem schenken wollen. Der wohl vor allem in Zeiten der Insellage der Stadt mit Milliarden-Subventionen entwickelte Berliner Humor treibt schon seltsame Blüten.

***Drei-Personen-Bar im Abfallcontainer***

Blüten- und facettenreich ist auch die ganze Stadt. Wer glaubt, dass in Berlin die Sehenswürdigkeiten wie in anderen Städten auf den Hauptstraßen angesiedelt sind, der wird diese Stadt nie ganz erfassen. Die Nebenstraßen, die kleinen Gässchen, die von den zahllosen Plätzen ablaufen, vor allem aber die Hinterhöfe mit ihren Geschäften, Theatern und Restaurants machen die Stadt zu dem, was sie ist, einer bunten Wundertüte, die für jeden etwas bereithält. Wenn Sie also in Berlin einen von außen kunstvoll gestalteten Abfallcontainer sehen, versäumen Sie nicht, den Deckel kurz anzuheben und reinzuschauen; es könnte sich nämlich um eine geniale Drei-Personen-Bar handeln, in der Sie den Rest des Abends verbringen wollen.

## BEWERTUNGSPORTAL, Internet

Das Internet bereichert unser Leben, vor allem in kommunikativer Hinsicht. Spam-Mail-Versender, die uns das Postfach zumüllen, exotische Unternehmen die sich Sorgen um unser Liebesleben machen und für den Kauf von Viagra oder eine Penisverlängerung werben, unbekannte Schöne aus aller Welt, die stürmisch nach einem Date verlangen oder einfach nur mal „Hi“ sagen wollen, Menschen auf Karriereplattformen, die Kontaktanfragen verschicken, obwohl wir auf XING ein nichtssagendes Profil hinterlegt haben, inhaltslose Mails von Bekannten, die uns darüber informieren, was sie gerade Aufsehenerregendes tun, getan haben oder planen oder etwa die

18 War es nicht Walter Ulbricht, der gesagt hat: „Niemand hat die Absicht einen Flughafen zu errichten.“

ungezählten Mails an Telefon-Hotlines[19] wegen Zugangsproblemen zum WWW oder weil wieder mal eine Hardwarekomponente nicht oder nicht so funktioniert, wie sie es tun sollte.

***Bewertungsportale …***

Irgendwann hat man das Ganze dann so richtig satt und möchte den Zumutungen, auch wenn die Schreibarbeit Zeit kostet, etwas entgegensetzen, sie vor der ganzen Internetgemeinde ausbreiten und die Urheber dort an den Pranger stellen, wo es so richtig weh tut. Solche Pranger gibt es, sie stehen heutzutage nicht mehr auf Marktplätzen, sondern sind im Internet zu finden. Auf Bewertungsportalen wie Sanego kann jeder, dem es in den Fingern juckt, auch anonym Preise, Produkte und Dienstleistungen aus den unterschiedlichsten Lebensbereichen, Lehrer, Friseure, Reiseveranstalter oder Ärzte – mit persönlichen Anmerkungen versehen – ins digitale Schaufenster stellen.

Die Frage ist nur, wie weit man gehen darf, um – in der Anonymität durch ein Pseudonym geschützt – auf den Bewertungsportalen seinem Ärger Luft zu machen.

***… richtig nutzen***

Hierzu hat der Bundesgerichtshof[20] jetzt ein äußerst, sagen wir mal, spannendes Urteil gefällt. Es besagt, dass Privatpersonen, die sich durch kritische Meinungsäußerungen auf einem Bewertungsportal auf den Schlips getreten fühlen, gegen den Diensteanbieter, der das Portal betreibt, keinen Anspruch auf Bekanntgabe des Klarnamens des anonymen Jurors haben. Über personenbezogene Daten eines Nutzers, die sogenannten Bestandsdaten, darf der Diensteanbieter nämlich nur in solchen Fällen Auskunft geben, die ausdrücklich im Gesetz genannt sind, etwa für Zwecke der Strafverfolgung, zur Gefahrenabwehr durch die Polizeibehörden oder zur Durchsetzung der Rechte am geistigen Eigentum, wozu z. B. Urheberrecht, Namensrecht und gewerbliche Schutzrechte zählen.[21]

19 Siehe hierzu auch *Telefonhotline, Warteschleife.*
20 Bundesgerichtshof, Urteil vom 1.7.2014 – VI ZR 345/13.
21 Siehe § 14 Absatz 2 Telemediengesetz (TMG).

**Tipp**
Wenn Sie auf den Bewertungsportalen mal so richtig die Sau rauslassen wollen, vielleicht wegen Ihres Bäckers, weil seine Brötchen heute mal wieder so richtig nach Pappe geschmeckt haben, dann nehmen Sie sich ein wenig **Zeit für** die **Formulierung** Ihrer **Internet-Pöbeleien** und beherzigen Sie vor allem diese Grundsätze: Erstens, keine falschen Tatsachenbehauptungen, zweitens, keine Beleidigungen und keine Rufschädigung. Sonst schaltet sich die Staatsanwaltschaft ein und statt Ihres Pseudonyms „Arschtreter" erscheint auf dem Deckel der staatsanwaltschaftlichen Ermittlungsakte Ihr Realname „Hans Wurst".

## BISCHOF, Rücktritt

Nun ist es amtlich. Seine Heiligkeit Papst Franziskus hat den übrigens schon im Oktober 2013 „freiwillig" angebotenen Rücktritt von Bischof Franz-Peter Tebartz-van Elst[22] angenommen. Damit, so darf man vermuten, kam der Bischof der nach dem Kirchenrecht von 1983 möglichen nachdrücklichen Bitte des Papstes zuvor, „wegen seiner angegriffenen Gesundheit oder aus einem anderen schwerwiegenden Grund" seinen Rücktritt einzureichen.[23] Gründe für eine Behinderung in der Ausübung der Amtsgeschäfte sind übrigens „Gefangenschaft, Verbannung, Exil oder Unfähigkeit". Man muss nicht lange überlegen, um zu erraten, auf welchen Grund Papst Franziskus seine Rücktrittsbitte gestützt hätte.

Gut so, denn es sind weitere pikante Details der Verschwendungssucht dieses nach wie vor uneinsichtigen Vorstehers der Kirche bekannt geworden, die dem unbefangenen Betrachter die Haare zu Berge stehen lassen: 213.000 € für ein Zierfisch-Wasserbecken, 1,7 Mio. € für die Ausführung der Fensterrahmen in Bronze.

---

22 Siehe hierzu auch *Bischofssitz, Limburg*.

23 Siehe Can. [Canon des Codex des Kanonischen Rechts] 401 § 2: „Ein Diözesanbischof, der wegen seiner angegriffenen Gesundheit oder aus einem anderen schwerwiegenden Grund nicht mehr recht in der Lage ist, seine Amtsgeschäfte wahrzunehmen, wird nachdrücklich gebeten, den Amtsverzicht anzubieten."

***Hirte mit Staatsknete***

Das Kuriose an der Situation ist, das Tebartz-van Elst Bischof bleibt, auch wenn ihm keine Diözese mehr anvertraut ist. Er wird also als Hirte ohne Schafe unterwegs sein, bis der Vatikan für ihn eine neue Verwendung gefunden hat.

Ärgerlich ist, dass im Ergebnis das jeweilige Bundesland, also der Steuerzahler, den Bischof ohne Diözese auch weiter alimentiert, und das nicht schlecht. In Anlehnung an die Beamtenbesoldung für leitende Positionen des höheren Verwaltungsdienstes kommen da monatlich zwischen 11.000 und 12.000 € für die Besoldungsgruppe B 11 bei rum.[24] Finanziert werden die Bischofsgehälter nach den Staatskirchenverträgen durch sogenannte Dotationen des Staates, die der Kirche zur freien Verfügung ausgezahlt werden. Für das Jahr 2010 stellten die Haushaltspläne der Landesregierungen hierfür Mittel in einem Gesamtumfang von 459 Mio. € zur Verfügung. Preiset den Herrn!

## BISCHOFSSITZ, Limburg

Auf der Rückfahrt von der Sylvesterfeier in Wiesbaden nach Holzwickede haben wir in Limburg Station gemacht. Natürlich hat es uns interessiert, wie der dort vormals residierende Bischof, Tebratz von Schneekatz oder so ähnlich, die 30 Mios investiert hat, die summa summarum der Ausbau seines Bischofsitzes gekostet hat.

Ich muss sagen, dass die Geschichten über Prunk und Protz, die allerorten über seine Verschwendungssucht zum eigenen Vorteil erzählt werden, doch reichlich überzogen erscheinen. Der Bischofsitz zeigt sich als adrettes, gutbürgerliches Ensemble aus fein säuberlich restaurierten Fachwerkbauten, in die sich die hypermoderne, fast futuristisch anmutende imposante Privatkapelle für den Würdenträger harmonisch eingefügt. Für diese Investition muss man Verständnis haben, denn Kirchenfürsten seines Rangs stehen sicherlich in ständigem Kontakt zum Herrn, dürften also, so meine Vermutung, schon dienstvertraglich ver-

24 Der vorläufig aufs Altenteil gesetzte Bischof Tebartz-van Elst soll, aus welchen Gründen auch immer, „nur“ 7.400 € monatlich erhalten.

pflichtet sein, diesen Kontakt auch ständig zu halten, was man nun einmal in einer Privatkapelle nahe des eigenen Schreibtisches am besten tun kann. Man kann ihn doch nicht dazu zwingen, in den 100 Schritte entfernten Dom zu gehen, zumal von dessen Außenfassade die Farbe bereits abblättert. Ein Ansinnen, das dem kirchlichen Rang und der gesellschaftlichen Stellung eines Bischofs nun ganz und gar nicht gerecht würde.

Wilfried würdigte auf Detlefs Geburtstag den neuen Limburger Bischofssitz denn auch als architektonisches Meisterstück, das in einer Reihe zu sehen sei mit den Prachtschlössern der Feudalherren, Könige (und Päpste?), Relikte einer vergangenen Zeit, die wahre Touristenmagnete seien und zudem von höchstem Interesse für die Geschichtsschreibung. Wahrlich ein … skurriler Denkanstoß. Schade, dass Monty Python den nicht mehr verarbeiten konnte, weil die Abschiedstournee schon gelaufen ist. Prost, Wilfried, alter Schwede!

Die ominöse Doppelbadewanne, die der Kabarettist Dieter Nuhr, wenn ich mich recht erinnere, als Zeichen der Hoffnung in Zeiten des Zölibats gewertet hat, habe ich nicht gefunden. Dies mag allerdings daran gelegen haben, dass man nur bis zur Außenpforte vorgelassen wurde und der Bischofssitz ansonsten hermetisch abgeriegelt war. So ist das nun einmal mit Behörden.[25]

## BLECHBERG, adipöser

Gewichtsprobleme sind als weltweites gesamtgesellschaftliches Phänomen nicht nur auf Menschen beschränkt. Auch Autos haben mit dem Supersizing zu kämpfen, was sich anhand des CMI[26] leicht belegen lässt. Der Befund lautet „Fettleibigkeit“, denn sie sind in den letzten zehn Jahren durchschnittlich 19 Zentimeter länger, 15 Zentimeter breiter und 25 Zentimeter höher geworden.

---

25 Der für 700.000 € angelegte Garten, der im Wesentlichen aus vier mit Rasen geschmückten Hochbeeten besteht, ist seit Juli 2014 allerdings zu festgelegten Zeiten zu besichtigen.

26 Car-Mass-Index.

Zu der bei Weitem am stärksten gefährdeten Problemgruppe gehören die sogenannten SUV[27], die komfortablen Geländelimousinen, die, mit unzähligen Assistenzsystemen technisch aufgepimpt und erst so für den gemeinen Straßenverkehr einsetzbar gemacht, mittlerweile zu Hundertausenden mit ihren exorbitanten $CO^2$-Abgaswerten die Luft verpesten und bundesdeutsche Straßen und Parkplätze verstopfen, die nicht für (rollende) Immobilien ausgelegt sind.

***Der Stigmatisierung entkommen***

Erstaunlicherweise haben die Fahrer dieser krankhaft adipösen Blechberge keine Berührungsängste, sich mit derart übergewichtigen, dem allgemeinen Schönheitsideal grob zuwiderlaufenden Familienkutschen in der Öffentlichkeit zu zeigen. Ihre Botschaft an die Gesellschaft lautet: „Ich stehe zu meinem Auto, auch wenn es fett und hässlich ist." Auf diese Weise Flagge zu zeigen, ist nicht selbstverständlich, wenn man an die durch diverse wissenschaftliche Studien belegte negative öffentliche Wahrnehmung stark Übergewichtiger denkt, die zunächst durch die Allgemeinheit stigmatisiert werden, um dann an dem sich kontinuierlich entwickelnden Selbststigma unrettbar zu verzweifeln.

So aber besteht noch Hoffnung für die krankhaft übergewichtigen SUV, unterstützt und ermuntert durch den unausgesprochenen Treueschwur ihrer Fahrer, die unverbrüchlich fest an ihrer Seite stehen, dem Teufelskreis aus Stigmatisierung durch die Öffentlichkeit und Selbststigmatisierung durch begleitete eigentherapeutische Maßnahmen zu entkommen und durch Verhaltensänderungen zu einem gesunden, selbstbewussten Auto zu werden, das auf Akzeptanz durch die Gesellschaft hoffen darf.

***Selbststigma vermeiden***

Scheinbar hat diese Entwicklung bereits begonnen. Wie die „ADAC-Motorwelt" in ihrer Juli-Ausgabe berichtet, sind in München zwei Monster-SUV des Typs GMC Yukon dabei beobachtet worden, wie sie – außerhalb der Brunftzeit – ihre jeweils 500 Kilogramm schweren verchromten Front- und Heckstoßstangen abgeworfen haben. So darf's ruhig weitergehen.

27 Sport Utility Vehicle (Sport- und Nutzfahrzeug).

Überzogen erscheint dagegen die Aktion eines für die Verschiffung nach Saudi-Arabien vorgesehenen, wohl fundamentalistisch orientierten BMW X 7, der sich, gerade frisch vom Band gelaufen, noch auf dem Firmengelände in München durch einen selbstausgelösten Vergaserbrand in den SUV-Himmel beförderte und dabei 150 für den Transport nach Übersee bestimmte Glaubensbrüder mit in den Tod riss.

## BUCHLEIHE

Es gibt Druckwerke, die sind einfach unverzichtbar, man könnte sie immer wieder lesen, aus den unterschiedlichsten Gründen. Mir geht das z. B. so mit „Rumo“ von Walter Moers, dem Parteiprogramm der FDP oder „Asterix und Kleopatra“. Alles Klassiker, die phantasievoll, zum Kaputtlachen oder einfach nur „schön“ ausgeführt sind.

***Akribische Planung der Buchausleihe***

Wenn Sie ein solches Buch verleihen, geben Sie es nie „einfach so“ aus der Hand, machen Sie der Person deutlich, dass sie eigentlich unwürdig ist, diesen literarischen Schatz in den Händen halten zu dürfen, Sie aber wegen der besonderen Situation…[28] Dann ziehen Sie die Schrauben weiter an und definieren die Nutzungsbedingungen. Unverzichtbar sind weiße Baumwollhandschuhe für den Lesevorgang, alle 100 Seiten auszutauschen, und verbindliche Vorgaben zur Lagerung des Lesestoffs bei einer Luftfeuchte von mindestens 95 %. In der Regel führt die letztgenannte Forderung zu einer schnellen Rückgabe Ihres Lieblings, es sei denn, Sie geben das Buch an einen passionierten Orchideenfan oder einen Hobby-Züchter von aus den Tropen illegal importierten Amphibien weiter.

Vergessen Sie aber nie, für die natürlich schriftlich dokumentierte Ausleihe einen Endtermin zu fixieren, der bei seiner

28 Lassen Sie sich etwas einfallen, arbeiten Sie aber heraus, dass es sich aus Ihrer Sicht um eine Notfallsituation handelt, die eine Ausnahme rechtfertige, etwa, dass Sie ihn oder sie nicht dumm sterben lassen wollen.

Überschreitung drakonische Vertragsstrafen vorsieht. Es geht nicht anders, glauben Sie mir.

***Leere Hände***

Ich habe mal, so vor drei Jahren, ein im Grunde für mich unverzichtbares Buch einem Gast auf meiner Geburtstagsfeier mitgegeben, ohne dass ich mir wenigstens notiert hätte, wer das war. Dieses Buch, geschrieben von einem Herrn Lipton, mit dem Titel „Intelligente Zellen“, stellt, auf solider wissenschaftlich abgesicherter Grundlage, die These auf, dass, kurz gesagt, Erfahrungen durch Umwelteinflüsse unsere Gene steuern und verändern können.

Ein eher esoterisches Werk, das ich aber für mich als Ratgeber-Literatur zur Lösung von Alltagskonflikten nutzte. Die geschilderte Kernaussage ermöglicht es mir nämlich, unter Berufung auf „einen angesehenen US-amerikanischen Biologie-Professor“ die ein oder andere Einladung zu schwänzen, indem ich Inge mit sorgenvoller Miene auf meine Befürchtung hinweise, dass ein allzu intensiver Kontakt mit diesen Personen bei mir zu schwersten Gendefekten führen könnte. Das Buch bleibt verschwunden. Ich hätte es zu gern noch einmal sorgfältig gelesen, in der Hoffnung weitere Tipps zu finden.

***Sorgfältig gelesen***

Aber vielleicht habe ich ja das Glück, dass es mir wieder so ergeht wie vor vielen Jahren, als ein geschätzter Arbeitskollege mir anlässlich seiner Pensionierung nach 15-jähriger Ausleihe mein Buch mit den Worten zurückgab: „Sehr interessant.“

Na, mal sehen, wer der nächste Pensionist im Freundeskreis ist. Da wir alle nahezu im gleichen Alter sind, müsste sich meine Bücherwand in den nächsten zwei bis drei Jahren wieder füllen.

## BUNDESHAUSHALT, schwarze Null

Er hatte versprochen, einen Bundeshaushalt ohne neue Schulden vorzulegen. Woran seine Vorgänger Theo Waigel wegen der Wiedervereinigung und Peer Steinbrück wegen der Finanzkrise noch kurz vor dem Ziel gescheitert waren, er, Wolfgang Schäuble, peilt für 2015 einen ausgeglichenen Haushalt an, bei dem die Einnahmen die Ausgaben des Bundes nicht übersteigen. Das wäre dann das erste Mal seit 1969 als Franz Josef Strauß noch für das Finanzressort verantwortlich zeichnete.

### *Magier oder Taschenspieler?*

Ist 2015 also ein geschichtsträchtiges Jahr, über das sich der bundesdeutsche Steuerzahler so richtig freuen kann, weil keine weiteren Belastungen drohen? Ist Schäuble gar ein Magier, der es versteht, Deutschlands Finanzplanung in einer Zeit zu konsolidieren, in der die Staatshaushalte weltweit wegen der Bankenkrise weiter mit der heißen Nadel gestrickt werden? Oder ist er doch eher ein Politiker, der in der Phase einer ihm in den Schoß gefallenen gut laufenden Konjunktur, hohen Beschäftigungszahlen und Rekord-Steuereinnahmen mit Taschenspielertricks dem staunenden Publikum eine ausgeglichene Staatsbilanz nur vorgaukelt?

Man möchte ihn einen Magier nennen. Trotz eines Verzichts auf Steuererhöhungen und den von den Parteien der Großen Koalition großzügig verteilten Wahlgeschenken an die jeweilige Stammwählerschaft[29] will Schäuble für 2015 die schwarze Null schreiben. Zeit wäre es schon, denn die Staatsverschuldung steht derzeit bei ca. 2,14 Billionen € und jede Sekunde kommen circa 1.600 € dazu. Irgendwann einmal die aufgehäuften Schulden mit einer nachhaltig wirkenden Politik abzubauen, das sollte eine der Kardinaltugenden eines Finanzministers sein. Oder gelten hier andere Gesetzmäßigkeiten als für Privathaushalte?

### *Griff in die Sozialkassen*

Was also ist der von ihm vorgelegte Staatshaushalt tatsächlich wert? Fakt ist, dass selbst die genannten extrem guten wirtschaftlichen Rahmenbedingungen den Verzicht auf eine Neuverschuldung nicht ermöglicht hätten, wenn er den Etat nicht durch einen Griff in die Sozialkassen entlastet hätte: Finanzierung der Mütterrente durch das Verfrühstücken des

29 Siehe *Gerechtigkeitsapostel, politische.*

Polsters in der Rentenversicherung von 32 Milliarden Euro mit all den beschriebenen negativen Auswirkungen für die Gemeinschaft der Versicherten und die Wirtschaft,[30] Anzapfung der auf dem Rücken der Versicherten erwirtschafteten Rücklagen in der gesetzlichen Krankenversicherung durch Kürzung des Bundeszuschusses, in Fachkreisen „Beschleunigungsprogramm für Beitragssatzerhöhungen" genannt.[31]

### *Solide ist anders*

Herr Schäuble, so scheint es, handelt nicht wie ein langfristig denkender Politiker, zu dessen Aufgaben es gehört, eine perspektivisch solide Finanzpolitik für diese und nachfolgende Generationen zu gestalten, sondern wie der Vorstandsvorsitzende einer am Kapitalmarkt orientierten Aktiengesellschaft, der, um seine (politischen) Boni zu sichern, heute die für morgen gedachten Rücklagen verbrät, die das mittlere Management zusammen mit den operativ tätigen Mitarbeitern erwirtschaftet haben. „Nach Schäuble möchte man kein Bundesfinanzminister sein", wird längst unter Ministerkollegen gespottet.

In die Geschichtsbücher wird Wolfgang Schäuble es wohl schaffen, freilich anders als er es denkt, nämlich nicht als Magier, sondern als Taschenspieler.

Und Sie, liebe Steuerzahler, freuen sich bitte nicht zu früh, etwa über den sinkenden Beitragssatz zur Krankenversicherung oder die scheinbare Ruhe an der Rentenfront. Die Rechnung wird Ihnen spätestens nach der nächsten Bundestagswahl präsentiert werden, wahrscheinlich aber schon früher, denn Schäubles Zahlenspielereien gehen von einer stabil guten Konjunktur mit unverdrossen sprudelnden Steuereinnahmen aus. Toi, toi, toi für uns alle!

---

30 Siehe *Gerechtigkeitsapostel, politische.*

31 Siehe *Danaergeschenk, gesetzliche Krankenversicherung.*

# CANNABIS, Eigenanbau

Schon wieder mal ein Kölner Gericht.[32] Diese Mal überrascht uns das Verwaltungsgericht aus der Alaaf-Stadt mit einer Aufsehen erregenden Entscheidung zum zulässigen Anbau von Cannabis in der eigenen Wohnung durch solche Schmerzpatienten, die schulmedizinisch austherapiert sind. Das heißt, denen nach ärztlicher Ansicht zur Linderung ihrer Schmerzen nur noch Haschisch hilft, das sie sich aber wegen der exorbitant hohen Preise in Apotheken für Sativex-Mundspray und einer fehlenden Kostenübernahme durch die Krankenkassen für dieses Medikament auf Cannabis-Basis dort nicht beschaffen können.

Zur Klage vor dem Verwaltungsgericht kam es, nachdem das Bundesinstitut für Arzneimittel und Medizinprodukte (BfArM) in Bonn als zuständige Genehmigungsbehörde die Anträge auf eine Hanf-Eigenproduktion[33] von fünf männlichen Schmerzpatienten abgelehnt hatte, die an den Folgen eines Verkehrsunfalls, multipler Sklerose und der Aufmerksamkeitsstörung ADHS litten.

Nach dem Spruch der Kölner Richter dürfen sie jetzt den Hanf sprießen lassen, vielleicht unter Auflagen wie zusätzliche Sicherungsmaßnahmen – jedenfalls vorerst, denn es ist wohl damit zu rechnen, dass die Behörde in die Berufung gehen wird.

***Der mündige Patient***

Die Kläger, die das Cannabis rauchen, es zu Butter oder Keksen verarbeiten wollen, zeigten sich erleichtert. „Mit Cannabis kann ich meine Firma leiten, ich habe wieder Lebensqualität …“. Nun denn. Die Krankenkassen sind ohnehin ständig klamm, auch wenn uns die Politik glauben machen will, dass dem nicht so ist.[34] Warum also, so muss man doch fragen, soll

32 Siehe *Richter, Unabhängigkeit.*

33 Schon toll, was es so alles gibt.

34 Siehe *Danaergeschenk, gesetzliche Krankenversicherung.*

es Schwerkranken nicht allgemein erlaubt werden, Arzneimittel für den Eigenverbrauch selbst herzustellen und die Dosis in eigener Verantwortung festzulegen? Anleitungen zur eigenhändigen Entfernung eines Blinddarms oder durch Familienmitglieder gibt es doch schon seit vielen Jahren.[35]

Übrigens, ich spüre da so ein permanentes unerträgliches Ziehen in meinem Rücken, wahrscheinlich wieder das alte L4/L5-Problem. Und die Diclofenac helfen mir auch nicht mehr. Ich erwäge ernsthaft einen Antrag beim BfArM zu stellen. Im Fall einer Ablehnung ist für mich allerdings das Verwaltungsgericht Gelsenkirchen zuständig. In der Verbotenen Stadt trinkt man zur Bekämpfung chronischer Schmerzen – z. B. bei Derby-Niederlagen gegen unseren geliebten BVB 09 und verpassten Meisterschaften – gewöhnlich hektoliterweise Bier. Notfalls würde ich mich in einem gerichtlichen Vergleich auch auf die Einrichtung einer privaten Braustube in unserer Gästetoilette einlassen.

## COWBOY, martialischer Gang

Als über die historischen Handelsrouten des Santa Fe oder Oregon Trails in den ersten drei Jahrzehnten des 19. Jahrhunderts der Westen der USA erschlossen wurde, waren die Cowboys noch wilde Gesellen, die Ihre Entschlossenheit dadurch zeigten, dass sie, in den Western, die von ihrem Leben erzählen, wild um sich schauend möglichst breitbeinig durch die Gegend stapften, um ihre Umwelt zu beeindrucken.

Dies ist jedenfalls eine unter Verhaltenswissenschaftlern durchaus verbreitete Interpretation dieser für Cowboys so typischen Art der Fortbewegung, wenn sie ohne Pferd unterwegs waren. Ich habe da so meine Zweifel, ob die These vom Macho-Gehabe haltbar ist.

---

35 Aus jüngerer Zeit: Eisenbarth, Rückstandslose Exstirpation des Caecum im Kreis der Familie, 2009; grundlegend: Mengele, Eigenhändige Entfernung eines deutschen Blinddarms ohne Betäubungsmittel durch Deutschstämmige im deutschen Reich, 1942.

### *Leichtfüßige Cowboys*

Bedenken weckte bei mir der Film „Django unchained“ von Quentin Tarantino. Die Handlung, die im Süden der USA spielt, interessiert hier nicht, nur dass neben einem grandiosen Christoph Waltz ein gewisser Jamie Foxx – schauspielerisch nicht minder beeindruckend – einen Sklaven spielt, der als cooler (schwarzer) Cowboy ausstaffiert ist. Der Film, ein amerikanischer Western, erzählt mit den Stilmitteln eines Italowestern, ist grandios, irritierte mich aber auch irgendwie: Dieser Cowboy, muskelbepackt, furchterregend aussehend, schnell und perfekt mit dem Colt wie kein Zweiter, tänzelt leichtfüßig und vollkommen unprätentiös über den Bildschirm. Keine Spur von Kink-Kong-Walk.

Dieses Phänomen beschäftigte mich. Wie kommt es, dass die Western aus den 20er und 30er Jahren des 19. Jahrhunderts die beidfüßige Fortbewegung der Cowboys so vollkommen anders darstellen als dieser Western, der im Jahr 1858 spielt, also gerade mal 30 bis 40 Jahre später?

### *Theorien für den Kink-Kong-Walk*

Nun gibt es ja bekanntermaßen verschiedenste Theorien zum breitbeinigen Gang der Cowboys, die mich allesamt, wie die bereits erwähnte Macho-Theorie, nicht überzeugen.

Eine Erklärung lautet: Steigerung der sexuellen Attraktivität. Vertreter dieser These berufen sich gern auf den Film „Brokeback Mountain“, übersehen dabei aber fahrlässig, dass Liebesbeziehungen zwischen Cowboys ein statistisch gesehen vernachlässigbares soziales Randphänomen waren, also keine Erklärung für das Verhalten einer Gruppe sein können. Ein klassischer logischer Fehler, eine petitio principii, die argumentativ etwas als bewiesen voraussetzt, was des Beweises bedarf, in diesem Fall aber nicht bewiesen werden kann, weil bereits statistisch gesehen ein derartiger Schluss unhaltbar ist.

Eine andere Ansicht macht den breitbeinigen Gang am extensiven Reiten fest. Am liebsten ließe ich diesen Quatsch unkommentiert. Diese Meinung ignoriert geflissentlich, dass es bereits seit dem Jahr 1807 eindeutige gesetzlich festgeschriebene Reit- und Ruhezeiten für vollberuflich tätige „Viehtreiber zu Pferde“ gab, die alle drei Stunden ein mindestens halbstündiges Absitzen zum Füßevertreten mit Kaffeekochen, Tabakkauen, Whiskeytrinken und gegenseitigem Sich-auf-die-Schulter-Klopfen zur Lockerung der Gesäßmuskulatur verbindlich festschrieben. Und die Jungs waren alle gewerkschaftlich organisiert!

Den Wissenschaftlern, die den breitbeinigen Gang der Cowboys irrigerweise mit der Verkleinerung der Körperoberfläche wegen des durch Westernstädte pfeifenden Starkwindes begründen, der in den Western die Steppenläufer, die Tumbleweed, durch die Gassen treibt, seien hier nochmals[36] in der gebotenen Kürze die aerodynamischen Fakten entgegengehalten, die diese These ad absurdum führen: Der Luftwiderstandsbeiwert, $c_w$-Wert, eines stehenden Menschen liegt bei 0,78, also bei exakt dem Wert für einen 2,6 Tonnen schweren Mercedes der G-Klasse. Es gibt schlicht keinen Wüstenwind, der 2,6 Tonnen verblasen könnte!

### *Gayettys „Medicated Paper"*

Wie immer, wenn man intensiv über etwas nachdenkt, kommt man auch auf eine Lösung des Problems. 1858, sagt Ihnen das nichts? Nun, ein Jahr zuvor, also 1857, hatte Joseph Gayetty in Boston erstmals industriell gefertigtes Toilettenpapier hergestellt, das er USA-weit, also auch in den tiefsten Süden der USA, wo die Handlung von „Django unchained" spielt, als Einzelblätter in Schachteln verkaufte. Meine These lautet nun, dass Django unten-hintenrum mit dem „Medicated Paper" von Gayetty bestens versorgt war und er deshalb die Beine beim Laufen nicht spreizten musste, also endlich vom Fluch unprofessioneller Intimhygiene befreit, als „unchained" anzusehen war.

Das Thema „Intimhygiene" wurde, wie Sie sicherlich wissen, vorher schon einmal von Kevin Kostner in dem Western „Der sich n'en Wolf tanzt" eingehend beleuchtet. Auf bildhaft poetische Art verdeutlicht der Titel des Streifens, dass sich selbst im Jahr 1863 Joseph Gayettys „Medicated Paper" als Hygienestandard beim Toilettengang noch nicht in allen Teilen des Landes durchgesetzt hatte. Erst „Heavens Gate", der Western spielt im Jahr 1890, in dem die Scott Paper Company die ersten perforierten Toilettenrollen USA-weit auslieferte,

36 Siehe bereits meinen Beitrag „$c_w$-Wert der Kombattanten bei Revolverduellen im mittleren Westen der USA", in: Der kleine Aerodynamiker, 1997, Seite 327 ff.

markiert eindrucksvoll den Beginn einer neuen Epoche der Körperpflege und bewertet in seinem Titel fast schon ein wenig zu euphorisch die Bedeutung dieser zivilisatorischen Errungenschaft für die reitende Zunft der Cowboys.

***Ballett der Samurai***

Stützen möchte ich diese These durch eine weitere Beobachtung aus einem gänzlich anderen Kulturkreis. Der anmutig tänzerische Kampfstil der Samurai, deren Fußarbeit, Ashi-Sabaki, beim Kendo in der Grundstellung, Kamae, dadurch gekennzeichnet ist, dass der rechte Fuß vorn und die große Zehe des linken Fußes parallel dazu auf Höhe der rechten Ferse steht, wäre, was die wenigsten wissen, ohne chinesische Hygienestandards nicht möglich gewesen. Die die Kampftechnik kennzeichnende entspannte Körperhaltung mit nahezu geschlossenen Füßen wurde erst durch den Import von Toilettenpapier aus China ermöglicht, das bereits im 14. Jahrhundert pro Jahr 10 Millionen Packungen mit jeweils 1.000 bis 10.000 Blatt hergestellte. Pointiert formuliert, könnte man sagen: Ohne chinesisches Toilettenpapier hätte es die japanischen Samurai nicht gegeben.

Warum allerdings Ronaldo vor der Ausführung eines Freistoßes immer breitbeinig posiert, bleibt auch für mich ein Rätsel.

## CYBORG, Weltherrschaft

Cyborgs, diese Mischwesen, deren menschlicher Körper durch künstliche Bauteile zu größerer Leistungsstärke getunt wird, sind, dies sei für Nicht-Science-Fiction-Fans hier festgehalten, keine Roboter und auch keine Androiden. Roboter sind nicht-humanoid aussehende technische Apparaturen, die von Computerprogrammen gesteuert werden, Androiden sind menschenähnliche Roboter.

Die technisch veränderte Lebensform „Cyborg" wurde in den 1960er Jahren von den Raumfahrtwissenschaftlern Manfred Clynes und Nathan S. Kline erdacht, um dem evolutionären Anpassungsprozess des Menschen an die – verglichen mit der Erde – recht besonderen Bedingungen im Weltraum mit implantierten biochemischen, physiologischen und elektronischen Modifikationen auf die Sprünge zu helfen.

### *Typ I*

Kybernetische Organismen, also Menschen mit technischen Implantaten, sind, was häufig übersehen wird, längst im Begriff, die Erde in Besitz zu nehmen. N. Katherine Hayles stellt hierzu in ihrem „Cyborg Handbook" mit der einer Wissenschaftlerin eigenen Sachlichkeit fest, dass – mit stark zunehmender Tendenz – schon 10 % der Bevölkerung der USA im technischen Sinn als Cyborgs betrachtet werden müssen, weil sie z. B. über Herzschrittmacher, künstliche Hüftgelenke, Prothesen oder Implantate in Auge und Ohr verfügen. Ich bin gespannt, wie der unbemerkt unter der Oberfläche tobende Kampf um die Weltherrschaft mit den Hunden verläuft, über deren insoweit bestehenden Pläne ich an anderer Stelle berichte.[37]

### *Typ II*

Neben diesem durch körperliche Defizite erzwungenen Cyborg-Typ, nennen wir ihn Typ I, gibt es noch den Typ II, der sich in Deutschland vornehmlich aus der Gruppe derjenigen Golf-Fahrer rekrutiert, die ihr Fahrzeug mit allem erdenklichen Schnickschnack aufgepimpt haben, um sich vor allem in Punkto Schnelligkeit, Aussehen und Komfort von den grauen Mäusen abzuheben, die ansonsten die Straßen bevölkern.

Ein Teil dieser deutschen Typ II-Cyborgs ist in dem Berliner Verein „Cyborg e. V." organisiert und träumt die Mensch-Maschine-Symbiose konsequent zu Ende mit Plänen zu einem Smartphone-Ersatz, der als reiskorngroßer Chip direkt mit dem Gehirn verbunden, in ein Ohrläppchen eingesetzt wird oder hat bereits seine sensorischen Fähigkeiten – wie der Berliner Stefan Greiner – durch das Implantat eines Magneten in den linken Ringfinger zum Aufspüren elektromagnetischer Felder erweitert.

Na ja, das ist ja alles ganz nett. Aber wenn ich meine ganz persönliche Evolution plante, müsste dabei schon mehr als eine technische Spielerei herauskommen. Ein in die Nase eingebauter Sprengstoff-Sensor für meine lange geplante und aus

37 Siehe *Hundeförderung, schrankenlose*.

Angst vor Terroranschlägen immer wieder verschobene Reise nach Ägypten wäre nicht schlecht. Das steigerte zwar nicht meine Weltraumtauglichkeit, aber dieser Ursprungsgedanke von Clynes und Kline aus den 60er Jahren spielt ja sowieso bei den Cyborg-Fantasien von heute keine Rolle mehr.

# D

## DANAERGESCHENK, gesetzliche Krankenversicherung

Als die Trojaner das hölzerne Pferd der Griechen, von einigen Zeitgenossen Danaer genannt, so um das 12. Jahrhundert v. Chr. in ihre Stadt schleppten, hat Vergil in der Aeneis den Priester Laokoon sagen lassen: „... timeo Danaos et dona ferentes.“[38]

Irgendwie erinnert mich diese Geschichte an das großzügige „Geschenk“ der Bundesregierung, in der gesetzlichen Krankenversicherung ab dem 1.1.2015 den allein von den Beschäftigten zu tragenden Sonderbeitrag in Höhe von 0,9 % zu streichen. Die Absenkung des Beitragssatzes von derzeit 15,5 auf 14,6 % führt zu einer spürbaren monatlichen Entlastung der Versicherten von maximal 36,45 € bei der derzeit geltenden Beitragsbemessungsgrenze von 4.050 €. Wirklich toll!

### *Vergiftetes Geschenk*

Was diese Wohltat zu einem vergifteten Geschenk macht, ist die Tatsache, dass schon ab 2015 der Finanzbedarf der Krankenkassen den mit der Absenkung des Beitrags um 0,9 % verbundenen Einnahmeausfall von 11 Mrd. € deutlich übersteigen wird, was der Bundesregierung bekannt ist, denn so steht's in ihrem Gesetzentwurf. Der Einnahmeausfall soll durch die von den Krankenkassen erhobenen Zusatzbeiträge ausgeglichen werden, die nur von den Versicherten zu zahlen sind. Der Arbeitgeberanteil an der Krankenversicherung ist seit dem 1.7.2005 bei 7,3 % eingefroren – und so soll es auch in Zukunft bleiben.

Damit haben die Regierungsparteien den Schwarzen Peter für Beitragserhöhungen elegant an die Krankenkassen weitergereicht, die sich zukünftig für die, man darf vermuten, jährlich stattfindenden Erhöhungsrunden beim Zusatzbeitrag von den Versicherten werden prügeln lassen müssen. Ein angenehmer Nebeneffekt dieser Reform ist, dass der mit dem alten

38 „... ich fürchte die Danaer, obwohl sie Geschenke bringen.“

Sonderbeitrag verbundene staatliche Sozialausgleich für Versicherte mit kleinem Einkommen und Hartz-IV-Empfänger ersatzlos wegfällt, was dem Bundesfinanzminister bis 2018 eine Ersparnis von ca. 2,5 Mrd. € bringt, die freilich nicht wieder in das System eingespeist, sondern anderweitig verbraucht werden soll.

***Desaströse Kassenlage***

Dass die Kranken- und auch die Pflegeversicherung indes jeden Euro brauchen, ist den Beziehern von Betriebsrenten spätestens seit dem 1.1.2004 schmerzlich klar geworden. Nach dem verniedlichend und vernebelnd genannten „Gesetz zur Modernisierung der gesetzlichen Krankenversicherung" müssen Bezieher von Renten- und Kapitalzahlungen aus einer Direktversicherung (betriebliche Altersversorgung), die ihr Arbeitgeber für sie in seinem Namen abgeschlossen hat, für die Dauer von 10 Jahren auf das ausgezahlte Kapital Krankenversicherungsbeiträge bis zur jeweils geltenden Beitragsbemessungsgrenze entrichten,[39] für das Jahr 2014 also bis zu einem monatlichen Einkommen von 4.050 €. Damit gehen über die Jahre ca. 17 % der ausgezahlten Versicherungsleistung verloren, wobei die Anhebung der Beitragsbemessungsgrenze noch nicht berücksichtigt ist. Rechnen Sie also besser mit guten 20 %, für die Sie aus der Versicherungsleistung Rücklagen bilden sollten.

***Peanuts***

Beispiel: Sie sind freiwillig krankenversicherter Rentner und erhalten eine Altersversorgung aus einem berufsständischen Versorgungswerk (Ärzte, Apotheker, Architekten, Notare, Rechtsanwälte, Steuerberater) von 3.000 € brutto im Monat. Ihnen wird am 1.1. aus einer Direktversicherung eine einmalige Kapitalleistung aus der betrieblichen Altersversorgung in Höhe von 120.000 € ausgezahlt. Dieser Auszahlungsbetrag wird zur Berechnung der darauf zur Krankenversicherung zu zahlenden Beiträge auf 120 Monate (10 Jahre) verteilt (= 1.000 € pro Monat). D. h. Sie zahlen – bis zur jeweils gültigen Beitragsbemessungsgrenze (2014: 4.050 €) – pro Monat

39 Wen's interessiert: §§ 229, 240 SGB V.

Kranken- und Pflegeversicherungsbeiträge nach den für Sie gültigen Beitragssätzen: in der Krankenversicherung 14,6 % von 1.000 € für die Direktversicherung (= 146 €) und in der Pflegeversicherung, wenn Sie kinderlos sind, 2,3 % von 1.000 € für die Direktversicherung (= 23 €). Unter dem Strich also eine Mehrbelastung von 2.028 € für das Jahr 2014 (12 x 146 € + 12 x 23 €). Hochgerechnet auf 10 Jahre also 20.280 €, wobei die Steigerung durch die Anhebung der Beitragsbemessungsgrenze noch nicht berücksichtigt ist.

Mit anderen Worten: von den ausgezahlten 120.000 € verbleiben Ihnen – nach dem Abzug von 20 % – noch 96.000 €. Toll, da hat sich doch Ihr Einsatz, den der Arbeitgeber mit einer Kapitallebensversicherung belohnen wollte, doch mal wieder richtig gelohnt. Falls Ihnen das noch nicht bekannt war, ist es gut, dass wir einmal darüber gesprochen haben.

Ach so, als freiwillig Versicherter erhalten Sie natürlich auch keinen Zuschuss zur Krankenversicherung der Rentner aus der gesetzlichen Rentenversicherung, löhnen also auf die Altersversorgung von 3.000 € aus dem berufsständischen Versorgungswerk die 14,6 % selbst, was satte 438 € pro Monat ausmacht. Insgesamt zahlen Sie also für Ihren Krankenversicherungsschutz – ohne Berücksichtigung des Sonderbeitrags von 0,9 % – im Jahr 2014 satte 584 € pro Monat aus der eigenen Tasche. Plus Pflegeversicherung (23 € [auf 1.000 €] + 69 € [auf 3.000 €] = 92 €) betragen die Aufwendungen pro Monat 676 €. Falls Ihnen auch das noch nicht bekannt war, ist es gut, dass wir einmal darüber gesprochen haben.

**Tipp**

Falls Sie mit dem Gedanken spielen sollten, etwa wegen der zum Zeitpunkt des Abschlusses der Direktversicherung nicht absehbaren Beitragspflicht zur Krankenversicherung das **Bundesverfassungsgericht** anzurufen, dann investieren Sie nicht Zeit, Nerven und Geld in ein solches zum Scheitern verurteiltes Vorhaben. Denn die Karlsruhe Richter befanden bereits mehrfach[40] und immer einstimmig, dass dies **alles rechtens** ist, und zwar „zur Erhaltung der Stabilität des Systems der gesetzlichen Krankenversi-

40 Siehe z. B. Bundesverfassungsgericht, Beschluss vom 12.12.2007 – 1 BvR 1660/08.

cherung“[41] und der „finanziellen Entlastung der jungen Beitragszahler“... „Der Vertrauensschutz der betroffenen Versicherten wird dabei nicht unzumutbar beeinträchtigt.“ Klar, was sind schon 20 % Verlust bei der Absicherung für das Alter aus der Sicht eines durch die Richterpension unangreifbar auskömmlichst versorgten Richters beim Bundesverfassungsgericht.

## DATENKRAKE, blecherne

Dass fettleibige Autos dicke Probleme haben und solche auch verursachen, darüber haben wir bereits gesprochen.[42] Dass viele von ihnen – auch die schlanken Exemplare – aber wegen ihrer krankhaften Neugier als manisch gestört angesehen werden müssen, weil sie ihren Fahrer permanent bespitzeln, sobald er sich ihnen zugewandt hat, mag auch für Sie neu sein.

***Folgen genetisch bedingter manischer Störungen***

Es ist wissenschaftlich erwiesen, dass ein Auto nicht erst durch sein soziales Umfeld, etwa eine unglücklich verlaufene Kindheit, zum Spitzel mutiert, sondern es sich um eine genetisch bedingte Störung handelt, die durch die 50 bis 80 Minicomputer verursacht wird, die z. B. als Antiblockiersystem, Tempomat, Klimaanlage, Airbag, ESP oder Navigationssystem in seiner DNA verankert sind.

Das Erstellen von Abhördossiers über den Fahrstil und das Mobilitätsverhalten des Nutzers erfolgt also zwanghaft automatisch. Es wird dann zu einem Problem für den Bespitzelten, wenn die von den verschiedensten Sensoren in der Regel verschlüsselt gesammelte Informationsflut dieser mobilen Datenspeicher auf vier Rädern z. B. in Garantiefällen erlaubterweise vom Hersteller oder vor Gericht etwa in einem Strafprozess ausgelesen und gegen den Fahrer verwendet wird.

Nach Meinung der Verkehrsexperten aus dem diesjährigen Arbeitskreis VII des Deutschen Verkehrsgerichtstages in Goslar handelt es sich bei den in den Speichern der Kfz-Minicom-

41 Bundesverfassungsgericht, Beschluss vom 28.3.2008 – 1 BvR 2137/06.
42 Siehe *Blechberg, adipöser*.

puter aufgezeichneten Betriebs- und Fahrdaten um personenbezogene Daten im Sinne des Bundesdatenschutzgesetzes, die zwar dem Fahrer „gehören“, aber sowohl in Zivil- als auch Strafprozessen – unter Berücksichtigung des verfassungsmäßigen Grundsatzes der Verhältnismäßigkeit – verwendet, d. h. konkret: einbezogen und ausgewertet werden dürfen, wenn es um Verkehrsunfälle mit wirtschaftlich bedeutenden zivil- oder schwerwiegenden strafrechtlichen Folgen geht.

**Tipp**

Wenn es Ihnen nicht gelingt, Ihr Auto davon zu überzeugen, sich vor Gericht auf das Zeugnisverweigerungsrecht naher Angehöriger zu berufen, wechseln Sie Ihre **Verteidigungsstrategie** und versuchen Sie, die Enthüllungen des Zeugen mit dem Hinweis auf seine genetisch bedingte akute **affektive Störung mit** lang andauernden **manischen Bespitzelungsepisoden** zu erschüttern. Damit wecken Sie beim Gericht regelmäßig durchschlagende **Zweifel an** seiner **Glaubwürdigkeit.** Mit diesem juristischen Kunstgriff erreichen Sie auch problemlos die **Unterbringung** Ihres Autos in einem Zentrum für Psychiatrie, einer Universitätsklinik oder einer anderen von Ihrem Regierungspräsidenten für Fälle dieser Art vorgesehenen Einrichtung. Bedenken Sie hierbei aber bitte, dass das für geraume Zeit den Verzicht auf einen fahrbaren Untersatz bedeutet.

## DIÄT, Bundestagsabgeordneter

Gemeinhin bezeichnet man als Diät einen Vorgang, bei dem sich eine Person über einen längeren Zeitraum etwas von dem entzieht, das sie zuvor allzu reichlich genossen hat. Reduktion ist jedoch nicht der begriffliche Kern aller Diäten. Es gibt bestimmte Diätformen, die nicht auf Entzug, sondern auf Zuwachs angelegt sind.

***Die Diät ist immer die Diät des anderen***

Nehmen wir z. B. die Diäten der Bundestagsabgeordneten. Sie wuchsen zwischen 1995 und 2016 von 5.300 € auf 9.082 €, was von in Diätangelegenheiten unerfahrenen Zeitgenossen weniger als Diät, sondern eher als Völlerei gewertet wird, handelt es sich doch um einen Gewichtszuwachs von satten 72 %, der im krassen Gegensatz zu den mageren 30 % steht, um den der durchschnittliche Arbeitslohn im Vergleichszeitraum angestiegen ist (von 2.002 € auf 2.630 € monatlich).

***Adipositas Grad III***

Um den Gesundheitszustand der Bundestagsabgeordneten bin ich in echter Sorge, zumal sie sich zusätzlich von anderen stark kalorienhaltigen Sattmachern zusätzlich zu ihrer Diät ernähren, die ihnen weitere Pfunde aufladen. Die dicksten Kalorienbomben: Kostenpauschale für Bürokosten (derzeit 4.123 € pro Monat mit jährlichem Anpassungsautomatismus), Mitarbeiterpauschale (15.053 € pro Monat), hälftiger Zuschuss zu Krankenversicherung, kostenlose beamtenähnliche Arbeitslosen- und Rentenversicherung, Überbrückungsgeld für Hinterbliebene, Übergangsgeld nach Ausscheiden aus dem Bundestag (für ein Jahr Zugehörigkeit 7.668 €, für 18 Jahre und mehr 138.024 €), Altersbezüge (Mindestpension 1.682 €, Höchstanspruch nach 23 Jahren 4.836 €), Einkünfte aus Nebentätigkeiten.

Da droht Adipositas Grad III mit einem BMI über 40, eine Befürchtung, die schon ein flüchtiger Blick ins Plenum des hohen Hauses bestätigt.

## DIÄTENRENTIER, schmutziger

Die Diät-Probleme der deutschen Bundestagsabgeordneten[43] waren nicht Gegenstand der in „The Lancet“ veröffentlichten globalen Fettleibigkeits-Studie,[44] was die Entscheidung des Bundespräsidenten Joachim Gauck verständlich erscheinen lässt, seine anfänglichen Bedenken gegen die wollüstige Schlemmerei der Parlamentarier zurückzunehmen und die vorgeschlagene Diätenerhöhung plus Anhebungsautomatismus mit seiner Unterschrift unter den Gesetzesentwurf abzusegnen.

43 Siehe *Diät, Bundestagsabgeordneter.*

44 Siehe *Mission Slimpossible, Afrika.*

Es ist angerichtet, das große Fressen kann beginnen. Eine Goldene Palme aus Cannes[45] wird es für diese Inszenierung freilich nicht geben, weil es sich thematisch um den uninspirierten, künstlerisch wenig überzeugenden Aufguss eines filmisch bereits mehrfach[46] aufgearbeiteten Themas handelt.

***Gratisticket – und Schluss***

Zu Zeiten Otto von Bismarcks war das alles noch ganz anders. Das „Gesetz betreffend die Verfassung des Deutschen Reiches“ vom 16.4.1871, kurz Weimarer Reichsverfassung genannt, bestimmte – auf Druck des preußischen Ministerpräsidenten, der es riskiert hätte, die deutsche Einigung an der Diätenfrage scheitern zu lassen – in seinem Artikel 32: „Die Mitglieder des Reichstages dürfen als solche keine Besoldung oder Entschädigung beziehen.“ Bismarck wollte Wohlhabende und Junker aus seinem gesellschaftlichen Umfeld in der Volksvertretung positionieren, argumentierte bei seinem Diäten-Veto allerdings vollmundig mit „schmutzigen Diätenrentiers, die den Freiheitsdurst des Volkes mit ihrem Hunger verwechseln“ und diskreditierte die in politischen Kreisen geforderte Bezahlung der Abgeordneten als „Besoldung des gebildeten Proletariats zum Zwecke des gewerbsmäßigen Betriebes der Demagogie.“ Mehr als die ab 1874 zugestandenen Freifahrtscheine für private und öffentliche Eisenbahnen auf der Strecke zwischen dem Wohnort und Berlin war für die Parlamentarier nicht drin.

***Der „Landsturm“ kommt***

Erst durch das Reichsgesetz vom 21.5.1906 wurden die Worte „oder Entschädigung“ im Artikel 32 der Weimarer Reichsverfassung gestrichen und die Vorschrift um folgenden Satz ergänzt: „Sie erhalten eine Entschädigung nach Maßgabe des Gesetzes.“ In den 35 Jahren zwischen dem Inkrafttreten der Weimarer Reichsverfassung und der Gesetzesänderung war die parlamentarische Arbeit im Reichstag wegen Ottos Diätenphobie durch eine chronische Unterbesetzung des Plenums und daraus folgender Beschlussunfähigkeit gekennzeichnet,

45 Wie 1973 für „La Grande Bouffe“ (deutscher Titel: „Das große Fressen“) von Marco Ferreri.

46 Siehe auch Pier Paoli Pasolinis „Die 120 Tage von Sodom“ (1975).

weil etwa die süddeutschen Abgeordneten – von den Berlinern wahlweise „Alpenveilchen“ oder „Landsturm“ genannt, wenn sie in Scharen in die die Stadt einfielen – aus Kostengründen nur dann anreisten, wenn ihre Anwesenheit in Berlin zwingend erforderlich war.

Und heute? Unser „Otto“ heißt „Joachim“. Und die „gewerbsmäßige Demagogie“ durch Vertreter des „gebildeten Proletariats“ hat sich bei uns zu einem salonfähigen, äußerst einträglichen Beruf entwickelt.

## DICHTESTRESS, Schweiz

Stress kann viele Ursachen haben und Krankheiten auslösen, die zu einem vorzeitigen Ausscheiden des Betroffenen aus dem Arbeitsleben führen. Die deutsche Bundespsychotherapeutenkammer,[47] hat die Statistiken der Kranken- und Rentenversicherung zur Arbeitsunfähigkeit und Frühverrentung für das Jahr 2012 ausgewertet und herausgefunden, dass jeder zweite der 75.000 deutschen Frührentner wegen stressbedingter psychischer Erkrankungen vorzeitig in den Sack gehauen hat.

Durch Stress ausgelöste „Arbeitsmarktbereinigungen“ in dieser Größenordnung kann sich die Schweiz, die gerade einmal circa 4,2 Mio. Erwerbstätige zählt, nicht leisten, ohne einen Zusammenbruch ihrer Wirtschaft zu riskieren. Da erschien es nur folgerichtig, dass besonnene, über den Tellerrand ihres Fondue-Geschirrs hinausblickende schweizerische Unternehmerkreise und andere interessierte Gruppierungen aus dem Land der Alphörner in einer Volksabstimmung, die sie mit 50,3 % für sich entschieden, eine für Schweizer Arbeitnehmer stressreduzierende und damit den Arbeitsmarkt stabilisierende Strategie zur Entscheidung stellten.

47 Schlagen Sie ruhig nach, wenn Sie mir nicht glauben, dass es die gibt.

***Ursachen für den „Dichtestress“***

Das Argument, das ihnen den Sieg bescherte, war der durch den Zuzug von Ausländern verursachte „Dichtestress“, den man nachempfinden kann, wenn man weiß, dass im Land Wilhelm Tells mehr als doppelt so viele Ausländer einer geregelten Arbeit nachgehen als bei uns. Die Ursachen dafür liegen nach Expertenmeinung darin, dass die überwiegende Mehrzahl der Schweizer ihre Arbeitszeit lieber mit der Herstellung von Kuckucksuhren, dem Anrühren von Schokolade, dem Schmelzen von Käse oder Bankgeschäften, am liebsten zum Nachteil der Finanzminister benachbarter Staaten, verbringt, als ihr Leben mit Computertechnologie, industriell gearteten Tätigkeiten oder Straßenfegen zu vertrödeln.

***Freier Blick auf die Alpen***

Natürlich ließ man nichts unversucht, den „Dichtestress“ anders in den Griff zu bekommen, als mit einer Zuzugsbeschränkung für Ausländer z. B. aus Zentralafrika oder einem EU-Staat. Erwogen, letztlich aber verworfen, wurde der Plan, die Ausländer in mit gutbürgerlichen Chalets ausgestatteten Reservaten oberhalb der Baumgrenze in den Schweizer Alpen zusammenzuziehen, um den Urschweizern so wieder einen stressreduzierenden „freien Blick auf die Alpen“ zu ermöglichen. Zu teuer.

Auch eine „garantiert ausländerfreie“ Landzuweisung für Staatsbürger der Qualitätsbezeichnung „Made in Switzerland“ scheiterte. Mathematiker hatten im Auftrag des Schweizer Bundesrats errechnet, dass die Fläche des Staatsgebiets von 41.000 km2[48] nicht ausgereicht hätte, um jedem Ur-Schweizer den ungestörten Auslauf zu ermöglichen, den Angehörigen diese freiheitsliebenden Volks benötigen, um stressfrei leben zu können.

---

48 Wer sich das nicht vorstellen kann, dies entspricht ungefähr einer Größenordnung von drei bis vier Fußballplätzen.

# DÜSENTRIEB, Daniel[49]

Daniel ist ein begeisterter Segler. Wie er überhaupt alles, was er tut, mit Konsequenz und Hingabe anfasst, angefangen beim Cocktail-Mixen über das Kochen auf Weber-Grillstationen bis zur konsequenten Nutzung elektronischer Kommunikationsmittel, die er als überzeugter Apple-Fan natürlich nur von dem in Cupertino beheimateten Unternehmen kauft. Er ist ein Perfektionist.

Als vorausschauender, detailverliebter Skipper ist er immer auch auf der Suche noch Novitäten zur professionellen Erledigung der an Bord täglich anfallenden Arbeiten. Er stellte mir jetzt auf einer Geburtstagsfeier, wo sonst, denn es ist noch immer Januar, die geplanten, unabweisbar notwendigen Ergänzungen seiner nautischen Ausrüstung vor. Es sei mehr oder weniger eine Sache von Leben und Tod. Ich musste sofort an das Skipper-Drama mit Robert Redford denken und hörte konzentriert zu.[50]

### *Winsch-betriebener Cocktail-Mixer und Kraftwerk aus der Dose*

Also, wenn ich Daniel richtig verstanden habe, geht es bei seinen Neuanschaffungen zum einen um einen in einer verschließbaren Röhre mit einer Winsch betriebenen Cocktailmixer, mit dem sich, ohne auch nur einen Tropfen der eingesetzten Alkoholika zu verschütten, selbst bei Windstärke 9 auf dem Achterdeck die schönsten Cocktails zaubern lassen, zum anderen um einen doppelwandig ausgelegten circa 70 cm langen Metallzylinder, der an seinem unteren Ende mit („ruhig nassem“) Holz gefüttert wird, worauf er sich, im Innern angetrieben durch eine Art Gebläse, infolge des Kamineffekts erhitzt und dabei bis zu 5 kwh Strom erzeugt, mit dem man alle an Bord befindlichen iPads aufladen kann, wenn die schiffsinterne Stromversorgung mal streikt …

---

49 Für alle, die nicht mit Mickey-Mouse-Heften aufgewachsen sind: Daniel Düsentrieb ist das Erfindergenie in diesen Comic-Geschichten. In seiner Schaffenskraft und Genialität durchaus vergleichbar mit Käpt’n Blaubärs Erzfeind Prof. Dr. Feinfinger, den Walter Moers erfunden hat.

50 Siehe *Seenot, Robert Redford*

***Kein Gendefekt***

Ich glaube nicht, dass es unbedingt auf einen Gendefekt hindeuten muss, wenn er diese Anschaffungen durchzieht. Der Genpool der gesamten Familie ist vollkommen intakt, seit Generationen. Seine Eltern, Jürgen (M. aus D) und Karin, sind richtig gut drauf und machen auf mich einen vollkommen normalen Eindruck, zeigen keinerlei Verhaltensauffälligkeiten. Ich habe sie neulich noch getroffen. Jürgen hat mir stolz von seinem Plan berichtet, sich bis Mitte April 2015 so weit in Form zu bringen, dass er den Mount Everest[51] ohne Sherpas, barfuß und nur mit einem BVB-Auswärtstrikot bekleidet, in der Halbzeitpause eines Fußball Bundesligaspiels erstürmen kann. Ich halte das für machbar, habe ihm aber dazu geraten, wegen der eisigen Winde auf dem Weg zum Gipfel des Achttausenders eine Tüte Eukalyptus-Bonbons mitzunehmen, um Hustenanfällen vorzubeugen, die schon in Höhen über 6.000 m nur allzu leicht Lawinen auslösen können. Ein Rat, den er dankbar angenommen hat.

Auch Karin hat ein großes Ziel vor Augen. Sie hat sich seit drei Jahren, obwohl Sie dass überhaupt nicht nötig hätte, eine Karotten-basierte Spezialdiät auferlegt, in der Hoffnung, eines nicht allzu fernen Tages zum „Thinnest Bunny of the Year“ im Playboy gekürt zu werden. Auch das verstehe ich gut. Für das Erreichen großer Ziele muss man eben Opfer bringen. Das weiß jeder.

***Schlange italienne mit geräucherten Hühnerfüßen***

Gentechnisch betrachtet ist also alles im grünen Bereich. Ich denke, es ist eine kleine psychische Schwächephase, die Daniel da gerade durchmacht. Christina, seine charmante und durchsetzungsstarke Ehefrau, global tätig in Diensten des weltweit größten Herstellers von Aromen und Duftstoffen mit Hauptunternehmenssitz in der Schweiz, wird ihn wieder aus diesem Tal rausholen. Da bin ich mir sicher. Sie hat sich übrigens dieser Tage aus Singapur mit einem wirklich interessanten Menuvorschlag für ihre bevorstehende Geburtstagsfeier gemeldet. Ich weiß nicht genau, ob ich Hund mag, auf die Schlange italienne und die dazu gereichten zart geräucherten Hühnerfüße freue ich mich allerdings schon jetzt. Daniel

51 Siehe hierzu *Bergsteigen, betreutes.*

kriegt das auf seinem Weber-Grill schon hin. Mit dem neuen Smoker sollten die Hühnerfüße kein Problem sein.

# E

## EHRENBÜRGER A. D.

Coburg machte den Anfang. Am 26.2.1933, dem Tag, an dem ein gewisser Adolf Hitler deutscher Staatsangehöriger wurde, verlieh Coburg als erste deutsche Stadt – nach einem Dringlichkeitsantrag der NSDAP-Stadtratsfraktion – dem „größten Schlachtenlenker aller Zeiten" die Ehrenbürgerschaft. Historiker schätzen, dass 4.000 weitere Städte diesem Beispiel folgten.

Ehrenbürgerschaften werden nach der Hauptsatzung einer Stadt oder Gemeinde – meist mit Zweidrittelmehrheit – üblicherweise auf Lebenszeit verliehen, erlöschen also nach dem Tod des „bourgeois honoraire", eine Erfindung aus der Zeit der Französischen Revolution, automatisch. Gleichwohl besteht immer die Möglichkeit, das Ehrenbürgerrecht abzuerkennen, wenn sich die getroffene Wahl im Nachhinein als Griff in die Kloschüssel erwiesen hat.

Nun könnte man meinen, dass Ehrenbürger, die sich in ihrer weiteren beruflichen Karriere als amtlich anerkannte Kriegsverbrecher entpuppten, einen Entzug der Ehrenbürgerschaft zu gewärtigen haben. Dieser Meinung waren auch die Siegermächte des 2. Weltkriegs, als sie genau für diesen Fall den Verlust der Ehrenbürgerschaft festlegten.[52] Dabei hatten sie wohl nicht mehr an den gescheiterten Postkartenmaler Adolf gedacht, denn die Einstufung als „Kriegsverbrecher" setzt nun mal eine rechtskräftige gerichtliche Verurteilung voraus, der er sich bekanntermaßen feige entzog.

### *Abducken oder Rückgrat zeigen?*

Nun sahen sich also die Städte und Gemeinden, die mit der Ehrenbürgerschaft allzu freigiebig umgegangen waren, mit

52 Siehe Artikel VIII, Ziffer II, Buchstabe i der Direktive 38 des Alliierten Kontrollrats in Deutschland vom 12.10.1946.

der Frage konfrontiert, ob sie sich abducken und – bei Bedarf – auf den formaljuristischen Aspekt des Erlöschens der Ehrenbürgerschaft mit dem Tod des Geehrten berufen oder sich aufrechten Ganges zu ihrem Fehler bekennen und diesem Herrn die Ehrenbürgerschaft aberkennen sollten?

Die weitaus überwiegende Zahl der Städte zeigten Rückgrat und entschlossen sich dazu, ihren Fehler durch eine posthume Aberkennung zu korrigieren, wenn auch in manchen Fällen erst sehr spät und nach teilweise erbitterten politischen Auseinandersetzungen: z. B. Hannover (1978), Bochum (1984), Herne (1984), Bergisch Gladbach (1988), Düsseldorf (2000), Kevelaer (2003), Brühl (2009).

Zu diesen Städten zählt seit Mai 2014 auch Bad Oeynhausen, die schöne Kurstadt am Südrand des Wiehengebirges im Kreis Minden-Lübbecke. Glückwunsch, liebe Stadtväter und -mütter, jetzt fühlt ihr euch bestimmt besser!

**Tipp**
Und die anderen Kandidaten, die diesen – schon mit Blick auf die unbelasteten Ehrenbürger ihrer Gemeinde unabweisbar notwendigen – Schritt noch nicht getan haben, sind herzlich aufgerufen, dem aktuellen Beispiel von Bad Oeynhausen zu folgen. Wie man es anstellt, seinen **inneren Schweinehund** zu **besiegen,** darüber kann sicherlich das Büro des Bürgermeisters Klaus Mueller-Zahlmann nähere Auskünfte erteilen (Tel. 05731/14-1011 oder -1012).

## EHRENSÖLDNER

Der Ex-Kurzzeit-Bundespräsident Christian Wulff ist kein Straftäter! Dies steht nach dem Freispruch des Landgerichts Hannover fest. Da ist man als Bundesbürger doch richtig erleichtert. Denn, seien wir ehrlich, es wäre doch unerträglich gewesen, wenn sich dieser Mann, der uns einen tiefen Einblick in die Abläufe gewährt hat, wie sich in unserer Republik Politik und hochrangige Wirtschaftskreise zum gegenseitigen Nutzen miteinander verbandeln, mit seinem Handeln auch noch zum Verbrecher gemacht hätte.

***Ein Freund, ein guter Freund ...***

Nein, nein, da fehlte – durch die strafrechtliche Brille betrachtet – ganz klar der Amtsbezug der die bloße Gefälligkeit der Begleichung einer Hotelrechnung zur strafrechtlich relevanten Vorteilsannahme im Amt macht.

Sicher, da gab es einen 500.000 €-Kredit der Unternehmergattin Edith Geerkens zur Finanzierung des Privathauses der Ex-Familie Wulff, der später durch einen von Egon Geerkens vermittelten Kredit der Baden-Württembergischen Bank abgelöst wurde, und richtig ist auch, dass dieser Kredit zu einem Dumping-Zinssatz zwischen 0,9 und 2,1 % gewährt wurde, und richtig ist auch, dass Wulff versucht hat, den Chefredakteur der Bild-Zeitung, Kai Diekmann, mit einer auf die Mailbox (!) gesprochenen Nachricht Hinweise zur Kreditaffäre zu geben, wobei die Meinungen darüber auseinandergingen, ob er ihn zur kritischen Berichterstattung ermuntern oder davon abhalte wollte, und richtig ist auch, dass Carsten Maschmeyer während des niedersächsischen Wahlkampfs 2007 – freilich ohne dass Wulff dies wusste – die Anzeigenkampagne für Wulffs Interview-Buch „Besser die Wahrheit" in Höhe von ca. 43.000 € aus seinem Privatvermögen finanziert hatte, und richtig ist auch ...

Das alles waren aber reine Gefälligkeiten, die man sich unter Freunden erweist, und keineswegs Vorteilsannahmen im strafrechtlichen Sinn.

***„Nun kann ich mich wieder der Zukunft zuwenden"***

Ex-Präsident Wulff kann sich jetzt also, wie er erleichtert nach der Urteilsverkündung feststellte, „wieder der Zukunft zuwenden" und in aller Ruhe seinen „Ehrensold" von zurzeit circa 200.000 € pro Jahr[53] bis an sein Lebensende als Ehrenmann genießen, denn sein Rücktritt als Bundespräsident nach 597 Tagen entbehrungsreicher Amtszeit erfolgte nicht aus

---

53 Kleines Rechenbeispiel: Christian Wulff erreicht am 19.6.2014 ein Alter von 55 Jahren. Seine statistische Lebenserwartung beträgt nach der Sterbetafel des Statistischen Bundesamtes noch abgerundet 25 Jahre. Bis zu seinem statistischen Lebensende wird er den Steuerzahler ca. 5 Mio. € plus Inflationsausgleich seines Ehrensoldes (plus nachamtliche Ausstattung) gekostet haben. Nicht schlecht für 597 Tage desaströser Amtsführung.

persönlichen, sondern politischen Gründen, wie Beamte des Präsidialamts befanden.

Ich frage mich gerade, ob er wohl zusätzlich auch die nachamtliche Ausstattung ehemaliger Bundespräsidenten mit Büro, Bürokraft, persönlichem Referenten, Limousine und Chauffeur in Anspruch nimmt oder doch eher auf seine Freunde vertraut, die ihm immer mal wieder mit kleineren oder größeren Gefälligkeiten selbstlos aus der Patsche geholfen haben? Ich denke, er wird zweigleisig fahren, denn sein Büro im Bundestag hat er längst bezogen.

**Tipp**
Für den Fall, dass Sie mal in Berlin sind oder einfach nur mit ihm telefonieren bzw. ihm eine mailen wollen, hier noch seine **Kontaktdaten**: Persönliches Büro von Bundespräsident a. D. Christian Wulf, Deutscher Bundestag, Platz der Republik 1, 11011 Berlin, Tel. 030/227-92300, Email: buerowulff@bpra.bund.de. Und bitte grüßen Sie seine gesamte Mannschaft inklusive. Chauffeur von mir, liebe steuerzahlende Leserschaft. Und vergessen Sie nicht, dass auch Ex-Kurzzeit-Bundespräsidenten offiziell mit „Herr Bundespräsident" angesprochen werden. Trainieren Sie das ausgiebig vor dem Spiegel, damit Sie während des Gesprächs mit Wulff keinen Lachkrampf kriegen.

## EIGENTHERAPIE, medizinische

Meine Achillessehne am linken Fuß plagte mich seit geraumer Zeit. Ich spürte, dass ich meine insoweit bestehenden Vorurteile überwinden und einen Arzt aufsuchen musste. Ein Orthopäde schien mir im Hinblick auf das Krankheitsbild die richtige Wahl zu sein.

Bis zu diesem Zeitpunkt hatte ich mich selbst therapiert mit Cold Hot-Packs und einer aus dem Internet angelesenen Spezial-Gymnastik, bei der ich, auf einer Treppenstufe stehend, die Achillessehne durch langsame Wippbewegungen mit der Ferse nach oben und nach unten mal so richtig forderte. Als der konsultierte Orthopäde mir dann in einem ersten Therapieschritt Fersenpolster verschrieb, nicht ohne darauf hinzuweisen, dass ich die Achillessehne „immer schön warmhalten“ und nicht „durch zu starkes Dehnen überfordern“ sollte, anderenfalls drohe ein Riss der Sehne („Das merken Sie sofort an dem stechenden Schmerz und einem lauten Knall.“), wusste ich, dass es für ein und dieselbe Krankheit unterschiedlich Behandlungsmethoden geben kann. Wer glaubt, dass die Humanmedizin eine (exakte) Wissenschaftsdisziplin ist, der irrt.

Dem ersten Orthopäden, den ich wegen erwiesener Erfolglosigkeit schasste, folgte ein zweiter, der mich in den MRT schickte, was nicht wehtut, sondern nur laut ist. Schließlich ging's zum Radiologen. Radiologen gehören zu dem Teil der Ärzteschaft, der ein total unblutiges Geschäft betreibt (echt cool) und nicht wie die anderen Angehörigen dieses Berufsstandes ihre Zeit damit verbringt, ein Leben lang „in Löcher zu gucken“, wie mir mal auf einer Party ein total frustrierter Allgemeinmediziner unter Tränen gestand. Ein Defizit, das sich allerdings über jährlich steigende Umsatzzahlen[54] und ein erfüllendes Hobby (Golf?) wieder in den Griff kriegen lässt.

## EMAIL, Adresszeile

Gestern hat sie sich meine Mutter, sie heißt auch Inge wie meine Frau, fürchterlich aufgeregt, weil ich ihr irrtümlich eine Mail zugeschickt hatte, die für das iPad-Postfach meiner Holden bestimmt war.

Es ging um eins dieser täglich millionenfach per Email in der Webgemeinde herumgereichten bebilderten oder sonstwie für das Internet aufgemotzten dümmlichen Witzchen, die einem nur die Zeit stehlen, wenn man sie nicht gleich wegklickt. Der Aufreger war, dass der Gag zu Lasten einer Seniorin ging, deren reichlich zerknittertes Gesicht bis auf die letzte Falte zur Schau gestellt worden war. Dafür hatte meine Mutter, inzwischen mit 86 Jahren aus dem Alter der Best Ager bereits ein wenig herausgewachsen, nun überhaupt kein Verständnis, was sie mir am Telefon auch lautstark und mehrfach – wie in einer Endlosschleife – mitteilte. Meine Erklä-

54 Siehe hierzu *Geschäftsmodell, Arzt.*

rungsversuche verpufften ohne erkennbare Reaktion, was für einen hohen Erregungsgrad der Anruferin sprach.

Seitdem meine Mutter ein iPad hat, sind Internet, Emails und vor allem die Bildtelefonie mit Face Time für Sie unverzichtbar geworden. O-Ton: „So hole ich mir die Welt ins Haus." Im Grunde bin ich ja ziemlich stolz auf sie und habe mich auch schon dabei erwischt, dass ich mit Ihr bei jeder passenden Gelegenheit mächtig angebe. Das muss ja niemand rumtratschen.

**Tipp**
Bevor Sie eine **Email** abschicken, **prüfen** Sie im eignen Interesse, ob Sie wirklich den **richtigen Empfänger** in das Adressfeld eingesetzt haben. Im Grund gilt hier nichts anderes als bei der Beschriftung eines Briefumschlags. Sie würden ja auch nicht einen Brief an das Finanzamt schicken, in dem Sie sich bei Ihrem Kreditinstitut dafür bedanken, dass Ihr Schwarzgeld erfolgreich in die Schweiz oder nach Luxemburg verschoben worden ist.[55]

# ERBSENSPRACHE

Der vom geschäftsführenden Verleger verordnete „Kompakt"-Schwachsinn stinkt mir ganz gewaltig. Da kommt doch nichts bei rum.

***Erbsensprache und Gertrude Stein***

Diesem Herrn offen entgegenzutreten, ist allerdings problematisch, das hatte ich Ihnen bereits geschildert.[56] Um meinem Protest ein Ventil zu geben, werde ich mit einer krachenden Protestnote zurückschlagen. Ich habe sie in der sogenannten Erbsensprache verfasst, einem für Verleger nahezu unüberwindbaren Verschlüsselungssystem, das ich seit Kindheitstagen virtuos beherrsche.[57] Um dieser Botschaft den richtigen

55 Wegen der Gefährdung Ihres Arbeitsplatzes durch die Worterkennungsfunktion des iPad siehe *Tablet-PC, Worterkennungsfunktion.*

56 Siehe *Verleger, Erbsenzähler.*

57 Falls Sie den – zugegeben – schweinisch komplexen Code nicht knacken können, besorgen Sie sich meine Emailadresse beim Verlag. Ich melde mich dann bei Ihnen.

Drall zu geben, habe ich mich einer von Gertrude Stein erstmals in ihrem Gedicht „Sacred Emily“[58] benutzten Technik bedient, die eine Verstärkung der Aussage dadurch erreicht, dass die Aussage gebetsmühlenartig wiederholt wird. So wird dann aus einer bloßen Information eine starke Botschaft, die – und das erhoffe ich mir auch in meinem Fall – in der ganzen Welt gehört wird.

## *Eine narrensicher verschlüsselte Botschaft*

Wersen glaubtsen, dasssen Geschäftsführersen Geschäftesen führensen, dersen glaubtsen auchsen, dasssen Zitronenfaltersen Zitronensen faltensen! Wersen glaubtsen, dasssen Geschäftsführersen Geschäftesen führensen, dersen glaubtsen auchsen, dasssen Zitronenfaltersen Zitronensen faltensen! Wersen glaubtsen, dasssen Geschäftsführersen Geschäftesen führensen, dersen glaubtsen auchsen, dasssen Zitronenfaltersen Zitronensen faltensen! Wersen glaubtsen, dasssen Geschäftsführersen Geschäftesen führensen, dersen glaubtsen auchsen, dasssen Zitronenfaltersen Zitronensen faltensen! Wersen glaubtsen, dasssen Geschäftsführersen Geschäftesen führensen, dersen glaubtsen auchsen, dasssen Zitronenfaltersen Zitronensen faltensen! Wersen glaubtsen, dasssen Geschäftsführersen Geschäftesen führensen, dersen glaubtsen auchsen, dasssen Zitronenfaltersen Zitronensen faltensen! Wersen glaubtsen, dasssen Geschäftsführersen Geschäftesen führensen, dersen glaubtsen auchsen, dasssen Zitronenfaltersen Zitronensen faltensen! Wersen glaubtsen, dasssen Geschäftsführersen Geschäftesen führensen, dersen glaubtsen auchsen, dasssen Zitronenfaltersen Zitronensen faltensen! Wersen glaubtsen, dasssen Geschäftsführersen Geschäftesen führensen, dersen glaubtsen auchsen, dasssen Zitronenfaltersen Zitronensen faltensen! Wersen glaubtsen, dasssen Geschäftsführersen Geschäftesen führensen, dersen glaubtsen auchsen, dasssen Zitronenfaltersen Zitronensen faltensen! Wersen glaubtsen, dasssen Geschäftsführersen Geschäftesen führensen, dersen glaubtsen auchsen, dasssen Zitronenfaltersen Zitronensen faltensen! Wersen glaubtsen, dasssen Geschäftsführersen Geschäftesen führensen, dersen glaubtsen auchsen, dasssen Zitronenfaltersen Zitronensen faltensen! Wersen glaubtsen, dasssen Geschäftsführersen Geschäftesen führensen, dersen glaubtsen auchsen, dasssen Zitronenfaltersen Zitronensen faltensen! Wersen glaubtsen, dasssen Geschäftsführersen Geschäftesen führensen, dersen glaubtsen auchsen, dasssen Zitronenfaltersen Zitronensen faltensen! Wersen glaubtsen, dasssen Geschäftsführersen Geschäftesen führensen, dersen glaubtsen auchsen, dasssen Zitronenfaltersen Zitronensen faltensen! Wersen glaubtsen, dasssen Geschäftsführersen Geschäftesen führensen, dersen glaubtsen auchsen, dasssen Zitronenfaltersen Zitronensen faltensen! Wersen glaubtsen, dasssen Geschäftsführersen Geschäftesen führensen, dersen glaubtsen auchsen, dasssen Zitronenfaltersen Zitronensen faltensen! Wersen glaubtsen, dasssen Geschäftsführersen Geschäftesen führensen, dersen glaubtsen auchsen, dasssen Zitronenfaltersen Zitronensen faltensen!

---

58 Sie erinnern sich: „Eine Rose ist eine Rose ist eine Rose …“.

Klar, man könnte jetzt sagen, dass die Wahl sowieso keine Sau interessiert und es deshalb auf einen demokratischen Grundsätzen entsprechenden Wählerentscheid nicht so genau ankommt. Ich meine die „Europawahl", in der das Wahlvolk nicht nur die Zusammensetzung des EU-Parlaments bestimmt, sondern auch den Kommissionspräsidenten wählt. So dachte man jedenfalls, bis bekannt wurde, dass nach dem Vertrag von Lissabon der mehrheitlich zum EU-Kommissar gewählte Kandidat, also de facto entweder der Sozialist Martin Schulz oder der christliche Demokrat Jean-Claude Juncker, nicht notwendigerweise auch ins Amt rutschen muss. Der Vertrag von Lissabon sieht nämlich vor, dass die Staats- und Regierungschefs, genauer: der Europäische Rat, dem EU-Parlament einen Kommissionschef zur Wahl vorschlagen und, jetzt kommt's, den Ausgang der Europawahl dabei „berücksichtigen",[59] was aber nicht notwendigerweise das entscheidende Kriterium für den Vorschlag ist.

Wir stehen also vor der abstrusen Situation, dass das gemeine Wahlvolk zwar einen EU-Präsidenten wählen darf, aber doch irgendwie nicht so richtig, weil, wie gesagt, das Vorschlagsrecht bei den Staats- und Regierungschefs liegt, die den Wählerwillen zwar „berücksichtigen", aber nicht befolgen müssen. Also, ich weiß nicht. Für so „richtig" demokratisch halte ich dieses Verfahren nicht, das da am 13.7.2007 in Lissabon auf Beschluss der damals 27 Mitgliedstaaten der EU unter portugiesischer Ratspräsidentschaft zustande kam.

### *Vinho Verde – eigentlich ungefährlich*

Nun ist ja bekannt, dass der in Portugal produzierte Vinho Verde eigentlich ein eher leichter Wein ist, der keinen großen Schaden anrichten kann. Sicherlich gilt aber auch hier die Überlegung von Paracelsus, dass die Dosis das Gift macht. Ich sehe die Staatenlenker direkt vor meinen Augen, wie sie am Vorabend der Vertragsunterzeichnung zu vorgerückter Stunde zum Tagesordnungspunkt „Wahl des Kommissionspräsidenten" kommen, nach einem eigentlich viel zu opulen-

59 Siehe Artikel 17 Absatz 7 EU-Vertrag.

ten Abendessen und ein paar Gläschen Vinho Verde mehr als ihnen guttat.

Angela Merkel: „Ist ja eigentlich ein extrem wichtiges Amt, dieser Präsidentensessel." Gordon Brown, englischer Premier: „Indeed!" Berlusconi: „Si, deshalb gehe ich davon aus, dass man mir dieses Amt auf Lebenszeit überträgt." Gordon Brown: „What did you say?" Silvio Berlusconi, italienischer Premier: „Bunga Bunga, me, for a lifetime." Angela: „Das ist ein sehr lange Zeitraum. Ich bin für einen Kompromiss. Sagen wir mal für die nächsten 30 Jahre." Nicolas Sarkozy, französischer Premier: „Nur über meine Leiche, ma chère, ich vermisse das demokratische Element in diesem Nominierungsverfahren. Ohne Demokratie keine Liberté, ohne Liberté kein demokratisch legitimiertes Europa." Angela: „Dann lassen wir doch die Wähler über den EU-Kommissionspräsidenten abstimmen und machen es dann – einer alten französischen Tradition folgend – wie die Korsen." Nicolas Sarkozy: „Ça va, vive la liberté." Alle: „Saúde!"[60]

### *Korsisches Wahlverfahren*

So oder so ähnlich muss es gewesen sein. Der französische Premier, gedanklich ein ganz fixer Geselle, hatte sich daran erinnert, dass das korsische Wahlverfahren ganz im Geiste französischer (Wahl-)Etikette abläuft. Da wird zunächst eine Wahlurne[61] mit den Stimmzetteln gefüllt. Diese wird dann in einer feierlichen Prozession zu den Steilklippen an der Küste getragen und ungeöffnet im Meer versenkt. Abgeschlossen wir der Wahlvorgang mit einem Zweikampf der Kontrahenten, in dem sich der Stärkere durchsetzt.[62]

Das ist alles so traurig, ich bin in Fado-Stimmung. Andererseits, ein Zweikampf bis aufs Blut zwischen einem Würselener Ex-Buchhändler und dem Sohn eines luxemburgischen Hüttenwerkspolizisten, mit welchen Waffen auch immer, das hätte schon was. Wahrscheinlich überträgt aber wieder dieser auf Martial Arts und andere Volksbelustigungen spezialisierte Fernsehsender SAT 1. Ich hasse diese vielen Werbeunterbrechungen in den Kampfpausen.

---

60 „Gesundheit", portugiesischer Trinkspruch.
61 Korsika ist nicht sehr groß.
62 Uderzo/Goscinny, Asterix auf Korsika, Seite 25.

## EXKLUSIV-INTERVIEW, Bundeskanzlerin

Das Exklusiv-Interview mit unserer Bundeskanzlerin auf der berühmten roten Couch im Separee der für meinen Geschmack etwas zu plüschig geratenen Katharina II.-Luxussuite des Adlon zu Berlin, in dem Sie ihre für diese Legislaturperiode anstehenden Vorhaben auf allen wichtigen Politikfeldern vorstellt und auch sonst ziemlich tief blicken lässt, kann hier wegen des Kürzungsdiktats des Verlegers[63] leider nicht im vollen Wortlaut wiedergegeben werden[64]:

*… Steuersenkungen für alle, Wirtschaftsförderung rauf für kleine, mittelständige, große und international agierende Unternehmen, … Ich bitte Sie, Frau Bundeskanzlerin … die wahren Gründe[65] für die im Herbst 2015 geplante Entlassung der Noch-Verteidigungsministerin Ursula von der Leyen, die noch keinen blassen Schimmer von ihrem Glück hat … Nein, vielen Dank für dieses großzügige Angebot, Frau Bundeskanzlerin, außerdem frage ich mich gerade, was meine Frau wohl dazu sagen würde … zehn Gründe, warum sie Sigmar Gabriel nie heiraten würde, Nein, ich möchte wirklich nicht, Frau Bundeskanzlerin, auch nicht nur so zum Spaß …*

## EXPERIMENT, Schulkinder

Schulpolitiker wagen gern Experimentelles, Inklusion und G 8-Abitur sind nur die aktuellen Beispiele. Dabei schrecken sie selbst vor extremen Narreteien nicht zurück, wenn sie nur den gerade herrschenden Zeitgeist atmen. Nimmt man die Unbeständigkeit als Gradmesser, dürfte die Bildungspolitik eigentlich nicht den Kultusministerien der Länder anvertraut sein, sondern gehörte wegen ihrer Kurzatmigkeit in die Zuständigkeit der Ministerien für Innovation und Forschung,

63 Siehe *Verleger, Erbsenzähler.*

64 Aus der fragmentarische Abschrift des leider wegen einer umgeschütteten Flasche Champagner nur unvollständig erhaltenen Ton-Livemitschnitts des Interviews.

65 Dann stimmen meine Informationen also doch, siehe hierzu *Nationen-Ranking.*

die auf neueste wissenschaftliche Trends mit einem möglichst zügigen Richtungswechsel ihrer praktischen Politik reagieren müssen.

### *Anforderungsprofil für Schulpolitiker*

Da verwundert es nicht, dass für hochrangige Positionen in Kultusministerien nur Personen in Betracht kommen, die das dazu passende Anforderungsprofil erfüllen: Mindestens dreijährige praktische Tätigkeit in leitender Funktion in einem Versuchslabor eines Pharmakonzerns mit dem notariell testierten Nachweis der Teilnahme an mindestens zehn versemmelten Versuchsreihen, gebrochene, kurvenreiche Biographie (mindestens drei gescheiterte Ehen, achtmaliger Wohnsitzwechsel im Zeitraum von maximal fünf Jahren, zehnjähriges Studium mit viermaligem Studienabbruch und drei Neigungswechseln mit dem Abschluss Lehramt an der Sekundarstufe I für die Fächer Erdkunde und Sport/Religion), aktiv ausgeübte Mitgliedschaft in der Deutschen Gesellschaft für extraterrestrische Phänomene, Besitz einer Autogrammkarte von Joseph Beuys.

### *Schnörkelluxus*

Derart vorgeprägt sind die Kandidaten dann offen für Experimente jeglicher Art, an wem auch immer, Hauptsache es wird ein fettes Happening, das es in dieser Art noch nicht gab. So ist es sicherlich auch zu erklären, dass die aktuelle Mode der Schreibdidaktik dem flüssigen Schreiben auf der PC-Tastatur einen höheren Stellenwert beimisst als dem Erlernen einer verbundenen Handschrift, die in zahlreichen (Bundes-)Ländern mit ihrem neckischen Köpfchen-e längst als überkommener Schnörkel-Luxus einer vergangenen Epoche gilt. In Thüringen ist seit 2010 an Grundschulen nur noch das Erlernen einer Druckschrift vorgeschrieben. Ähnliche Pläne gibt es für die Schweiz. Und die niederländischen Steve-Jobs-Schulen setzen voll auf die virtuelle Tastatur des iPad, während in den USA gleich nach dem einjährigen Vorschulprogramm im Kindergarten und dem ersten Jahr in der Schule die Benutzung der PC-Tastatur im Mittelpunkt der schreibdidaktischen Ausbildung steht.

***Persönlichkeitsbildung – ohne ihm geht nich***

Die Auswirkungen dieses weltumspannenden Großversuchs an wehrlosen Kindern sind noch nicht absehbar, denn es gibt keine fundierten Erkenntnisse darüber, ob sich dieser Modetrend langfristig als Fluch oder Segen für die Kleinen erweisen wird. Fest steht allerdings, dass das Erlernen einer verbundenen Handschrift die Sprach- und Rechtschreibkompetenz der Kinder fördert und – im Gegensatz zum Tippen von Buchstaben auf einer Tastatur – ihre Gehirnaktivitäten anregt. Aber hierauf kommt es in Deutschland ja längst nicht mehr an, denn eine nicht auf Wissensvermittlung, sondern Persönlichkeitsbildung angelegte Schulpolitik ermöglicht ohnehin ein Abitur für alle. Mit Bestnoten.[66]

66 Der Gedanke, mit Eliten aufzuräumen, ist ein allgemein im Kulturbereich festzustellender Trend, der von dem Gedanken harmoniesüchtiger Gleichmacherei ausgeht; siehe hierzu Mario Vargas Llosa, Alles Boulevard, Suhrkamp, Berlin 2013, vor allem Seite 65 ff.

# FAHRLEHRER, Wirtschaftsförderung

Wirtschaftsförderung lässt sich politisch auf die unterschiedlichsten Arten gestalten, z. B. als direkte Subvention, über Steuererleichterungen oder durch eine vom Gesetzgeber wirkungsvoll inszenierte Kundenakquisition für bestimmte Branchen.

Für den letzten Weg hat sich jetzt, obwohl sein Ressort ein solches fachfremdes, dem Bundeswirtschaftsminister vorbehaltenes Engagement eigentlich nicht vorsieht, unser Bundesverkehrsminister, der Dobrindt Alexander entschieden. Unter seiner politischen Führung trat zum 1.5.2014 die von seinem CSU-Vorgänger im Amte, dem Ramsauer Peter, ins Werk gesetzte Flensburger Punktereform in Kraft.

### *Mit freundlichen Grüßen aus Flensburg*

Dass unter den betroffenen Verkehrsteilnehmern kein lauter Jubel ausbricht, kann man verstehen. Zwar bringt die Reform einige seit langer Zeit geforderte Begradigungen der Punktedatei und dem mit ihr thematisch eng verbundenen Bußgeldkatalog, etwa bei den festen Löschungsfristen für Punkte, aber andererseits leben Autofahrer ab sofort gefährlicher, vor allem Vielfahrer wie etwa Berufspendler.

So hat sich, um nur ein Beispiel zu nennen, bei vielen bußgeldbewehrten Verkehrsverstößen das Verhältnis von Punkten zu dem frühestmöglichen Zeitpunkt eines Entzugs der Fahrerlaubnis dramatisch verschlechtert. Das Telefonieren am Steuer und die Geschwindigkeitsüberschreitung um 21 km/h schlagen nach wie vor mit jeweils einem Punkt zu Buche. Allerdings wird die Fahrerlaubnis nach der Reform bereits mit 8 Punkten (2 Punkte entsprechen 25 % der möglichen Punkte bis zum Entzug der Fahrerlaubnis) und nicht erst mit 18 Punkten (2 Punkte entsprachen 11 % der Punkte bis zum Entzug der Fahrerlaubnis) wie im alten System entzogen.

### *Aufbau des Angstpotenzials*

Überschwängliche Dankesschreiben an das Ministerium sind für diese Aktion von Seiten der Verkehrsteilnehmer also nicht zu erwarten. Anders ist das da schon bei den Fahrschulen und den Betreibern von privaten MPU-Nachschulungskursen.[67] Sie erwarten einen Boom für ihre Branche, wobei der vorsichtig pessimistisch erwarte Bedarf an 500 bis 1.000 zusätzlichen Nachschulungskursen nur die Richtung anzeigt, in die es gehen wird, nämlich wirtschaftlich stramm aufwärts.

Was richtig Geld in ihre Kasse spülen wird sind die beim Erreichen von 4 oder 5 Punkten vorgesehenen behördlichen „Ermahnungen" unserer Freunde aus Flensburg beim Kraftfahrt-Bundesamt an die Adresse der Autofahrer, die auf die Möglichkeit eines Punkteabbaus (um einen Punkt, nach dem alten System vier Punkte) durch die „freiwillige" Teilnahme an einem Fahreignungsseminar hinweisen. Da nach der gesetzlichen Neuregelung ab 6 Punkten kein Punkteabbau auf diesem Weg mehr möglich ist und der Fahrerlaubnisentzug bereits mit 8 Punkten eintritt, die schnell gesammelt sind, ist das aufgebaute Angstpotenzial groß genug, um die Verkehrsteilnehmer zukünftig in Scharen in die „freiwilligen Fahreignungsseminare" zu drängen.

Und da diese Schulungen nicht mehr nur der Auffrischung der Regelkunde dienen, sondern auch verkehrspsychologische Gespräche einschließen, wird sich das Ganze für den Teilnehmer natürlich erheblich verteuern, wie der Verbandschef der Bundesvereinigung deutscher Fahrlehrerverbände (BVF) Gerhard von Bressendorf mit sorgenvoller Miene kundtat.

**Tipp**
Wenn Ihr Sohn den **Berufswunsch „Fahrlehrer"** äußert, zeigen Sie ihm bitte nicht gleich einen Vogel. Vielleicht liest er ja nicht den Wirtschaftsteil Ihrer Tageszeitung, das heißt aber nicht, dass er nicht weiß, in welchen Branchen die Post abgehen wird.

## FDP, neue Partei-Hymne

Nach von mir investigativ aus den unterschiedlichsten Quellen zusammengetragenen Informationen will Patrick Lindner, den Rocksong von U2 „Can't live with or without you" zur neuen Partei-Hymne der FDP machen. Dieser mit allen Wassern

67 Siehe hierzu *Idiotentest, Vorbereitung.*

gewaschene Polit-Profi hat mit einer über den „Stern“ lancierten Umfrage herausgefunden, dass die Deutschen hoffnungslose Nostalgiker sind. Anders ließe es sich, so Lindner, nicht erklären, dass mittlerweile 4 % der Wahlberechtigten seiner Klientel-Partei wieder ihre Stimme geben würden. Zwar galt Nostalgie, das verklärte Schwelgen in Erinnerungen an vermeintlich „gute alte Zeiten“, früher als tödliche Krankheit. Heute sieht die Psychologie die sehnsuchtsvolle Hingabe an Vergangenes hingegen überwiegend positiv, nämlich als einen Schutzmantel für die Seele aller Traurigen und Einsamen.

Und genau hier will Lindner mit seiner neuen Strategie ansetzen, nämlich bei den traurigen und einsamen Weicheiern in unserer Gesellschaft. Hierbei spielt ihm in die Karten, dass die FDP Nostalgikern in der Tat einiges zu bieten hat. Wer erinnert sich nicht gern voller sentimentaler Sehnsucht an das, was diese Partei unserem Land schon alles gegeben hat: Menschen wie Philipp Rösler, einen Rhetoriker der seinesgleichen sucht, mutige politische Entscheidungen wie die 2 Mrd. schwere Steuerentlastung für Hoteliers, Orte, die untrennbar mit dem Wirken ihrer spitzen Politiker verbunden sind, wie die Bar des Maritim in Stuttgart, in der Rainer Brüderle versuchte, eine Stern-Reporterin anzubaggern, oder Gegenstände, die auf immer mit dem Namen dieser Partei verknüpft sein werden, wie etwa das Guido-Mobil.

## FDP, Selbstauflösung

Die FDP ist immer für eine Überraschung gut, wer wüsste das nicht. Die neue Profilierung dieses vereinsmäßigen Zusammenschlusses liberaler gesinnter Menschen zur Beförderung der eigenen und der Interessen gesellschaftlicher Splittergruppen wie der Hoch- und Höchstverdiener überraschte auf Initiative ihres Bundesvorsitzenden Patrick Lindner im Februar letzten Jahres mit einer neuen Parteihymne, nämlich dem U2-Titel „Can’t live with or without you“[68] – ein erster Schritt auf dem Weg zu einem neuen modernen Image für die gute alte FDP. So schien es jedenfalls.

68 Siehe auch *FDP, neue Partei-Hymne.*

Es kann aber auch ganz anders kommen. Nach mir vorliegenden Informationen tobt in der FDP derzeit ein erbitterter Meinungsstreit um den – halten Sie sich fest – Fortbestand der Partei. Nachdem nämlich der Vorstand unseres geliebten BVB (09) es einstimmig abgelehnt hatte, die Mitglieder der Partei en bloc als Gruppe in seine Amateurabteilung einzugliedern, „um unsere Spieler nicht zu demotivieren und ihre berufliche Zukunft nicht zu gefährden", scheint die Noch-FDP nun entschlossen zu sein, sich selbst aufzulösen. „Mit einer einfachen Umbenennung in *Fähnlein Deutscher Populisten* ist es nicht getan", stellte ein sichtlich angeschlagener Lindner im Anschluss an das Geheimtreffen mit dem BVB-Vorstand gegenüber den anwesenden zwei Pressevertretern fest.

Noch ist nicht absehbar, wie sich die Parteiführung entscheiden wird. Während Marie-Agnes Strack-Zimmermann, eine Spezialistin auf dem Gebiet der Namensgebung und stellvertretende FDP-Bundesvorsitzende, vorgeschlagen hat, angesichts der Misserfolge den Namen der Partei zu ändern, plakatiert der Brandenburgische Landesverband im Landtagswahlkampf derzeit bereits mit dem Slogan „Keine Sau braucht die FDP!"[69]

Also, ich halte das für eine realistische Einschätzung der Lage. Meine Gedanken sind aber gleichzeitig bei dem unermüdlich an seiner Zukunft und der seines Vereins rackernden Lindner, diesem bemitleidenswerten Rottenführer, und ich denke: „Arme Sau!"

## FETTLEIBIBKEIT, Allgemeines

Gesundheitsschädliche Fettleibigkeit, in medizinischen Fachkreisen auch Adipositas genannt, ist ein Problem, das in den seltensten Fällen durch den Menschen selbst ausgelöst wird, es ist vielmehr das Gehirn, das ihn zur Aufnahme von Kohlehydraten – am liebsten in der Form von Zucker – zwingt, um seinen Glucosebedarf ohne Rücksicht auf dadurch angelegte Hüftpolster zu befriedigen. Dieser vom Gehirn angezettelte unbarmherzig geführte *Rohstoffkrieg* ist vom Menschen nicht

69 Die Kampagne war übrigens ein voller Erfolg: 1,5 % in Brandenburg, 2,5 % in Thüringen.

zu gewinnen, wie jetzt Osnabrücker Forscher mit der „Brötchen-Theorie“ nachgewiesen haben.

Dass selbst verschärfte Diäten unter diesen Vorzeichen wirkungslos verpuffen, zeigt schon ein flüchtiger Blick in den Plenarsaal des Bundestages in die Reihen leicht bis schwer adipöser Abgeordneter, die unter der Last der letzten Diätenerhöhung ächzen (siehe *Diät, Bundestagsabgeordneter).* Otto von Bismarck lag mit seinem energischen Diäten-Veto zu Reichstagszeiten wohl doch auf der richtigen Linie (siehe *Diätenrentiers, schmutzige).*

Die Probleme mit der Fettleibigkeit plagen aber nicht nur die westlichen Industriestaaten, sondern auch Dritte-Welt-Länder auf dem afrikanischen Kontinent, was den einen oder anderen überraschen mag (siehe *Mission Slimpossible, Afrika).*

Noch überraschender und gleichzeitig beängstigend sind aber erste Berichte über hoffnungslos fettleibige Autos und das offensichtliche Desinteresse ihrer Eigentümer daran, an diesem beschämenden Zustand, für den allein sie die Verantwortung tragen, etwas zu ändern (siehe *Blechberg, adipöser).*

## FITNESSSTUDIO, Begegnungen der dritten Art

Eigentlich ist es eine ganz gewöhnliche Fitness-Bude, die ich da am liebsten am späten Vormittag, also zur Happy Hour für Hausfrauen und Rentner, besuche, mit ganz gewöhnlichen Trainingsgeräten und ganz gewöhnlichen Menschen, die dort versuchen, dem altersbedingten körperlichen Verfall ein Schnippchen zu schlagen. Eine vertraute Idylle, in der ich meinen Senioren-Dreikampf, Fahrrad fahren, Rückenschule und Sauna, absolviere, jetzt wieder, nachdem die Achillessehne meines linken Fußes das tut, was man von diesem Körperteil erwartet, nämlich ohne allzu große Schmerzen zu funktionieren.[70]

### *Verbissen an der Form arbeiten*

Die vergnügten, laut schnatternden Seniorinnen erscheinen meist zu zweit oder in Kleingruppen, um einen der angebotenen Kurse zu besuchen, was ich zu schätzen weiß, denn dann

70 Siehe auch *Eigentherapie, medizinische.*

blockieren sie nicht die Geräte, an denen sich die in der Regel als Einzelkämpfer auftretenden leicht bis schwer adipösen Senioren mit ernster Miene verbissen zu sportlichen Höchstleistungen antreiben. Heute saß beim Warmmachen auf dem Fahrrad neben mir wieder solch ein durch und durch ernsthafter, emsig um seine Körperertüchtigung bemühter Mensch. Ihm widme ich dieses kleine Gedicht.

Nebenan auf dem Velo
sitzt ein ziemlich fetter Po.
Beinchen zart, fast zum Erbarmen,
so wie bei spindeldürren Damen.

Er kämpft, er rackert, knufft und pufft,
am Ende fehlt ihm etwas Luft.
Steigt vom Velo, torkelt ein wenig,
Blick geradeaus, ganz wie ein König.

### *Körperhygiene muss sein*

Alles an diesem Vormittag war wie immer, die Dinge schienen ihren gewohnten Gang zu nehmen, bis ich nach der Sauna die Gemeinschaftsdusche betrat. Wie soll ich's formulieren? Da stand doch tatsächlich so ein durchtrainierter Jungspund unter der Brause und … bearbeitete mit einem Nassrasierer seine Wurzel und deren nähere Umgebung, ein Vorgang, den man gemeinhin als Intimrasur bezeichnet, soweit ich informiert bin. Ich war total perplex, brachte kein Wort heraus, stellte mich unter die Dusche und überlegte, wie mein nächster Schritt aussehen sollte. Ärger raus lassen? „Du – man duzt sich in der Fitness-Bude – hast sie wohl nicht alle auf der Latte!" Das schien irgendwie nicht zu passen. Um Hilfe rufen? „Hier rasiert jemand unter der Dusche seinen Schniedelwutz!" Das klang irgendwie eher komisch als beunruhigend. Verständnis heucheln? „Das ist aber ein toller Nassrasierer, darf ich mal sehen?"

Ich entschied mich dann für die ironische Variante und bedankte mich beim Rausgehen dafür, dass er unter der Brause nicht uriniert habe.

# FLUCHPORTALE

Eigentlich ist alles in Artikel 23 Absatz 1 der EU-Verordnung Nr. 1008/2008 vom 24.9.2008[71] zum Schutz der Verbraucher vor Lockvogelangeboten im Flugverkehr prima geregelt. Der „zu zahlende Endpreis" ist bei einer durch den Kunden selbst oder einem Reisevermittler ausgeführten Online-Buchung „stets", also bei der erstmaligen Angabe des Flugpreises, „auszuweisen", und zwar für den Flugpreis bzw. die Luftfrachtrate sowie alle unvermeidbaren und vorhersehbaren Steuern, Gebühren, Zuschläge und Entgelte. Sogenannte fakultative Zusatzkosten, die – wie z. B. eine Reiserücktrittsversicherung, Zusatzkosten für Reisegepäck oder die Reservierung eines bestimmten Sitzplatzes – für die Beförderung des Fluggastes weder obligatorisch noch unerlässlich sind, sind am Beginn des Buchungsvorgangs in „klarer, transparenter und eindeutiger Art und Weise" – auf einer „Opt-in"-Basis, also ohne automatische Voreinstellung für die Inanspruchnahme der Dienstleistung – mitzuteilen.

### *Die Lockvögel fliegen noch immer*

Der europäische Gesetzgeber wollte mit dieser EU-weit unmittelbar geltenden Verordnung für Kostentransparenz im explosionsartig wachsenden und entsprechend unübersichtlichen Luftverkehr sorgen. Es soll Schluss sein mit Lockvogelangeboten, die sich vor allem bei Online-Buchungen über Flugportale gegen Schluss des Buchungsvorgangs, nachdem bereits mehrere Seiten elektronischer Formulare mit persönlichen Angaben mühsam ausgefüllt worden sind, oftmals drastisch verteuern und so frustrierte und fluchende Verbraucher in die Verzweiflung treiben.

Eine aktuelle Untersuchung der vierteljährlich erscheinenden Zeitschrift „Reise & Preise" hat gezeigt, dass es auch sieben Jahre nach Inkrafttreten der EU-Verordnung immer noch zu viele Fluchportale gibt, die auf der Buchungsstrecke die anfangs niedrigen Ticketpreise mit teils drastischen und unzulässigen Zusatzgebühren nach oben schrauben, und zwar um

71 „Über gemeinsame Vorschriften für die Durchführung von Luftverkehrsdiensten in der Gemeinschaft", Amtsblatt EG L 293, Seite 3.

bis zu 30 % auf innereuropäischen Flugrouten und bis zu 10 % auf den Fernstrecken. Entsprechend schnitten von den 14 getesteten Fluchportalen sechs mit der Traumnote „mangelhaft“, zwei mit „ausreichend“, eins mit „befriedigend“ und nur vier mit „gut“ und eins mit „sehr gut“ ab.[72]

### *Meine Erfahrungen mit „Buche & Fluche“*

Ich kann diese negative Einschätzung aus eigener Erfahrung bestätigen. Ich wäre kürzlich fast auf ein Angebot von „Buche & Fluche“ hereingefallen. Der Startpreis für die Strecke vom Regionalflughafen Dortmund zum International Airport in der Verbotenen Stadt[73] war mit 9,99 € wirklich OK, summierte sich im Laufe des Buchungsvorgangs allerdings auf die Fabelsumme von 172,94 € für die einfache Strecke im „De-Luxe-Paket“, wobei ich über der Verbotenen Stadt noch mit dem Fallschirm hätte abspringen müssen, weil eine „konventionelle Landung wegen unabweisbar notwendiger Reparaturarbeiten auf der A 40 zurzeit nicht möglich“ sei. Im Einzelnen wären folgende fakultative Zusatzkosten im „Opt-out“-Verfahren angefallen: Benutzung der Bordtoilette bzw. „Urinalflasche aus hochwertigem Kunststoff“ am Platz: 7,99 € bzw. 1,99 €, eigene Sauerstoffmaske zur Vorbeugung gegen Asthmaanfälle beim Flug dahin, wo die Sonne nie richtig aufgeht: 39,99 €, Sitz- statt Stehplatz: 29,99 €, Ausführung des Starts durch Piloten mit 1, 10, 100 oder mehr als 1.000 Flugstunden statt durch eine Stewardess: 3,99 €, 12,99 €, 49,99 €, 99,99 €, Beköstigung am Platz bzw. in der Frischluftlounge: 9,99 € bzw. 0 € (?), Reisegebäckversicherung: 4,99 €.

Ne, ne, da nehme ich doch lieber mein Auto. Da spare ich zumindest die Kosten für die die Urinalflasche (Ersparnis: 1,99 €) und die Sauerstoffmaske (Ersparnis: 39,99 €). Beides habe ich nämlich immer noch an Bord. Schließlich habe ich mal in Herne gearbeitet und weiß, welche Gefahren mich auf der Strecke erwarten. Und ein garantierter Sitzplatz ohne Aufpreis ist mir so auch sicher (Ersparnis: 29,99 €).

---

72 Wenn Sie mal so richtig fluchen wollen, dann besuchen Sie z. B. folgende von „Reise & Preise“ negativ getesteten Portale: Billigflüge, Bravofly, Fluege, Opodo, Travelgenio oder Seat 24.

73 GE.

# FORTBILDUNG, Arzt

Weltweit werden zurzeit jährlich ca. 2 Mio. medizinische Fachartikel veröffentlicht und rund 800.000 medizinisch-wissenschaftliche Studien. Durch erfahrene Psychiater therapeutisch begleitete Eigenversuche von Allgemeinmedizinern, den „Fachärzten für alles", haben jetzt zweifelsfrei bewiesen, dass diese Generalisten unter den Ärzten ihrer Fortbildungsverpflichtung selbst bei einem zeitsparenden bloßen Querlesen aller Veröffentlichungen nicht nachkommen können. Dieses Ergebnis hatte sich bereits 1890 angedeutet, als die bekanntermaßen lesefaulen Augenärzte als erste medizinische Spezialisten von einer Tätigkeit als „Vollarzt" Abstand nahmen, um ihre Zeit nicht mehr als unbedingt nötig mit der Lektüre medizinischer Fachartikel verschwenden zu müssen. Inzwischen gibt es in Deutschland 33 Facharztbereiche mit bis zu neun Subspezialisierungen oder zusätzlichen Schwerpunktsetzungen.

***Rasante Anhäufung von Nichtwissen***

Fachärztliche Spezialisierungen mit all den existierenden Subdisziplinen einer Facharztrichtung verhindern leider aber nicht den informationellen Overkill der zur Fortbildung verdonnerten Weißkittel. Im Gegenteil. Die Konzentration auf eine Spezialisierung oder Subspezialisierung löst, wie das nun mal so ist, einen vermehrten Forschungsdrang aus, der wiederum einen immensen fortbildungsrelevanten Wissenszuwachs produziert, möglicherweise sogar eine neue Subspezialisierung bzw., wenn die Fachärzte Pech haben, eine Sub-Subspezialisierung nahelegt. Das wäre dann etwa der Orthopäde und Unfallchirurg (Facharzt), der nur am linken Fuß (Subspezialisierung) für den Bereich der Zehen (Sub-Subspezialisierung) zuständig ist.

Es dürfte mittlerweile klar geworden sein, dass selbst Fachärzte angesichts der nicht zu bewältigenden Informationsflut an Neuveröffentlichungen im Laufe ihres Berufslebens in einem beeindruckenden Umfang Nichtwissen anhäufen, weil sie neue medizinische Erkenntnisse evidenz-, also beweisbasierter medizinischer Studien wegen fehlender zeitlicher Ressourcen nicht zur Kenntnis nehmen können – und mögen sie auch noch so fleißig alle fünf Jahre Jahr ihre 250 Weiterbildungspunkte gesammelt haben, um dem Verlust ihrer Zulassung zu entgehen.

***Wissenslücken schließen***

Für den Umgang mit dem Nichtwissen gibt es ein altbewährtes Mittel, das alle Mediziner kennen, weil sie eminenzbasiert ausgebildet werden. Es signalisiert dem Patienten Kompetenz trotz eines bestehenden Wissensdefizits und steht im Übrigen voll im Einklang mit dem vor allem in Krankenhäusern institutionalisierten Senioritätsprinzip, das die Erfahrung der „grauen medizinischen Eminenzen", vor allem der Chefärzte, höher bewertet als die Ergebnisse aktueller wissenschaftlicher Forschung.

Und für den Fall, dass das Nichtwissen doch einmal belastend werden sollte, vielleicht sogar aufs ärztliche Gewissen drückt, gibt es noch eine neue Methode, mit der sich Wissenslücken – auch noch kurz vor dem OP-Termin – schließen lassen: einfach mal googeln! Prof. Dr. Maximiliane Wilkesmann von der Wirtschafts- und Sozialwissenschaftlichen Fakultät der TU Dortmund hat 43 an Krankenhäusern als Chef-, Ober- und Assistenzärzte tätige Internisten, Chirurgen, Anästhesisten und Patholgen über ihren Umgang mit medizinischem Nichtwissen befragt und dabei herausgefunden, dass 46 % aller Chef- und fast 65 % aller Assistenzärzte Google nutzen, wenn sie in ihrem Dienst mal nicht weiter wissen.

Das schreit geradezu nach einer neuen Facharztbezeichnung, nämlich „Dr. med. Google". Dass es für Patienten seit der letzten Gesundheitsreform den „Pat. med. Google" gibt, ist Ihnen sicherlich – schon aus eigener Erfahrung – bekannt.

## FRAUENNETZWERK

Frauen sind perfekt vernetzt, viel besser als die Männer. Wer das nicht glaubt, der google einfach mal: Bei der Suche mit dem Begriff „Frauen-Netzwerke" fliegen Ihnen ca. 4,8 Mio. Ergebnisse um die Ohren, bei „Männer-Netzwerke" werden vergleichsweise lächerliche 2,7 Mio. Treffer nachgewiesen, wobei schon auf dem Top 3-Platz der Ergebnisliste „Frauennetzwerke – Stadt Braunschweig“ zu lesen ist, liebes Google-Team!

***Für eine bessere Welt***

Diese von smarten, mitten im Leben stehenden Frauen zum Zwecke einer effektiven Selbstverteidigung ins Leben gerufenen Bündnisse haben im Kern ein Ziel: Den Frauen die gleichberechtigte Teilhabe am gesellschaftlichen Miteinander in einer von Männern dominierten Welt zu sichern. Zielabweichungen werden konsequent an den Pranger gestellt, um … eine bessere Welt zu schaffen. Ich hoffe, dass ich das richtig verstanden habe.

Dass für den Geschlechterkampf aber jetzt schon „Kindersoldaten“ rekrutiert werden, das hat mich nun doch entsetzt. So hat, wie dänische Medien melden, eine Siebenjährige in einem Brief an LEGO, der über Twitter verbreitet um die ganze Welt ging, das „Frauenbild“ des Unternehmens kritisiert: „Ich will, das Ihr mehr LEGO-Mädchen schafft und sie Abenteuer erleben … lasst.“

***„Ich meine es doch nur gut mit dir!“***

Obwohl, wenn ich so richtig überlege, ich hätte darauf vorbereitet sein müssen: Eigentlich habe ich den Einfluss der Frauen seit frühestens Kindheitstagen gespürt, wie sie – sanft, aber nie nachlassend in ihren Bemühungen – mein Bild von einer Welt nach Ihrem Verständnis – notfalls mit dem KO-Argument „Ich meine es doch nur gut mit dir“ – geformt haben. Das begann mit meiner Mutter, dann die Kindergärtnerinnen, die Volksschullehrerinnen, meine Frau … Langsam dämmert’s mir, warum ich so gern zum Friseur gehe, versessen auf hochhackige rote Schuhe bin und lieber Prosecco mit Holunder-Saft als Pils trinke. Jahrzehntlange Indoktrination!

Es ist an der Zeit, ein Zeichen zu setzen, das ist mir klar geworden. In einem ersten Schritt werde ich mit Inge die Aufteilung der drei laufenden Regalmeter in unserem Badezimmerschrank ernsthaft unter Berücksichtigung des Gleichheitsgedankens diskutieren. 30 cm reichen mir nicht mehr, ich werde 50 cm fordern! Hoffentlich benutzt sie nicht das KO-Argument, dann gehe ich bestimmt wieder in die Knie.

***Aus Adams Tagebuch***
Ist schon komisch wie sich das Verhältnis zwischen Mann und Frau in den letzten Jahrtausenden entwickelt hat. Dabei begann alles so harmlos. „Dieses neue Wesen mit den langen Haaren ist ziemlich im Weg. Es lungert immer irgendwo herum und rennt hinter mir her … Wolkenverhangener Tag heute, … glaube wir werden Regen haben … Wir? Wo habe ich dieses Wort her? Jetzt fällt es mir ein – das neue Wesen hat es benutzt.“[74]

## FRITTENKULTUR, belgische

Pommes frites, die Verbeugung der belgischen Küche vor der Haute Cuisine Frankreichs, sollen nach dem Willen des Kulturministers der Flamen in die Liste des UNESCO-Weltkulturerbes[75] aufgenommen werden, genauer: in die spezielle Liste der immateriellen Kulturgüter. Ein erster Schritt ist gemacht, in Flandern sind die Pommes bereits im Januar zum „nationalen Erbe“ erklärt worden, jetzt soll über die gestiftelten Kartoffeln mit entsprechenden politischen Entscheidungen in der Wallonie und der Region um Brüssel ein in Belgien selten erlebtes nationales Identitätsgefühl hergestellt werden. Dann folgt die Bewerbung bei der UNESCO. So der Plan.

***UNESCO-Weltkulturerbe?***
Fakt ist, dass statistisch gesehen jeder Belgier diese frittierten Kartoffelstangen mindestens einmal im Jahr ißt, 46 % sogar mindestens einmal pro Woche, womit sie für fast die Hälfte der belgischen Bevölkerung zu den Grundnahrungsmitteln zählen. Belgische Pommes sind in der Tat etwas Besonderes, sie werden zweimal in Rinderfett gebacken, zehn Minuten bei 130 Grad, dann – kurz – bei 150 Grad, als Hauptgericht klassisch nur mit einem Klacks Soße in Speisetempeln serviert, die in manchen Gegenden des Landes – für unser Sprachverständnis etwas unglücklich – die Gattungsbezeichnung „Frit-kot“ tragen, wenn sie nicht wie das „Maison Antoine“ in Brüs-

74 Mark Twain, Das Tagebuch von Adam und Eva.
75 Siehe hierzu auch *UNESCO-Kulturerbe, Bewerbung*.

sel, eine Fünf-Sterne-Frittenbude, sich weltweit einen Namen gemacht haben.

Ob das für die UNESCO-Liste reicht, wage ich zu bezweifeln, denn unglücklicherweise für die Belgier hat die UNESCO, die über die Bewerbung befindet, ihren Hauptsitz in Paris, der Hauptstadt der Haute Cuisine, die 2010 als erste Landesküche in die UNESCO-Liste der immateriellen Kulturgüter aufgenommen wurde.

Trösten mögen sich die Belgier mit dem Gedanken, dass eine Bewerbung nur dann Aussicht auf Erfolg hat, wenn das Kulturgut, das unter Schutz gestellt werden soll, vom Verfall bedroht ist, was man zwar von der französischen Haute Cuisine, nicht aber von der belgischen Pommeskultur behaupten kann.

### *Friedensnobelpreisverdächtig!*

Außerdem, warum sollte sich der Chef des belgischen Pommes-Herstellerverbandes Bernard Lefèvre nicht als Anwärter auf den Friedensnobelpreis positionieren. Denn das unter seiner Führung als Verbandschef täglich an mehreren tausend Frittenbuden praktizierte friedvolle Miteinander der sich sonst tief zerstritten, ja feindselig gegenüberstehenden Flamen und Wallonen erfüllt die Vergabevoraussetzungen für diese Auszeichnung, die jedes Jahr nach dem Testament Alfred Nobels vom 27.11.1895 an denjenigen vergeben wird, „der am meisten oder am besten auf die Verbrüderung der Völker … hingewirkt“ und damit „der Menschheit den größten Nutzen erbracht“ hat.

Bewerbungen, liebe belgischen Freunde, richtet bitte an den Sekretär des Nobelpreiskomitees und Direktor des Nobel-Institutes Geir Lundestadt, und zwar unter folgender Anschrift: Norwegisches Nobel-Institut, Drammensveien 19, N-0255 Oslo, Norwegen. Viel Erfolg!

## GEBURTSTAG, Allgemeines

Die Anforderungen, die Geburtstagsfeiern an Gastgeber und Gäste stellen, sind hoch, auch wenn man sich dies nicht immer eingestehen will.

Da ist zunächst der Gesichtspunkt, dass während des ganzen Jahres, bei uns verstärkt im Januar, irgendwo irgendwer Geburtstag feiert. Das bedeutet, 20 bis 25 Mal jährlich am Tag danach einen dicken Schädel zu haben, es sei denn, man bereitet sich auf diese Veranstaltungen entsprechend vor (siehe *Geburtstagsterror).*

Dann sind da noch die Einladungen, die nicht immer den gewünschten Dresscode erkennen lassen, was zu peinlichen Situationen führt, die vom Gast nur mit erheblichem Aufwand bereinigt werden können (siehe *Geburtstagseinladung, falsche Vorzeichen).*

Doch das ist längst nicht alles. Auf einigen hochkarätig besetzten Feiern ist neben der Beachtung eines Dresscode auch noch ein Verhaltenskodex zu beachten, der von dem Teilnehmer allerhöchste Disziplin bis zur Selbstverleugnung verlangt (siehe *Lachverbot, Geburtstagsfeier).*

Und dann sind da noch die Geburtstage engster Freunde, (siehe *Winnetou, Geburtstag),* die, vor allem dann, wenn es sich um sogenannte runde[76] handelt, einem schon Monate vor der Veranstaltung die Schweißperlen auf die Stirn treiben, weil alle Welt eine Ansprache erwartet, die zu zimmern man angehalten ist, will man nicht als ignoranter Vollpfosten dastehen.

## GEBURTSTAGSEINLADUNG, falsche Vorzeichen

Heute Abend hat Irmi, eine alte Schulfreundin meiner Holden, zum 60. Geburtstag eingeladen. Zu einer lockeren „Come

76 Geburtstage, nicht Freunde.

together-Party“. Ich weiß nicht, wohin wir fahren, vermute aber, dass die Party-Location in London in der Abbey Road ist. Ob Paul McCartney und Ringo auch kommen? Ich werde vorsichtshalber mal das „Weiße Album“ mitnehmen, um es signieren zu lassen.

Enttäuschend. Statt nach London ging's nach Fröndenberg. Statt Weltstadtflair war also Dorfidylle angesagt. Das „Weiße Album“ konnte ich dann ja wohl im Auto lassen.

Als wir auf den Parkplatz von Gut Neuenhof einbogen, hatte ich ein Deja vu.[77] Hatten wir hier nicht im Jahr 2001 unsere Silberne Hochzeit groß gefeiert? Seitenblick auf Inge. Sie schmunzelte. Ich lag wohl richtig mit meiner Vermutung!

### *Ein schelmischer Küchenchef*

Es wurde ein äußerst kurzweiliger Abend (und Morgen). Die Gäste festlich gekleidet und schon zu Beginn der Veranstaltung in aufgeräumter Stimmung, die Speisenfolge exzellent, interessante, humorvolle Gesprächspartner am Achtertisch – das passte. Und dann war da noch Claude Woerle, der Küchenchef des Il Campo, dessen humoristische, mit (französischem) Akzent gewürzten Kurzvorträge, mit denen er den jeweiligen Gang ankündigte, der Qualität der von ihm mit seinen Helfern in der Küche zubereiteten Speisen in nichts nachstand.

### *Der erzwungene Schuhplattler*

Ich hatte mein Outfit, gutgläubig orientiert an Irmis Vorgaben in der Einladung, für eine fluffige „Come together-Party“ zusammengestellt, bei der man an der Theke ein paar Pils trinkt und dazu Mettbrötchen isst. Kleiderordnung kein Problem. Ich „kombinierte“ (Inge „kombiniert“ ständig) meine grüne, im letzten Jahr in Graz erworbene, an einigen Stellen schon etwas blank gescheuerte lange Wildlederhose im Trach-

77 Genau dieses Wort fiel mir ein und machte mir schlagartig klar, dass ich unbedingt mal wieder eine CD von Nasby, Stills, Crosh & Young auflegen sollte, deren großartigem Konzert wir 2.7.2013 zusammen mit Detlef in der Westfalenhalle zu Dortmund andächtig gelauscht hatten – ohne Young natürlich, der mal wieder sein eigenes Ding machte. Ja, ich weiß, die heißen eigentlich Crosby, Stills and Nash. Aber ich kenn' sie nun schon so lange, dass ich mir das erlauben darf.

tenstil mit einer, ich schätze mal so: vor 20 Jahren ebenfalls in Österreich, Bad Mitterndorf, wo Ruth und Gerhard wohnen, erworbenen ärmellosen grün-grauen Weste, die an der Knopfleiste ausgiebig mit schmucken Hirschhornknöpfen bestückt ist und ein dezent alpenländisches Flair verbreitet.

Dergestalt kostümiert, glaubte ich mich dem Anlass entsprechend perfekt gekleidet. Nun, für einen steirischen Hüttenabend bei einer Schüssel duftender Kasnockerln im Kreis der Bergrettungsbrigade „Obere Tauplitz“ hätte das in der Tat dem Dresscode entsprochen. Inmitten all der kravattierten Anzugsträger und das „Kleine Schwarze“ tragenden Damen war ich jedoch ein echter Paradiesvogel. Ich rettet die Situation dann dadurch, dass ich, schon ein wenig angedudelt durch den Weißen und den Roten, zu vorgerückter Stunde einen zünftigen Schuhplattler, „mit den besten Grüßen aus der St. Eiermark“, auf der mittig im Saal platzierten Rund-Bar aufführte, die mir mit ihrer Gesamtlänge von 20 m die Möglichkeit gab, mein Repertoire voll auszuschöpfen. In derart exponierter Stellung tätig, erkannte mich auch der Restaurantbesitzer wieder, der mich gleich richtig als einen Gast einordnete, der „hier doch schon seine Silberhochzeit“ gefeiert habe. Himmel hilf, hatte ich damals etwa auch schon …

### *Weitere Top Acts*

Animiert durch meine offenbar als gelungen beurteilte Solo-Tanzeinlage, gestaltete sich das von den Gästen des Weiteren bestrittene Unterhaltungsprogramm fast von allein. Um nur einige gelungene Gigs zu nennen: Frau Schmidt, eine ehemalige Waldorfschülerin, tanzte ihren Namen nahezu perfekt, schluderte allerdings ein wenig beim letzten Buchstaben ihres Vornamens. Da habe ich schon bessere Ds gesehen, liebe Waltraud. Herr Meier glänzte in der Rolle des Jongleurs. Bärenstark, wie er auf seiner vorgewölbten muskulösen Unterlippe alle acht übereinander aufgetürmten Barhocker federnden Schritts durch den Saal balancierte. Dass er es nicht ganz bis zur Herrentoilette im Untergeschoss des „Il Campo“ schaffte, lag einzig und allein daran, dass, wie er mir später gestand, sein Harndrang nicht mehr zu kontrollieren gewesen wäre.

***Das Beste kommt zum Schluss***

Den Schlussstein zur Gala setzte ich dann zusammen mit einem Gast aus dem Süddeutschen, dessen Namen ich vergessen habe, wenn er ihn mir denn genannt haben sollte, was ich nicht mehr weiß. Eine so um die 70 Lenze alte Spitzenkraft aus Frankfurt, die sich als Hardrock-Fan zu erkennen gab, den Wacken-Gruß[78] perfekt beherrschte und gemeinsam mit mir ein wirklich anspruchsvolles, das Publikum zu Ovationen hinreißendes Potpourri alter Genesis-Titel – aus der Zeit als Peter Gabriel noch die Richtung bestimmte und die Combo so richtig gute Musik machte – zum Vortrag brachte. „Can you tell me, where my country lies …“. Vielleicht sehen wir uns ja mal wieder, alter Schwede! Wie wär's mit einem Ausflug nach Wacken?

## GEBURTSTAGSTERROR

Es begann mit Lothars Geburtstag am 5.1. Nun folgen die neun anderen Geburtstage in diesem Monat einschließlich meines eigenen, allesamt Geburtstagsfeiern, denen man nicht ausweichen kann. Dazu kommen dann noch diverse sonstige Einladungen aus diesem und jenem Anlass, „weil man sich so lange nicht gesehen hat“ oder weil eine Goldene Hochzeit ansteht. „Da dürft ihr nicht fehlen“. Wer wollte da nein sagen?

Hier ist Kondition gefragt, denn der Hinweis, man könne „leider“ nicht kommen, weil sich just für den Tag der Feierlichkeiten der superreiche Patenonkel aus den USA angesagt habe, verbraucht sich schnell, weil sich eine solche Nachricht im Freundes- und Bekanntenkreis im Eiltempo rumspricht. Geopolitisch begründete Ausflüchte, wie etwa „unsere Jungs am Hindukusch brauchen jetzt meine volle Unterstützung, ich muss Präsenz vor Ort zeigen“, wirken eher unglaubwürdig, denn unsere neue Bundes-Ursula regelt schwierige Fälle lieber selbst, was auch alle wissen.

Langfristig böte sich da nur der Ausweg, den Mai, den Zeugungs-Monat für alle Januar-Geborenen, so denn alles im

78 Auch „Metal Fork“ oder „Pommesgabel“ genannt.

üblichen Zeitplan bleibt, abzuschaffen. Bei genauerem Nachdenken drängt sich allerdings die Erkenntnis auf, dass dies eine „Lösung“ ist, die das Problem nur in einen anderen Monat verschiebt – nach vorn oder nach hinten.

**Tipp**

Ich bereite mich jedes Jahr bereits ab dem Dezember des vorangehenden Jahres gezielt auf den **Geburtstags-Marathon** im Januar vor: Mit **Spezial-Gymnastik** für das Sitzen auf unbequemen Barhockern und von Star-Designern entwickelten Folter-Stühlen, einer bis Ende Januar befristeten Diät, die mir max. fünf Mahlzeiten pro Tag erlaubt, einem **VHS-Smalltalk-Kurs** für Fortgeschrittene unter Berücksichtigung der neuesten Entwicklungen in europäischen Königshäusern und **gezieltem Eintrinken** mit Veltins vor dem jeweiligen Event. Vielleicht wird so auch für Sie der Januar zu einem ganz passablen Monat.

## GEHIRN, Frühaktivität

Kennen Sie das auch? Diese unerklärliche Aktivität des Gehirns in den Stunden zwischen vier und sechs Uhr, wenn Sie Ihre grauen Zellen dabei erwischen, wie sie Ihnen eine Melodie vorgeben, die Sie dann für den Rest des Tages nicht mehr aus dem Kopf bekommen?[79] Oder wie Sie gegen Fünfe eines der großen Welträtsel mit traumwandlerischer Leichtigkeit gelöst haben, sich aber gegen Sieben beim Aufstehen nicht mehr daran erinnern können, wie der Dreh funktioniert?

### *Totalversagen des Langzeitgedächtnisses*

Bisher habe ich das alles für vollkommen normal gehalten. Mal ein bisschen Beatles, mal Kris Kristofferson oder Emerson Lake & Palmer. Jetzt mache ich mir über das WLAN-Radio mit der Random-Musikauswahl in meinem Kopf aber doch so meine Gedanken, denn heute Morgen habe ich beim Zähneputzen gemerkt, dass ich einen Song des früher geföhnten, jetzt wie ein windiger Gebrauchtwagenhändler aufwändig

79 Siehe auch *Ohrwurm, Jagd.*

gegelten „Pop-Titanen“ und Bauunternehmer-Söhnchens aus Ostfriesland, dem Land der Blödel-Barden, Dieter Bohlen vor mich hin summte. „You’re My Heart, You’re My Soul …“

Schockierend, da kann einem das Herz stehenbleiben! Für ein solches Totalversagen des Langzeitgedächtnisses, der Zusammenarbeit zwischen dem Stirn- und Schläfenlappen mit dem limbischen System und dem Hippocampus, gibt es keine Entschuldigung. Wie kann es passieren, dass ich das Lied eines Menschen vor mich hin trällere, dessen Pop-Gedudel einfach nur grottenschlecht war und der jetzt auf irgendeinem privaten Dumpfbacken-Fernsehkanal Möchtegern-Promis in menschenverachtender Weise durch den Kakao zieht, um damit am nächsten Tag in der „Bild“ auf der Titelseite Schlagzeilen zu schreiben?

### *„Mutter-Teresa-Chip“*

Zieht das Elend anderer Menschen mein Unterbewusstsein so in seinen Bann, das es nicht mehr zwischen richtig und falsch unterscheiden kann? Oder ist es so, dass ich an irgendeiner Stelle in meinem Gehirn einen Speicher habe, in dem die Namen aller Menschen registriert sind, die besonderer Hilfe bedürfen, so eine Art „Mutter-Teresa-Chip“ für die Zukurzgekommenen in dieser Welt? Das wäre eine plausible Erklärung, denn neulich habe ich auch Ronald Pofalla gehört, wie er munter drauflos rappte „Hiermit erkläre ich die Nachtruhe für beendet.“[80] Ich muss unbedingt mal in der Gebrauchsanleitung nachschlagen, wie man diesen Speicher leert.

### *Taliban als Friedensaktivisten?*

Bliebe da noch die Sache mit den Welträtseln. Also, wie war das noch einmal, wie habe ich die Puzzlesteine „Syrien, Assad, Bürgerkrieg, Taliban und Putin“ zu einem perfekten Mosaik zusammengesetzt?

Die USA marschieren in Syrien ein und besetzen die Ölquellen; ja, so fängt es eigentlich immer an, das muss richtig sein. Drei Stunden nach Beginn der Invasion verkündet Barack Obama den Sieg der alliierten Streitkräfte der Nord- und Südstaaten der USA. Eine Stunde vor seiner Fernsehan-

80 Siehe *Pofalla, UiUiUi.*

sprache an die Welt hatte allerdings Ronald Pofalla[81] den Bürgerkrieg bereits für beendet erklärt. Alle Taliban werden auf die 280 Indianerreservate in den USA verteilt, wo sie unter der Leitung von Winnetou[82] zu Friedensaktivisten umerzogen und von Inge in den Gebrauch von Kitchen Aid-Küchengeräten[83] eingewiesen werden, um ihr neues Rollenverhalten nach westlichen Standards zu üben. Zusätzlich erhalten sie Handys und ein Telefonkontingent von 300 Freiminuten für Telefonate mit der Heimat, die Mr. Smith,[84] der direkt an Putin berichtet, protokolliert und auswertet. Assad darf alle seine Schweizer Bankkonten behalten und bekommt einen hochbezahlten Job als Vize-Präsident der „Legion Blaustrumpf".[85] Syrien wird 51. Bundesstaat der USA …

Nein, das war irgendwie anders. Ich muss mir doch endlich einen Notizblock mit einem Kugelschreiber auf meinen Nachttisch legen.[86]

## GEIGERZÄHLER, Reisgepäck

Wenn Sie für 2015, sagen wir, ab Anfang April, einen Urlaub in Nordamerika planen und bei dieser Gelegenheit auch Kalifornien mit seinen tollen Stränden besuchen und dort vielleicht sogar baden wollen, dann sollte Sie, jedenfalls wenn Sie ein vorsichtiger Mensch sind, schon vor Antritt der Reise, spätestens aber auf dem Weg zu Ihrem Traumstrand einen Geigerzähler erwerben oder mieten.[87]

### *Urlaub in Kalifornien*

Für diesen Zeitpunkt wird nämlich von den Ozeanografen das Eintreffen der radioaktiven „Fukushima-Welle" in den US-amerikanischen Küstengewässern Kaliforniens erwartet.

81 Siehe *Pofalla, UiUiUi.*
82 Siehe *Winnetou, Geburtstag.*
83 Siehe *Kitchen Aid.*
84 Siehe *Heizöl, Bestellung.*
85 Siehe Anzeige *Legion Blaustrumpf*
86 Siehe auch *Notizzettel.*
87 Achten Sie auf Hinweisschilder in Supermärkten vor Ort wie „Geiger counter for sale" oder „… for rent".

Wenn Ihnen Cäsium 134 und 137 sowieso schnuppe sind oder für Sie – je nach Berechnungsmodell – die erwartete Belastung des Badewassers von 2 bis 30 Becquerel (Bq) wegen der erheblich darüber liegenden Grenzwerte für Radionuklide nicht bedrohlich genug ist, dann tauchen Sie Ihren Körper in die Fluten. Sie können sich dabei ja nach guter alter Väter Sitte eine Aktentasche über den Kopf halten, um letzte Zweifel über die Gefährlichkeit der radioaktiven Bedrohung durch Cäsium zu zerstreuen.[88]

### *Der Zick-Zack-Kurs der EU*

Einen anderen höchst bemerkenswerten Weg, dem Bedrohungsszenario durch Fukushima fachmännisch zu begegnen, ging die EU. Mit der Durchführungsverordnung (EU) Nr. 297/2011 vom 25.3.2011, der sog. Fukushima-Eilverordnung, setzte sie vom Schreibtisch aus die „Grenz- und Richtwerte für Radioaktivität in Lebens- und Futtermitteln" einfach herauf, z. B. die für Cäsium 134 und 137 seit Tschernobyl geltenden einheitlichen Grenzwerte für Lebensmittel von 600 Bq/kg auf 1.000 Bq/kg für flüssige Lebensmittel, 1.250 Bq/kg für „andere Lebensmittel" (Fleisch, Fisch, Getreide etc.) und 12.500 Bq/kg für „Lebensmittel geringerer Bedeutung" wie etwa Gewürze. Die Japaner müssen sich kaputtgelacht haben, denn die Grenzwerte in Japan waren nach der „Notice No. 0317"[89] auch für Cäsium 134 und 137 erheblich niedriger angesetzt worden, nämlich einheitlich bei 500 Bq/kg. Inzwischen, dies sei zu Ihrer Beruhigung gesagt, haben auch EU-Gremien herausgefunden, dass Europäer beim Cäsium doch nicht in dem Maße wie angedacht gesundheitlich belastbar sind. Die neuen EU-Grenzwerte wurden auf japanisches Niveau, teilweise sogar darunter, abgesenkt.

### *Restrisiko*

Wir könnten uns beruhigt zurücklehnen, gelegentlich in Zweifelsfällen den Geigerzähler anwerfen, ansonsten aber so tun, als wäre alles in bester Ordnung, gäbe es da nicht dieses äußerst unangenehme radioaktive Strontium, das sich in Fischen und

88 Siehe *Selbstvermessung.*

89 Siehe Notice No. 3 Article 3 of the Department of Food Safety vom 17.3.2011.

anderen Meerestieren aus radioaktiv belasteten Seegebieten über die aufgenommene Nahrung gefährlich anreichern kann. Gelangen die Fische in die Nahrungskette, sind sie mit Geigerzählern nur schwer bis gar nicht als radioaktiv „heiß“ zu identifizieren, denn Strontium wird vom Gewebe der Wasserbewohner schnell absorbiert. Bei Landratten lagert sich das über die Nahrung aufgenommene Strontium in die Knochen ein. Seine schwache Strahlung reicht aus, um das Knochenmark zu schädigen und das Leukämierisiko zu erhöhen.

**Tipp**

Selbstverständlich hat die EU, anders als die Japaner, die hierzu keine offiziellen Aufzeichnungen führen (!), Grenzwerte für durch **Strontium** belastete Lebensmittel entwickelt. Sie mitzuteilen, bringt aber aus dem vorgenannten Grund nichts. Deshalb ist Ihr heimlich unter der Theke des Restaurants benutzter **Geigerzähler nutzlos,** mit dem Sie vorsichtig Ihr Sushi auf verdächtige Geräusche abhören. Vielleicht gehen Sie doch **besser** gleich **zum „Italiener“** oder **„Griechen“**.

## GELDANLAGE, Wertpapiere

Voller Sorge blicke ich auf die Frankfurter Wertpapierbörse. Gestern hat der DAX 2,48 % verloren, alle Werte verzeichneten ein dickes rotes Minus. Die Börsianer sehen für den sich im Handelsverlauf beschleunigenden Kursverlust „keinen konkreten Anlass“. Die „allgemeine Stimmung“ habe sich lediglich „normalisiert“, wie es heißt.

Das ist für mich keine ausreichende Erklärung für einen erdrutschartigen Kurseinbruch! Ich bin über diese zur Schau getragene Gelassenheit entsetzt. Nehmen wir z. B. mal Adidas, diese Aktie hat es mit einem Minus von 5,46 % besonders schwer gebeutelt. Das Papier, das am 23.1.2014 noch 91,09 € wert war, kostete einen Tag später am 24.1. (nur) noch 86,12 €. Berechnet man nun den Wertverlust für das gesamte Unternehmen bei 209 Mio. ausgegebenen Aktien, so kommt man – grob gerechnet – auf die gigantische Summe von über einer Milliarde Minus an einem Tag. Verursacht durch eine „sich normalisierende allgemeine Stimmung“! Und was passiert, wenn die „allgemeine Stimmung“ mal so richtig „in den Keller geht“?

Mir reicht’s jedenfalls, ich werde mich noch heute mit Inge zusammensetzen, um zu entscheiden, was wir mit unserem Aktienpaket machen. Mein Vorschlag geht dahin, die beiden VW-Vorzugsaktien gleich am Montag auf den Markt zu werfen und das erlöste Kapital in Prokon-Genussscheine zu reinvestiert. Das ist risikolos und verspricht eine satte Rendite von 8 %, wie ich noch kürzlich in einem der Prospekte gelesen habe, mit denen der Windenergiebetreiber wöchentlich unseren Briefkasten verstopft. Wo habe ich den Prospekt eigentlich hingelegt?

## GELDBERATUNG, Do-it-yourself-Methode

Die Grundidee der professionellen Geldberater, die sich selbst gern Moneycoaches nennen, ist identisch: Ob wir im Wohlstand leben, hängt davon ab, wie wir über das Thema „Geld“ denken. Je verkrampfter unser Verhältnis dazu ist, umso eher wird es einen weiten Bogen um uns machen.

Entspannen lässt sich unsere Sicht auf das Geld etwa mit dem von Bodo Schäfer vermittelten methodischen Ansatz, der elektrisierend klingt, denn er verspricht „in sieben Jahren die erste Million“. Da können Christoph Simon mit seinen, einen wissenschaftlichen Blick auf die Dinge suggerierenden „Fünf universellen Geldgesetzen“ oder Eckhard Fischers „Fünf-Finger-Formel“, die eher nach Kindergarten klingt als nach professionellem Geldverdienen, nicht mithalten, weshalb wohl auch Schäfer die großen Hallen füllt und nicht die beiden anderen.

Wenn auch Sie mal Lust haben, mit einem berufsmäßigen Regenmacher nicht über das Geld an sich, klar, sondern darüber nachzudenken, wofür es aus Ihrer Sicht stehen könnte, ist beiden Seiten gedient. Dem Moneycoach, der über das Beraterhonorar nicht schlecht verdient und auch Ihnen, weil eine satte Rendite für die Investition winkt, nämlich der Millionärsstatus.

### *Tiefenentspannung mit Sixpacks*

Ich werde keinen professionellen Rat in Anspruch nehmen. Ich denke, dass ich mich mit ein paar Sixpacks in eine mir Erleuchtung spendende Phase der Tiefenentspannung versetzen sollte. Das ist billiger und verspricht – nach meinen bisherigen Erfahrungen – auch gute Ergebnisse. Mal sehen, was dabei rauskommt …

… Zwei Stunden später: Also, eigentlich belastet es mich nicht mehr, Steuern zu zahlen oder die auf uns zurollende Welle an Beitragserhöhungen in allen Zweigen der Sozialversicherung[90] seelisch zu verkraften, denn ich sehe jetzt deutlich, wofür das von mir gegebene Geld steht. Summa summarum dient es dazu, unsere Welt ein Stück gerechter zu machen – und das ist schließlich etwas durch und durch Gutes. Nachdem ich hinter die Dinge geblickt habe, erwäge ich ernsthaft, bei meiner nächsten Einkommensteuererklärung auf sämtliche Abzugsposten zu verzichten, um mich für immer vom Image des kleinkarierten Pfennigfuchsers zu befreien – und so meine erste Million um das Jahr 2021 herum auf der Seite zu haben.

### *Das Easterlin-Paradoxon*

Natürlich muss ich das noch mit meiner Holden besprechen. Ich befürchte allerdings, dass sie mir das sogenannte Easterlin-Paradoxon entgegenhalten wird, das der damals an der University of Pennsylvania[91] lehrende Ökonom Richard Easterlin im Jahr 1974 publik machte. Seine These lautet auf den Punkt gebracht, dass Geld allein nicht glücklich macht. Welchen Sinn macht es aber dann, den Millionärsstatus anzustreben?

**Tipp**

Nehmen wir uns doch einfach ein Beispiel an der Regierung im südasiatischen Butan, die ihre Politik darauf ausgerichtet hat, statt des Bruttosozialprodukts das **„Bruttosozialglück"** ihrer Staatsangehörigen zu steigern.

---

90 Siehe *Danaergeschenk, gesetzliche Krankenversicherung; Gerechtigkeitsapostel, politische*; *Solidaritätszuschlag, Autobahnen*.

91 Heute unterrichtet Easterlin, inzwischen 88 Jahre, übrigens an der University of Southern California.

Natürlich ist es gerecht, wenn die Bundesregierung ab dem 1.7.2014 die geschätzten 9 Mio. Mütter, die ihr Kind vor 1992 geboren haben, jedenfalls annäherungsweise mit den Müttern gleichstellt, die nach 1992 ein Kind zur Welt gebracht haben und ihnen statt bisher ein Erziehungsjahr mit einem Entgeltpunkt zwei Erziehungsjahre mit je einem Entgeltpunkt in der Rentenversicherung im Wert von 56 € brutto (abzüglich Kranken-, Pflegeversicherung und Steuern) für Westdeutschland und 50 € brutto für Ostdeutschland gewährt. Und natürlich ist es mit Blick auf die Gruppe der langjährig Versicherten gerecht, den 63-jährigen Arbeitnehmern, die 45 Jahre Beiträge in die Rentenversicherung eingezahlt haben (Bezugszeiten von Arbeitslosengeld I und Kindererziehungszeiten werden angerechnet) einen abschlagsfreien Rentenzugang zu ermöglichen.[92]

Das ist jedenfalls dann gerecht, wenn man als gute Fee Geschenke verteilend übers Land zieht und willkürlich weder rechts noch links auf andere grobe Gerechtigkeitslücken in unserer Gesellschaft schaut, sondern – aus welchen Gründen auch immer – nur auf die Gruppe der jeweils Begünstigten schielt.

### *Über den Wert politischer Gerechtigkeitserwägungen*

Wenn aber die politischen Gerechtigkeitsapostel, die jetzt allerorten übers Land ziehen, um das geplante Rentenpaket zu verkaufen, bei der Realisierung ihrer Pläne feststellen, dass sie mit ihren Geschenken – aus dem momentan gut gefüllten Staatssäckel – Gerechtigkeitslücken an anderer Stelle reißen bzw. vorhandene vertiefen, fragt es sich, was ihre Gerechtigkeitserwägungen eigentlich wert sind, die pro Jahr geschätzt 6,5 Mrd. € für die Mütterrente (bis 2030: 130 Mrd. €) und ca. 3 Mrd. für die Rente mit 63 (bis 2030: 160 Mrd.) kosten.

Oder ist es etwa gerecht gegenüber

- der Gesamtheit der Beitragszahler zur gesetzlichen Rentenversicherung, dass die Finanzierung der Bes-

92 Die Besserstellung der Erwerbsminderungsrentner lassen wir mal aus Vereinfachungsgründen außen vor.

serstellung der Mütter und langjährig Versicherten allein ihnen und nicht, wie es bei einer gesamtgesellschaftlichen Aufgabe üblich sein sollte, allen Steuerzahlern aufgebürdet wird?

- der Gesamtheit der Beitragszahler zur gesetzlichen Rentenversicherung, dass wegen des geplanten Rentenpakets die jährlich im Juli stattfindenden Rentenerhöhungen nach der Rentenformel zwangsläufig wegen der Belastung der Rentenkasse zukünftig geringer ausfallen werden?

- allen Arbeitnehmern und Arbeitgebern, dass die wegen der positiven Lohnentwicklung und hohen Reserven in der Rentenkasse gesetzlich vorgesehene Absenkung des Rentenbeitrags Ende 2014 von 18,9 auf 18,3 % unterbleibt, um das Rentenpaket zu finanzieren, was zu einer jährlichen Mehrbelastung von zusammen 6 Mrd. € bei beiden durchs Gerechtigkeitsraster gefallenen Gruppen führt?

- allen Arbeitnehmern, vor allem den jungen, und Arbeitgebern, dass die vorgesehenen Rentengeschenke nach Schätzung der Deutschen Rentenversicherung in Berlin zu einem Anstieg des Rentenbeitrags bis 2030 auf 23 % führen werden, was unausweichlich zu einer Erhöhung der Steuerzuweisungen aus der Bundeskasse und – man darf vermuten – Steuererhöhungen spätestens ab 2017 führen wird, wenn der Koalitionsvertrag ausläuft?

***Politik nach Gutsherrenart***

Das geplante Rentenpaket, dessen Umsetzung für unsere Bundesregierung „eine Frage der Gerechtigkeit“ ist, führt zu der abstrusen Situation, dass begünstigende Gerechtigkeitserwägungen zugunsten zweier Gruppen von Betroffenen innerhalb ein und desselben Systems (!), nämlich der gesetzlichen Rentenversicherung, zu gravierenden Schlechterstellungen bei anderen dem System ebenfalls angehörenden Personengruppen, ja sogar den Begünstigten selbst führen. Eine solche

Politik hat nun mit Gerechtigkeit überhaupt nichts zu tun, sondern ist schlicht Politik nach Gutsherrenart. Man könnte auch sagen: eine Verarschung des Wählers.

## GESCHÄFTSMODELL, Arzt

Ohne Patienten geht es nun mal nicht. Fallen sie aus, fällt der Arzt ins Bodenlose. Deshalb ist es eigentlich kein Werbeslogan für potentielle Kunden, sondern eher die nicht ganz billige öffentliche Verlautbarung einer Binsenweisheit, wenn eine Arztpraxis in einer ganzseitigen Zeitungsanzeige „patientenschonende Behandlungsmethoden“ verspricht.

***„Patientenschonende Behandlungsmethoden“***

Ich bin immer davon ausgegangen, dass jeder ärztliche Eingriff darauf angelegt ist, dem Patienten nichts abzuverlangen, was seine Wiederverwendbarkeit im nächsten Abrechnungsquartal gefährdet. Nach diesem Prinzip funktioniert unser gesamtes Wirtschaftssystem. Jeder seriöse, auf den kontinuierlichen Absatz von Waren oder Dienstleistungen bedachte Unternehmer weiß, dass er seine Kunden nicht schlachten darf, wenn er sie melken will. Das weiß man, aber man sagt das doch nicht in dieser Offenheit.

***„Klinik der Maximalversorgung …“***

In der Anzeige, die offenbar von dem Ärzteteam nach Feierabend bei ein paar Flaschen Rotwein im Do-it-yourself-Verfahren gezimmert worden war, wird dieser Gewinnmaximierungsgedanke dann ein paar Zeilen später noch einmal verstärkt, damit's auch der Letzte begreift. Man verstehe sich als „Klinik der Maximalversorgung …“. Herrschaften, das dürfte jetzt aber so richtigen Zoff mit der zuständigen Ärztekammer geben, das Geschäftsmodell einer ganzen Branche in die Welt hinauszuposaunen.

***Ein nicht zu Ende gedachtes „All-In-One-Konzept“***

Die zweite Kernbotschaft stellt das „All-In-One-Konzept“ vor, das nicht nur „Zähne in einer Stunde“ ermögliche, sondern auch schönheitschirurgische Eingriffe zur „Harmonisierung des Gesichts“ nach dem „europäischen Schönheitsideal“ – und das Ganze in einer „Wohlfühl-Atmosphäre“, auf Wunsch auch im „Dämmerschlaf“.

Da weiß man gar nicht, wo man anfangen soll. Eines ist aber sicher, die All-In-One-Nummer ist noch nicht konsequent zu Ende gedacht. Wenn man den Patienten in einer „Klinik der Maximalversorgung“ schon einmal auf die Werkbank gespannt hat, wäre es naheliegend, ihm weitere Dienstleistungen in der Peripherie der ärztlichen Behandlung anzubieten. Ich denke da an Schuheputzen, Maniküre, Pediküre, Haareschneiden oder einen Einkaufsservice für Lebensmittel. Das wäre aus Kundensicht ein überzeugendes „All-In-One-Konzept“!

## GLAUBENSBEKENNTNIS, Bankschalter

Alle Religionen kennen ein Glaubensbekenntnis als öffentlichen Ausdruck des persönlichen und kollektiven Glaubens. Gewöhnlich wird ein Glaubensbekenntnis durch das gemeinsame Rezitieren der wesentlichen Punkte der Glaubenslehre, die eine Religion gegenüber anderen Religionen oder Konfessionen abgrenzt, im Rahmen eines Gottesdienstes abgelegt.

Das muss aber nicht so sein. Glaubensbekenntnisse können ab dem 1.1.2015 auch am Bankschalter abgegeben werden. Möglich macht dies eine Vorschrift im Einkommensteuergesetz, die es eigentlich immer schon gab, die jetzt aber im Lichte eines durch christliche Glaubenssätze geprägten Verständnisses von der Pflicht zur Abgabe des Zehnten umgestaltet wurde.[93]

### *Obere und untere Glaubensbehörde*

Die bisher bestehende Wahlmöglichkeit der einer christlichen Religionsgemeinschaft angehörenden Gläubigen, ihr Glaubensbekenntnis in der Form von Kirchensteuern für Zinsen, Dividenden und Kapitalerträge in der Einkommensteuererklärung abzugeben oder ihr Geldinstitut damit zu beauftragen, die Religionszugehörigkeit stellvertretend für sie zusammen mit der Zinsertragssteuer zu erklären, ist ab dem 1.1.2015 ent-

93 § 51a Absätze 2b bis 2e und 6 EStG.

fallen. Dann nämlich müssen die Kreditinstitute als Geldeintreiber für die „steuererhebenden Religionsgemeinschaften" für Zinsen, Dividenden und Kapitalerträge, die dem Gläubigen durch die Gnade des Herrn zugeflossen sind, das Glaubensbekenntnis in die Welt hinausposaunen.

Angehörige einer Religionsgemeinschaft, die dieses Glaubensbekenntnis am Bankschalter verhindern wollen, müssen beim Bundeszentralamt für Steuern, das in dieser Inszenierung die Rolle der oberen Glaubensbehörde spielt, einen Sperrvermerk („Null-Vermerk") setzen lassen, um die Religionszugehörigkeit als Teil des Steuergeheimnisses zu schützen.[94] Nur in diesem Fall wird von den Kreditinstituten kein Kirchensteuerabzug für die Kapitalerträge vorgenommen. Das Glaubensbekenntnis wird dann in der Jahressteuererklärung eingefordert, denn die Banken informieren natürlich die untere Glaubensbehörde, Ihr zuständiges Finanzamt, über den Sperrvermerk.

**Tipp**

Verschiedentlich ist in Presbyterien die Frage aufgeworfen worden, ob das automatisiert abgegebene Glaubenskenntnis am Bankschalter, das immer dann erfolgt, wenn beim Bundeszentralamt für Steuern kein Sperrvermerk eingetragen ist, den sonntäglichen **Kirchenbesuch** gleichwertig **ersetzen** kann. Wie aus Kreisen des römisch-katholischen Kardinalskollegiums und der evangelischen Landeskirchen hierzu verlautet, soll das jedenfalls dann der Fall sein, wenn die auf Kapitalerträge anfallende Kirchensteuer in doppelter Höhe gezahlt wird.

## GRABSTEIN, Inschrift

In meinem Alter guckt man schon mal etwas genauer hin, wenn man Grabstätten inspiziert. Als wir kürzlich Toni und Johann besuchten, um zu sehen, wie's so geht, da fiel mir auf, dass ihr Grabstein neben den neu gesetzten monumentalen

94 Eine „Erklärung zum Sperrvermerk" kann beim Bundeszentralamt für Steuern (BZSt) unter „Informationen für Bürger" heruntergeladen werden (www.bzst.de).

Todeskult-Gedenkstätten im Stil von Alfred Speer sen. so verloren wirkte wie die St. Patrick's Cathedral an der 50th Street und Fifth Avenue in unmittelbarer Nachbarschaft zu den Wolkenkratzern in den Straßenschluchten Manhattans.

### *Die Wucht des Steins*

Und noch etwas war irgendwie eigenartig. Es bestand eine auffällige Diskrepanz zwischen den zu monströsen Gebirgsketten aufgeschichteten Steinhaufen und den auf ihnen „verewigten" – irgendwie kleinlaut und bescheiden wirkenden – Gedenksprüchen. „Hier ruht …", „In ewigem Gedanken an …", „Meinem verstorbenen Mann …".

### *Die Wucht des Wortes*

Ich hätte anderes erwartet, etwas das was hermacht, etwas, dessen Wucht der Aussage mit den kolossalen Steinriesen harmoniert, die man offenbar auf allen Kontinenten eingesammelt hatte, um sie auf einem kleinen Münsterländer Dorffriedhof einer staunenden Öffentlichkeit zu präsentieren: Passend wäre: „Hier ruht ein Genie, ohne das Deutschland heute noch in der Steinzeit lebte" oder „Dieser Ort ist gewidmet dem Manne, der den Faustkeil und das Rad an einem Tag erfand und ohne den Zivilisation für uns alle ein Fremdwort wäre", vielleicht ginge auch: „Hier liegen in einem unzerstörbaren, hermetisch gegen eindringendes Grundwasser verschlossenen Zinksarg die sterblichen Überreste des zehnfachen Goldmedaillengewinners der Olympischen Sommerspiele in Sydney 2000". Schlicht, aber irgendwie ergreifend wäre auch die Inschrift: „Sprecht von mir in einfachen Worten. Sagt: Hier ruht ein Genie", wenn ihr an meinem Grab eure Knie beugt und in stiller Ehrfurcht stundenlang verharrt – so würden Stein und Wort zu einem harmonischen Ganzen verschmelzen.

### *Harmonie*

Harmonie war auch der Leitgedanke, als wir uns um die Gestaltung der letzten Ruhestätte für Toni und Johann kümmerten. Die kleine aus schwarz-buntem Münsterländer Klinker errichtete Stehle, die an die Lieblingsbank im Garten meiner Schwiegereltern erinnert, trägt die Inschrift „Eigentlich wären wir jetzt lieber zu Hause."

## HABITUATION, BVB-Fanfare

Ich befürchte, Inge hat sich immer noch nicht an mich gewöhnt. Das ist irgendwie ernüchternd, denn wir sind jetzt 38 Jahre miteinander verheiratet.

Sie schlägt jedes Mal aus dem Stand einen Salto, wenn ich um die Ecke biege, z. B. vom Flur in die Küche, und zwar nicht vor Freude, was ich ja verstehen könnte, sondern weil sie einfach nicht mit mir rechnet. Ja, ich glaube, dass es das ist, sie rechnet einfach nicht mit mir. Sie denkt tief in ihrem Innersten, dass sie das Haus allein bewohnt. Das ist falsch: „Ich wohne auch hier. Seit Jahren!"

Sie reagiert auf mein Erscheinen so, als würde ihr der Leibhaftige begegnen, sobald ich einen Raum betrete, in dem sie sich aufhält. Das ist nicht übertrieben oder wie würden Sie es bewerten, wenn sich Ihre Frau bekreuzigt, nur weil Sie ihr mal kurz „Hallo" sagen wollen? Ich fühle mich langsam unwohl in meiner Haut und lebe auch in der ständigen Angst, dass ihr mal in einer reflexartigen Abwehrbewegung das Messer ausrutschen könnte, wenn ich mich – ohne mein Kommen schon von weitem dezent mit einem Silberglöckchen angekündigt zu haben – für sie unvorhersehbar irgendwo im Haus materialisiere.

### *Habituation mit der BVB-Fanfare*

Vielleicht ist die Idee, sie mit einem Silberglöckchen an meine Existenz zu erinnern, gar nicht so schlecht. Dieses Verhaltenstraining, bei dem angeborene Antworten des Zentralnervensystems auf schwache Stör- und Warnreize abnehmen, wenn der Reiz über eine längere Zeitspanne andauert und keine unvorteilhaften Auswirkungen hat, nennt sich „Habituation", meine Holde. Ich hab' das nachgeschlagen. Also, starten wir die Versuchsreihe. Was hältst du davon, wenn ich statt des Silberglöckchens die Fanfare benutze, die ich immer mit zu den Heimspielen des BVB nehme? Ich denke, wir versuchen das einfach mal.

# HEILIGE DREI KÖNIGE, Geburtstag

Da soll es ja Historiker geben, die die Ansicht vertreten, die seit dem 12. Jahrhundert im Kölner Stadtwappen gezeigten drei Kronen müssten wegen all der geschichtlichen Ungereimtheiten rund um die Herkunft und die Verfrachtung der Gebeine der Heiligen Drei Könige in die Domstadt durch drei dicke Fragezeichen ersetzt werden.

Nun, die Faktenlage ist in der Tat dünn. Gesichert ist eigentlich nur, dass am 23.7.1164 ein Schiff in Köln festmachte, dessen einzige Fracht Menschenknochen waren, die in einer feierlichen Prozession in die Stadt getragen wurden.

***Mer muss och jünne künne***

Dass es an jenem Tag in Köln zur Aufwallung tiefer religiöser Gefühle kommen konnte, war dem Kölner Erzbischof Rainald von Dassel zu verdanken, dem mit Kaperpapieren ausgestatteten engen Vertrauten und begnadeten Strippenzieher des Kaisers Barbarossa, der in jenen Tagen geruhte, Italien mit Krieg zu überziehen. Auf Geheiß seines Kaisers suchte und raubte von Dassel drei in einem Sarg in Mailand ruhende, von der Öffentlichkeit weitgehend unbeachtete Skelette, die, so berichtet die Legende, um das Jahr 300 herum von der als engagierte Reliquiensammlerin verehrten heiligen Helena, Mutter des Kaisers Konstantin, als Gebeine der Heiligen Drei Könige irgendwo im Morgenland eingesammelt worden waren, um dann als Geschenk an Bischof Eustorgius ihren Weg nach Mailand in die Kirche Sant'Eustorgio zu finden.

***Et jitt Saache, do jläuvs et nit***

Es war aus der Sicht beider Protagonisten ein genialer Schachzug, den geraubten Skeletten eine religiöse Bedeutung zu unterlegen bzw. die um sie herum gestrickte Legende neu zu beleben. Barbarossa, der ständig mit irgendwelchen Päpsten überkreuz lag, konnte nun auf ihren kirchlichen Segen verzichten, denn schließlich garantierten die drei flugs als Reichsheilige etablierten Skelette, die da in Köln ankamen, seinem Kaisertum die unverzichtbare göttliche Legitimation. Und von Dassel profitierte als Erzbischof von den Pilgerströmen, die der Stadt einen enormen wirtschaftlichen Aufschwung brachten, der zudem das angespannte Verhältnis zwischen Domkapitel und Stadtrat entkrampfte. Wer wollte da angesichts „blühender Landschaften“ kleinkariert Echtheitszertifikate etwa nach der Radiokarbonmethode einfordern? Ich wünsche allen Kölnern eine zünftige 850-Jahre-Feier zur Ankunft der Heiligen Drei … nach dem Motto „Lever rich un jesund als ärm un krank“.

## HEIZÖL, Bestellung

In diesem Jahr wurde ich zu vorgerückter Stunde – auf einer Geburtstagsfeier, wo sonst – per Akklamation der schon leicht bierseligen Gratulantenschar einstimmig von der Nachbarschaft zum „Heizöl-Sammelbesteller des Jahres“ für den Nachtigallenweg und angrenzende Ortschaften bestimmt.

„Das machst du schon.“ Was sich so leicht sagt, ist aber in Wirklichkeit nur schwer getan, jedenfalls dann, wenn man seine Aufgabe ernst nimmt, sich also nach strengen betriebswirtschaftlichen Regeln darum bemüht, das beste Angebot auszuwählen, orientiert an den Größen „Preis“ und „Qualität“. Ich wollte ja schließlich weder als „Volltrottel des Monats“ noch als Umweltverschmutzer am Pranger stehen, nur weil der ausgewählte Lieferant irgendeine verschwefelte Suppe angekarrt hatte.

Also besuchte ich die gängigen Heizölportale im Internet und begann mit der Datenerhebung – zunächst orientiert an den von mir als bedeutsam eingeschätzten Preis- und Qualitätsmerkmalen. Die Liste mit den zwei Rubriken wuchs allerdings ziemlich rasch auf schlussendlich siebzehn Rubriken an, was die Entscheidung nicht gerade erleichterte. Ich stellte nämlich bei meiner Markterhebung fest, dass es weitere Einflussgrößen gibt, die zwar nicht qualitäts-, aber preisrelevant sind, z. B. die Schlauchlänge (20, 40, 60, 80, 300m, kein Schlauch [?]), die Zahlungsart (bar, EC, Rechnung, monatlich, gelegentlich [meist nur nach günstiger Schufa-Auskunft]), die Zahl der sogenannten Ablassstellen (1, 2, 3 usw., bis nahe unendlich), die Hautfarbe, der Familienstand oder etwa die

Wahlentscheidung bei der letzten Bundestagswahl. Das Ganze war bei einem US-amerikanischen Anbieter aus Texas[95] dann noch mit einem Persönlichkeitstest gekoppelt, der es in sich hatte. Das ging mir dann doch etwas zu weit.

***Mr. Smith***

Der für die Bearbeitung von Telefonaten aus Europa zuständige NSA-Mitarbeiter des texanischen Mineralöl-Unternehmens erklärte mir hierzu auf Nachfrage, die Datenerhebung bei der Heizölbestellung bewirke einen Verzicht auf weitere Überwachungsmaßnahmen durch die NSA, was sich sowohl auf die Telefon- als auch die Nutzung elektronischer Kommunikationsmittel beziehe; das könne er mir rechtsverbindlich gleich hier am Telefon zusagen.

Überzeugt hat mich das nicht. Denn Mr. Smith, ein wirklich angenehmer Mensch mit einer sonoren Telefonstimme, stellte seine Offerte als befristetes Sonderangebot im Rahmen der zurzeit laufenden „Sell your Identity-Weeks“ seiner Unternehmensgruppe dar. Und man weiß ja nie so ganz, wo man bei Sonderangeboten landet. Ist irgendwie ein seltsam rechtsfreier Raum.

Bestellt habe ich dann per Internet direkt in Kasachstan, gleich eine größere Menge, 100.000 Liter, der Preis war einfach unschlagbar günstig, wahrscheinlich auch wegen der Vorkasse. Die 50.000 $ sind überwiesen. Bin schon gespannt, was die Nachbarn sagen werden. Und Inge erst.

## HETI-SPRECH

Heti, die letztlebende Schwester von Johann,[96] ist Inges erklärte Lieblingstante – und dies bereits seit Kindheitstagen, als Heti noch nicht in einem ruhigen und grünen Stadtteil von Oberhausen wohnte, sondern direkt neben einer Zeche, quasi auf der Abraumhalde. Inge, in der ländlichen Idylle eines Münsterländer Dorfes geboren und aufgewachsen, fand es schon als Kind aufregend, ihre Tante in der Großstadt zu

95 „Taxan Oil's best, fuck the rest!“

96 Siehe *Grabstein, Inschrift.*

besuchen, eine – gemessen an der dörflichen Abgeschiedenheit – turbulente Metropole, die einen ganz eigenen Herzschlag hatte und vollkommen andere Gerüche bot als die, die von der Scholle hinter dem Haus ihrer Eltern aufstiegen. Schornsteine hatte es in den sechziger und siebziger Jahren mehr als genug in dieser typischen Ruhrgebietsstadt, in der Stahl gekocht und Kohle gefördert wurde. Für neue, fremdartige olfaktorische Reize war in ausreichendem Maß gesorgt.

Heti, ein Münsterländer Urgestein und Gutmensch, den man einfach lieben muss, ist als junges Mädchen von ihrem Mann nach Oberhausen gelockt worden, wo sie zusammen mit Hans eine Familie gründete. Diese Stadt hat sie nicht mehr losgelassen, und so lebt sie, inzwischen 91-jährig, auch heute noch dort und denkt nicht im Traum daran, ihre zugegeben perfekt gelegene und zugeschnittene Wohnung gegen irgendein anderes Domizil einzutauschen.

### *Kleine Sprachlehre*

Deshalb trainiert sie momentan auch wie besessen, um nach einem Steißbeinbruch wieder fit zu werden. Wenn Sie sie demnächst mal wieder auf dem Markt in Sterkrade treffen sollten – sie ist ungefähr (noch) circa 1,70 m groß, hat schneeweiße, von Frau Schönfelder zu einer beachtlichen Dauerwelle gelegte Haare, ein gut sitzendes, strahlendes Gebiss, eine Haut so glatt wie ein Kinderpopo und ein glockenhelles Lachen, wie man es sonst nur von jungen Mädchen kennt – und sich mit ihr unterhalten wollen, was sich wirklich lohnt, dann sollten Ihnen zumindest folgende Redewendungen bekannt sein, die sie gern benutzt:

- **„Eine Waschmaschine schlagen und aufhängen."**

  Diese sprachliche Finesse, ganz im Stil der im Ruhrgebiet verbreiteten Auffassung, dass Sprache bequem sein muss gestaltet, beschreibt kurz und prägnant zwei unterschiedliche Vorgänge. Zum einen das Waschen der Wäsche mittels einer in der Regel strombetrieben Waschmaschine, zum anderen den sich für gewöhnlich anschließenden Arbeitsschritt des Aufhängens der noch feuchten Wäsche auf einer Wäscheleine mittels

Wäscheklammern. Man darf das also nicht wörtlich nehmen, sonst könnte man auf falsche Gedanken kommen oder spontan nach einem Arzt rufen.

- **„Das Wetter ist mir in die Krause gefahren."**

Mit diesem Satz gibt Heti zu erkennen, dass sie mit dem Sitz ihrer Haare in höchstem Maß unzufrieden ist, was verschiedene Ursachen haben kann, z. B. eine zu feuchte Witterung oder Windverhältnisse, die zwar ideal zum Segeln aber vollkommen ungeeignet für Dauerwellen sind. Sie benutzt diese Redewendung aber auch, um Komplimente für ihre wie immer perfekt sitzende Frisur einzusammeln. Wenn Sie diesen Satz hören, dann wissen Sie, dass Sie die Chance für ein Kompliment verpasst haben.

- **„Ich muss jetzt vonne Beine."**

Hier heißt es aufpassen, denn das ist wieder Ruhrisch. Natürlich könnte sie auch sagen: „Wisst ihr was, liebe Kinder, das war für mich ein anstrengender Tag, den ihr mir durch eure Anwesenheit versüßt habt. Jetzt, nachdem ihr meinen Kaffee getrunken, den von mir liebevoll zubereiteten Kuchen bis auf den letzten Krümel gegessen habt, ist es an der Zeit, dass ihr euch endlich vom Acker macht, damit ich gleich die 3.723. Folge von „Sturm der Liebe" sehen kann, denn ich bin dieser fürchterlichen Seifenoper hoffnungslos verfallen." Sie werden zugeben, dass vieles für Hetis Version spricht.

## HOTEL, Wohlfühlprogramm

Einige Menschen haben beim Einpacken ihrer Koffer Probleme,[97] die Zahl derjenigen, denen es vor dem Auspacken graust, ist ungleich größer.

97 Siehe *Kofferpacken, Angstzustände.*

### *Natürliche Feinde des Hoteliers*

Betroffen sind alle Hotelgäste, die, nachdem es ihnen endlich gelungen ist, mit der zunächst mal falsch programmierten Codekarte[98] die Tür zu ihrem Etablissement endlich zu öffnen, feststellen, dass der Ablagetisch mit den Maßen 50 cm × 70 cm für die benutzten Koffer viel zu klein dimensioniert ist, weshalb die durch die Bahnfahrt verstaubten Koffer zum Öffnen nacheinander auf den jetzt noch blütenweißen Sommer-Oberbetten ausgebreitet werden müssen. Da freut man sich schon so richtig aufs Schlafengehen nach Art des Clochards unter einer angestaubten Pferdedecke.

Dann beginnt die Suche nach dem Kleiderschrank, dessen Existenz sich nicht immer gleich auf Anhieb erschließt. Die Planer vor allem von Kongresshotels scheinen sich einen Spaß daraus zu machen, den Hotelgast zunächst einmal auf eine Erkundungstour unter dem Motto „Auf der Suche nach dem verlorenen Kleiderschrank“ durch das gebuchte Zimmer zu schicken. Ist der Pro-forma-Kleiderschrank – manchmal oberhalb des Zimmersafes mit einer Fallhöhe für die Oberbekleidung von schätzungsweise 60 cm – endlich gefunden, bietet er dem staunenden Gast eine Kleiderstange an, auf der nicht einmal eine gut genährte Saatkrähe unfallfrei ihr Gefieder putzen könnte.

### *Unausgesprochene Stigmatisierung*

Dann stellt sich gleich das nächste Problem: die Kleiderbügel. Nun mag man über verbeulte Draht- oder leicht angegilbte Plastikbügel denken wie man will. Mir sind sie allemal lieber als die mit einer fest fixierten Aufhängung an der Kleiderstange versehenen aushebelbaren Kleiderbügel, die jedes Zurückhängen eines Kleidungsstücks in den Schrank zu einem nicht nur für Grobmotoriker ermüdenden Geduldsspiel machen.

Branchenkenner behaupten ja, dass die Erfindung dieser speziellen Art von diebstahlsicheren, weil andernorts nicht verwendbaren Kleiderbügeln auf den erwiesenermaßen zwanghaften Hang der Hotelgäste zum Diebstahl gerade

98 Rezeptionist: „Das kann ja auch nicht funktionieren. Sie haben das Zimmer 2020 und nicht 2010.“ Gast: „Ach was, Entschuldigung. Rezeptionist: „Kann ja mal passieren.“

geringwertiger Sachen zurückzuführen ist, der jeden Reisenden schon beim Betreten einer Hotellobby befallen soll. Das mag so sein. Wie man hört, laufen beim Deutschen Hotel- und Gaststättenverband ja gerade Testreihen mit angenieteten Badehandtüchern, sich beim Kontakt mit Tageslicht pulverisierenden Toilettenpapierrollen und einem im Gewebe des Bademantels versteckt angebrachten Chip, der einen lauten akustischen Hilferuf aussendet, wenn der Gast versucht, ihn im Koffer versteckt aus dem Hotel zu schaffen.

**Tipp**

Ich werde mich mit dieser unausgesprochenen latenten **Stigmatisierung** als **potenzieller Hoteldieb** nicht mehr abfinden. Mir liegt eine europaweite Liste christlicher Männerhospize und Jugendherbergen vor, an der ich mich orientieren werde, wenn wieder mal ein Wochenendtrip in eine spannende Stadt ansteht. Gut, Schlafsäle mit zwanzig schnarchenden, furzenden und nach billigem Fusel stinkenden (Männerhospize) oder bis tief in die Nacht lärmenden und unter der Bettdecke in Porno-Magazinen blätternden (Jugendherbergen) Menschen sind auch kein Zuckerschlecken. Aber dort gibt es wenigstens richtige Kleiderbügel!

## HUMOR, schweizerischer

Wie bemerkte noch die Bernerin Lisa Catena, die als erste Frau den Swiss Comedy Award gewann, anlässlich der Preisverleihung am 18.3.2013 in einem Interview mit dem Züricher Tages-Anzeiger so treffend: „Wenn wir Schweizer Humor mit demjenigen aus Deutschland vergleichen, fällt auf: Schweizer Humor ist subtiler. Er darf nicht verletzen.“

Daran musste ich jetzt denken, als ich die Meldung über eine dümmliche Pöbelei des dem konservativen politischen Lager angehörenden Schweizer Verteidigungsministers Ueli (kein Schreibfehler) Maurer las, der seine Werbekampagne für die Anschaffung neuer Kampfjets mit der Frage einleitete, „Wie viele Gebrauchsgegenstände, die 30 Jahre alt sind, haben Sie noch zu Hause?“, um dann folgenden Satz nachzu-

schieben: „Bei uns sind das nicht mehr viele, außer natürlich die Frau, die den Haushalt schmeißt."
Ich glaube, ich muss noch einmal nachschlagen, was „subtil" eigentlich bedeutet.

---



---

99 Da sich der Verleger ohne fette Anzeigenerlöse nur dumm, so aber an diesem Buch dumm und dämlich verdient (Danke, Otto!), unterbreche ich an dieser Stelle für 30 Sekunden meine phänomenologischen Untersuchungen für eine Anzeige, die der Finanzierung seines exquisiten Loft in der Londoner City dient. Ursprünglich sollte die Investition aus in der Schweiz liegenden Schwarzgeldern finanziert werden. Eine von der nordrhein-westfälischen Landesregierung erworbene CD mit Steuerdaten hat dies leider vereitelt. Ich bitte um Ihr Verständnis.

die wirtschaftliche Existenz Ihrer Familie dauerhaft ab. Warten Sie nicht so lange, bis Ihre Frau Sie als Versuchskaninchen an irgendein heruntergekommenes Labor in der Hinteren Mongolei zu einem Dumpingpreis verhökert oder in die Klapse einweisen lässt.

**Unser Rundum-Sorglospaket**

Wir stellen für Sie den **Kontakt** zu seriösen national und international tätigen Pharmaunternehmen her, die über jede Menge Kohle verfügen, betreuen Sie durch geschulte **Torture-Guides** während Ihrer äußerst anspruchsvollen Tätigkeit an Ihrem Arbeitsplatz und sorgen nach Ihrem garantiert schnellen Ableben für einen **stilvollen Abschied** von dieser Welt in einem unserer, den neuesten Umweltstandards entsprechenden, garantiert rückstandsfrei arbeitenden Hochleistungs-Verbrennungsöfen.

**Kontaktieren** Sie uns am besten **sofort** unter:
Pharma-Connect-International, Uganda, Postfach 007
oder Email unter: ich-bin-dann-mal-weg@pharma-connect-international.ug.

---

# HUNDEFÖRDERUNG, schrankenlose

Der Mensch hatte immer schon eine besondere Nähebeziehung zu Hunden, die, autoritätsgläubig wie sie nun einmal sind, sich im Gegensatz etwa zu Guppies oder Bettwanzen relativ leicht dressieren lassen, wenn man sie nur ausreichend füttert.

***Ach, wäre ich doch ein Hund***

Er, der Mensch, schickt sie in die Schule,[100] ermöglicht ihnen seit 2011 – jedenfalls in Niedersachsen – den Erwerb der Fahrerlaubnis,[101] besingt sie in ausschweifenden Balladen,[102]

100 Es gibt fast 800 nicht-konfessionelle Hundeschulen in Deutschland, konfessionelle Schulen für Zweibeiner gibt es gerade einmal 400 mehr.

101 Niedersachsen hat als erstes Bundesland den Hundeführerschein eingeführt, was angesichts der geringen Fahrzeugdichte auf den niedersächsischen Straßen, meist Schotter- oder Sandwege, sicherlich eine politisch vertretbare Entscheidung war.

102 Zum Beispiel Pink Floyd mit dem Track „Dogs“ auf der CD „Animals“.

schreibt dicke Romane über ihr Leben,[103] widmet ihnen regelmäßige Kolumnen in Zeitungen,[104] was sonst nur bei Super-Prominenten der Fall ist, die im Fokus der Öffentlichkeit stehen, errichtet eigene (Online-)Supermärkte für sie,[105] verleiht auf Ausstellungen Preise an die schönsten Exemplare,[106] erfasst sie steuerlich, was den denkbar höchsten Grad an Vermenschlichung darstellt, engagiert sich über Organisationen wie Dogesty International vorbehaltlos für sie, wenn ihnen Unrecht geschieht,[107] ja, setzt sie sogar in einigen Gegenden der Welt auf den Speisezettel, was ich – eingedenk der Redewendung „Ich habe dich zu Fressen gern“ – als Ausdruck tiefster Liebe und Zuneigung werte.

Also, mehr Wohlwollen geht fast nicht mehr. So könnte man denken, ließe bei dieser Betrachtung aber das Internet mit seinen nahezu unbegrenzten Möglichkeiten für Gunstbeweise via Facebook oder Twitter außen vor.

## Social-Media-Aktivitäten

Scheinbar haben die Hunde das Heft schon selbst in die Hand genommen. Wie sonst soll man den Hinweis bei Facebook verstehen, dass auf der Social-Media-Plattform Dogbook „jeden Tag 3,5 Millionen Hunde agieren“. Auch müssen wir irritiert endlich zur Kenntnis nehmen, dass auf Twitter ein wuseliger Yorkshireterrier mehr Followers hat als Ihre Heiligkeit Papst Franziskus. Selbst der Hunde-Pranger dogshaming.com oder You Tubes „Guilty Dogs“, die pinkelnde, kotzende und randalierende Hunde zeigen,[108] sind nichts anderes als knallhartes PR für die Gattung Canis[109], und einzelne ihrer Vertreter haben längst den Status von Pop Stars erreicht haben, wie etwa eine Hündin namens Denver, deren You Tube-Video bereits 34 Millionen Menschen (?) angeklickt haben.

103 Günter Grass, Hundejahre; Walter Moers, Rumo & Die Wunder im Dunkeln.

104 Welt am Sonntag, „Fuhrs Hund“.

105 Fressnapf und wie sie alle heißen.

106 Siehe die Nachweise auf www.hundeseite.de.

107 Siehe *Abwrackprämie, Hunde.*

108 Tipp für Hundehalter: Ungehorsame Hunde mit Bei-Fuß füttern.

109 Hund. Klar.

**Tipp**
Bei mir wächst die Gewissheit, dass das alles nur Facetten eines Masterplans sind, der die **Weltherrschaft** der **Hunde** zum Ziel hat. Ich glaube, dass es längst zu spät ist, um noch erfolgreich gegenzusteuern. Anpassung ist das Gebot der Stunde. Dieser Meinung ist wohl auch die neue Kassiererin bei Aldi, die sich ihre Haare in der Art eines Königspudels hat legen lassen. Das geht bei mir nicht. Deshalb arbeite gerade am sog. **Guilty-Dog-Look,**[110] bei dem man mit möglichst weit aufgerissenen Augen von unten nach oben blickt, um das Herz seines Frauchens zu erreichen. Mal sehen, wie Inge darauf reagiert.

110 Treuherziger Dackelblick.

# IDIOTENTEST, Vorbereitung

Wenn Sie die 18-Punkte-Grenze[111] im Flensburger Verkehrssünder-Register überschritten haben, erhalten Sie eine freundliche Einladung zum „Idiotentest", in dem Ihre „charakterliche Eignung zur Teilnahme am Straßenverkehr" geprüft wird. Es empfiehlt sich, nicht einfach so in das Vier-Augen-Gespräch mit dem Psychologen hineinzustolpern, sondern gezielt mit einem Vorbereitungskurs die Sinne für die erwünschten Antworten und damit ein positives Gutachten zu schärfen.

Hierfür werden von privaten Dienstleistern MPU-Seminare angeboten, die allerdings von unterschiedlicher Qualität sind. So verwundert es nicht, dass bei den jährlich rund 100.000 MPU[112]-Tests die Hälfte der Teilnehmer durchfallen.

***Die Portokasse reicht nicht aus***

Das ist schlecht, denn die Kosten sind beträchtlich. Sie reichen von 330 € für ein MPU-Gutachten wegen Straftaten ohne Alkohol und Drogen bis 720 € für eine MPU bei Drogen- und Alkoholauffälligkeiten. Hinzu kommen die Kosten für einen der Befragung vorgeschalteten MPU-Test von ca. 150 €, die MPU-Vorbereitung in Einzelgesprächen (10 – 15 Stunden à circa 80 €) oder in der Gruppe, Kosten circa. 200 €. Haben Sie ein negatives Gutachten bekommen, dürfen Sie frühestens nach 6 Monaten erneut antreten. Die Kosten sind dieselben wie beim ersten Mal.

Unser Bundesverkehrsminister Alexander Dobrindt hat sich des Problems nun angenommen und eine Arbeitsgruppe ins Leben gerufen, die bis Ende des Jahres 2014 die „Schwarzen Schafe" über Standards zur Qualifikation des Beratenden (Hochschulstudium der Psychologie mit verkehrspsychologischer Zusatzqualifikation) und besondere Anforderungen an

111 Ab dem 1.5.2014 gilt eine neue Grenze, die den Entzug der Fahrerlaubnis bereits ab 8 Punkten vorsieht; siehe hierzu auch *Fahrlehrer, Wirtschaftsförderung*.

112 Medizinisch-Psychologische Untersuchung.

die Dokumentation der Schulung (im Gespräch sind Ton- und Videoaufzeichnungen des Seminars) aussortieren soll. Ziel ist es, die Qualität der Vorbereitungskurse zu verbessern.

### *Zum Üben*

Da man nicht so genau weiß, ob es bis Ende des Jahres auch tatsächlich klappt, hier schon einmal ein paar Fragen mit Muster-Antworten, damit Sie sehen, welche Hürden für Sie in einer MPU aufgebaut werden.

Frage: „Seit wann sind Sie im Besitz des Führerscheins?“ Hier wird eine spontane Antwort erwartet. Wichtiger als die mit dem Führerscheinerwerb dokumentierte Verkehrserfahrung ist das Antwortverhalten, mit dem Sie zeigen, dass Sie sich mit dem Problem auseinandergesetzt haben.

Frage: „Wie schätzen Sie sich für die damalige Zeit als Fahrer ein?“ Hier müssen Sie zeigen, dass Sie sich mit Ihrem Fehlverhalten auseinandergesetzt und sich von ihm distanziert haben. Geben Sie zu, dass Sie leichtsinnig gehandelt haben und sich deshalb schämen.

Frage: Wie haben Sie auf die ersten Verwarn- und Bußgelder reagiert?“ Hier will der Prüfer hören, dass die Einsicht, sich falsch verhalten zu haben, erst allmählich gewachsen ist und Sie sich aufgrund der inneren Umkehr eine günstige Zukunftsprognose stellen.

Frage: „Wie lauten Ihre Vorsätze heute und was ist gegenüber früher anders?“ Die zentrale Frage des MPU-Tests. Hier müssen Sie dem Prüfer plausibel darlegen, dass Sie Ihr Fehlverhalten kritisch reflektiert haben und welche Strategien Sie für ein verkehrsgerechtes Verhalten entwickelt haben. Mit der Antwort „Ich will mich bessern“ fallen Sie mit Pauken und Trompeten durch.

Frage: „Welche Bedeutung hat der Führerschein für Sie?“ Eine heikle Frage. Bei der Antwort müssen Sie erkennen lassen, dass Sie den Führerschein zwar gern zurück hätten, Sie sich aber mit der aktuellen Situation, der führerscheinlosen Zeit, arrangiert haben. Lässt die Antwort vermuten, dass für Sie der Führerschein eine besonders große Bedeutung hat, könnte der Prüfer davon ausgehen, dass Sie die Antworten auf die Testfragen nicht aus Überzeugung und innerer Umkehr gegeben haben, sondern nur um ein positives Gutachten zu erhalten.

**Tipp**
Die Gefahr, sich einer MPU stellen zu müssen, ist größer als Sie vielleicht denken. Auch **Fahrradfahrer** können dazu verpflichtet werden, wenn sie mit mindestens **1,6 Promille** Alkohol am Lenker im öffentlichen Straßenverkehr erwischt werden. Wird innerhalb der behördlich gesetzten Frist kein positives Gutachten einer **MPU** vorgelegt, wird der Führerschein automatisch entzogen.[113] Vielleicht doch lieber alkoholfreies Weißbier statt Pils auf der nächsten Fahrradtour?

## IMMORTALITAS, Produkte

Die künstliche Produktalterung von Gebrauchsgegenständen, die unter dem Stichwort „geplante Obsoleszenz" vor allem bei elektronischen Geräten ins Gerede gekommen ist, ist ein echtes Ärgernis.

Kaum diskutiert wird hingegen das Problem der „geplanten Immortalitas", der scheinbaren oder real existierenden Unzerstörbarkeit von Gebrauchsgegenständen, die zumindest für einen Teil der Verbraucher das größere Problem darstellt.

### *Für Männer kein Problem*

Für die Verbrauchergruppe „Männer" weniger, weil diese Neuanschaffungen ohnehin nur dann planen, wenn etwas kaputt ist. Richtig kaputt. Diese Feststellung gilt nicht nur für Kleidungsstücke, sondern ganz allgemein. Mein Game Boy zum Beispiel, ein Geburtstagsgeschenk von Inge aus dem Jahr 1989, funktioniert immer noch. Gut, zu seinen besten Tagen war er in ein strahlendes hellgraues Kunststoffkleidchen gewandet und blickte mit einem hell leuchtenden monochromen Bildschirm munter in die Welt. Jetzt sieht er wie ein unter schwerer Gelbsucht leidender Patient aus, der mich aus seiner eingetrübten Linse um Erlösung anfleht. Nein, keine Sterbehilfe, du funktionierst noch.

113 Bundesverwaltungsgericht, Beschluss vom 20.6.2013 – 3 B 102.12.

***Für Frauen schon***

Bei Frauen ist das anders, wie wir wissen.[114] Sie ersetzen alles, was alt ist – manchmal auch ihre Männer. Inge habe ich jetzt dabei beobachtet, wie sie eine voll funktionstüchtige metallene Thermoskanne, ein Geschenk anlässlich unserer Hochzeit – nach meinem Eindruck mutwillig – mit einem freudigen „Hopsala" auf die Steinfliesen in der Küche krachen ließ. Doch die 38 Jahre alte Kanne zeigte ihr, was eingebaute Immortalitas bedeutet. Außer einer kleinen, nicht nennenswerten Eindellung am Deckel hat sie diesen heimtückischen Anschlag überlebt. Ich gehe davon aus, dass Inge nicht locker lassen wird. Da ist wohl eine geharnischte Beschwerde-Mail an Alfi fällig. Wenn sie das tut, schlage ich zurück mit einem Dankesschreiben an Nintendo.[115]

## INFLATIONSRATE, freie Auswahl

Wenn das Statistische Bundesamt der sich verwundert die Augen reibenden Bevölkerung mal wieder eine neue Minus-Rekord-Inflationsrate verkündet, aktuell 1,0 % Preissteigerung, dann ist dieser Wert des sogenannten Harmonisierten Verbraucherpreisindexes (HVPI) auf der Basis eines Warenkorbs errechnet worden, der – auf der Grundlage einer Verbraucherstichprobe von 60.000 privaten Haushalten mit einer alle fünf Jahre angepassten Zusammensetzung und Gewichtung[116] – circa 300.000 Einzelpreise berücksichtigt.

114 Spätestens seit Herbert Grönemeyer: „Ich kauf' mir was, kaufen macht so viel Spaß, ich möchte ständig kaufen gehen, kaufen ist wunderschön."

115 Exkurs: Unproblematisch für beide Verbrauchergruppen ist hingegen der „Eierschalen-Sollbruch-Verursacher", eine Vorrichtung, die zart besaiteten Gemütern beiderlei Geschlechts den barbarischen Akt erspart, ihr Frühstücksei eigenhändig köpfen zu müssen, wozu man auf das mit einer Metallkappe gekrönte Ei eine an einer Stange befestigte Kugel heruntersausen lässt, die der Eierschale eine ringförmige Bruchstelle verpasst.

116 Das von Statistischen Bundesamt aufgestellte sogenannte Wägungsschema des HVPI mit dem Basisjahr 2010 hat zwölf „Abteilungen", in denen insgesamt circa 750 Güter und Dienstleistungen abgebildet sind: 01. Nahrungsmittel, alkoholfreie Getränke: 10,3 %, 02. Alkoholische Getränke und Tabakwaren: 3,8 %, 03. Bekleidung und Schuhe: 4,5 %, 04. Wohnung, Wasser, Gas und Strom und andere Brennstoffe: 31,7 %, 05. Möbel, Leuchten, Geräte und anderes Haushaltszubehör: 5,0 %, 06. Gesundheitspflege: 4,4 %, 07.

### *BIP-Deflator*

Bei Milliarden von Preisen ist das nicht viel, weshalb Volkswirtschaftler als echte Erbsenzähler Preisniveau und Inflation nach dem BIP-Deflator, dem Preisindex des Bruttoinlandsprodukts (BIP), messen, der nicht nur Güter und Dienstleistungen eines bestimmten Warenkorbs, sondern alle Preise einer Volkswirtschaft abbildet, was – zwar sehr viel Rechenarbeit bedeutet, aber – zu meist niedrigeren Preissteigerungsraten führt.

### *Kerninflation*

Einen gänzlich anderen Weg als die Wissenschaft gehen die Zentralbanken, beispielsweise die Europäische Zentralbank (EZB) oder die Federal Reserve Bank (FED). Sie blenden zur Ermittlung der Inflationsrate und der sich daran anschließenden Überlegungen zu geldpolitischen Maßnahmen die Preise für Lebensmittel und Energie aus dem Warenkorb des HVPI aus, berechnen also nur die sogenannte Kerninflationsrate, um jahreszeitliche Schwankungen aus der Berechnung zu eliminieren, deren Ursachen außerhalb des Einflussbereiches der betreffenden Volkswirtschaft liegen.

So bastelt sich jeder Statistiker[117] fröhlich eigene Zahlen, um seinen Forderungen nach diesem und jenem eine solide mathematische Basis zu geben. Das ist das eine, das Sie wissen sollten, wenn mal wieder von Teuerungsraten die Rede ist.

### *HVPI, das unbekannte Wesen*

Das andere ist, dass den dargestellten unterschiedlichen Methoden zur Ermittlung der Inflation wertende Betrachtungen bei der Ermittlung der Preissteigerungen zugrunde liegen. So wird etwa beim HVPI in jeder Produktkategorie, z. B. „Frische Brötchen“, nur der Preis des meistverkauften Produkts, also der des „einfachen“ Standardbrötchens, erfasst,

---

Verkehr: 13,5 %, 08. Nachrichtenübermittlung: 3,0, 09. Freizeit, Unterhaltung, Kultur: 11,5 %, 10. Bildungswesen: 0,9 %, 11. Beherbergungs- und Gaststättendienstleistungen: 4,5 %, 12. Andere Waren und Dienstleistungen: 7,0 %. Die einzelnen Abteilungen (z. B. „01 Nahrungsmittel und alkoholfreie Getränke“) bestehen aus Gruppen (z. B „011 Nahrungsmittel“), in denen die Untergruppen (z. B. „ 0111 Brot und Getreideerzeugnisse“) mit ihren Produkt- und Dienstleistungskategorien (z. B. „Frische Brötchen“) erfasst sind.

117 Siehe *Lügen-Brevier, kleines.*

der, weil Kunden bei sogenannten Eckprodukten preissensibel sind, regelmäßig nur moderat angehoben wird; „dunkle" Mehrkornbrötchen, Croissants und andere Spezialitäten, die preislich so richtig reinsemmeln, bleiben bei der Berechnung der Preissteigerungsrate in der Abteilung „01 Nahrungsmittel und alkoholfreie Getränke" unberücksichtigt.

Da das Bewertungsschema des HVPI, nur Eckprodukte in die Betrachtung einzustellen, für alle Produktkategorien gilt, wird der HVPI so systematisch – durch die Preisgestaltung der Produzenten, Massenware (z. B. Standardbrötchen) preiswert und Luxusartikel (z. B. Croissants) teuer anzubieten – nach unten gedrückt.

Ein weiteres Beispiel, das die Interpretationsbedürftigkeit des HVPI zeigt, ist z. B. die Indexierung von Neuwagen (Abteilung „07 Verkehr", Gruppe „071 Kauf von Fahrzeugen"). Hier wird etwa die Klimaanlage zurzeit noch zu 50 % aus dem Neuwagenverkaufspreis herausgerechnet, weil sie bei den indexierten Vorgängermodellen aus dem Basisjahr 2010 noch nicht zur Standardausrüstung gehörte. Bei den Handys ist es ähnlich. Der Mehraufwand für kostenmäßig quantifizierbare technische Neuerungen wird beim Preisvergleich zur Ermittlung des HVPI größtenteils außen vor gelassen. Und bei stromsparenden Waschmaschinen wird der höhere Anschaffungspreis um die Kosten der Energieersparnis gemindert. Usw., usw.

### *Gefühlte Inflation – schnell mal selbst berechnen*

Wenn Sie mittlerweile das Gefühl beschleicht, dass man Ihnen mit dem offiziellen HVPI Sand in die Augen streut und Sie die anderen Methoden auch nicht so recht überzeugen, dann rechnen Sie doch einmal selbst alles durch.

Denn neben den dargestellten Indices zur Berechnung der Preissteigerungen gibt es nämlich noch den von Hans Wolfgang Brachinger entwickelten „Index der wahrgenommenen Inflation (IWI)", der – wissenschaftliche untermauert – die Preisveränderungen nicht nach dem Wägungsschema eines Warenkorb bemisst, sondern nach der relativen Kaufhäufigkeit bestimmter Produkte des täglich benötigten Warensortiments. Hiermit nähern wir uns allmählich der Erkenntnis an, dass im Grunde jeder Mensch – abhängig von Wohnort und

Konsumverhalten – als Ausdruck des Rechts auf freie Entfaltung seiner Persönlichkeit nach Artikel 2 Absatz 1 des Grundgesetzes seine eigene Inflationsrate hat.

**Tipp**

Mit dieser leicht verständlichen Formel können Sie schnell und sicher nach der **„Methode Brachinger"** das Ausmaß Ihres eigenen Unwohlseins mit der inflationären Preisentwicklung selbst berechnen:

$$IWI(c)^{0,t} = \sum_{i:p_i^t > p_i^0} \left[ c \left( \frac{p_i^t - p_i^0}{p_i^0} \right) + 1 \right] f_i^0 + \sum_{i:p_i^t \leq p_i^0} \frac{p_i^t}{p_i^0} f_i^0$$

Wenn die dargestellte verallgemeinerte Indexformel vom Typ Laspeyres für Sie mehr Fragen aufwirft als Antworten gibt, dann können Sie Ihre individuelle Inflationsrate auch nach dem **IRRE-Standard** (Inflationsrate Richtig Rechnen und Ermitteln) auf der Grundlage des „Harmonisierten Brötchenpreis-Index (HBPI)" bestimmen, eine Methode, die ich gern verwende (Rechenbeispiel):

IRRE = [(Preis) Standardbrötchen (0,28 €) × Croissant (1,10 €) × PS des 7er BMW Ihres Bäckers (250)] / Anzahl der insgesamt gekauften Backwaren (10)

Ich kann mir vorstellen, dass Ihnen die 7,7 % Inflation aus dem Rechenbeispiel nicht gefallen, aber die Wahrheit ist nun manchmal schmerzlich.

## INKLUSION, Fußballplatz

Inklusion ist nicht nur ein Thema für den Bereich der Schule. Das Modell hat auch die Fifa überzeugt, weshalb nach den Richtlinien des Fußballweltverbandes bei der Fußball-WM in Brasilien in 90 % der Spiele blinde oder zumindest sehbehinderte Schieds- und Linienrichter eingesetzt werden müssen,[118] die nach Gefühl pfeifen und nur dann berufen wurden, wenn sie nach einem zweimonatigen Lehrgang zur Überzeugung der Fifa in einer knallharten Prüfung nachweisen konnten, mit den Regeln des Spiels nicht vertraut zu sein.

118 Siehe das WM-Eröffnungsspiel Brasilien gegen Kroatien.

Um hierdurch entstehende Defizite auszugleichen, wurde die Torlinientechnik entwickelt, die mit Hilfe von sieben Kameras und einem in das Sportgerät eingebauten Chip feststellt, ob der Ball im Tor war oder nicht und dies dem Schiri durch einen leichten Stromschlag signalisiert. Ob das überzeugend gelingt, bleibt abzuwarten, denn die Messergebnisse weisen eine Fehlertoleranz von 1,4 cm auf, was angesichts der Breite der Torlinie von maximal 12 cm nicht gerade wenig ist.

### *Freistoß-Spray*

Doch das ist nicht die einzige technische Finesse, mit der die Fifa aufwartet. Da wäre noch das Freistoß-Spray. Es dient dazu, die Position des Balles und die der Mauer bei der Ausführung des Freistoßes mit einer dicken weißen Linie auf dem Spielfeld zu markieren, deren Überschreitung mit zwei Ohrfeigen oder – wahlweise – einem dreimonatigen Führerscheinentzug für den Täter geahndet werden kann, was vor allem die Ferrari-Fahrer unter den Spielern hart treffen wird. Offensichtlich sind noch nicht alle Spieler mit dieser neuen Regel vertraut. So soll ein kolumbianischer Mittelfeldakteur in der Partie gegen Griechenland auf den Knien kriechend versucht haben, sich die weiße Linie durch die Nase reinzuziehen.

Dass das Freistoß-Spray – in einer modifizierten Variante[119] – jetzt auch bei Friedensmissionen der UN erprobt werden soll, wenn es bei den teils mit kriegerischen Mitteln geführten Auseinandersetzungen auf dem Fußballplatz von den Kontrahenten angenommen wird, haben Sie wahrscheinlich schon in der Zeitung gelesen. Und zwar sollen damit bei den weltweit verbreiteten Grenzkonflikten z. B in Afrika oder im Nahen Osten die Linien markiert werden bis zu denen bzw. hinter die sich die in die militärische Scharmützel verstrickten Parteien maximal vorrücken dürfen bzw. zurückziehen müssen.

### *Elfmeter-Pulver und Ecken-Konfetti*

Erstaunlich ist, warum die Fifa es beim Freistoß-Spray bewenden lässt und naheliegende Chancen übersieht, das Spiel interessanter zu machen. Etwa ein Elfmeter-Pulver, das beim

119 Jeweils in den Farben der kriegsführenden Parteien und mit einem Longlife-Effekt, damit der Schaum dauerhaft sichtbar bleibt.

Schuss nicht aufstäuben darf, damit der Treffer zählt, oder das Ecken-Konfetti, das über dem Spieler bei der Ausführung des Eckballs vom Linienrichter ausgeschüttet wird und so aus einer im Grunde sterbenslangweiligen Spielsituation ein buntes Event macht.

### *„Football 2.0"*

Auch wünschte ich mir eine Narrenkappe für Schiris und deren Hilfspersonal an den Außenlinien, die die Schwarzkittel nach der dritten gravierenden Fehlentscheidung für die restliche Spielzeit tragen müssen. Die Attraktivität dieser Sanktion ließe sich sicherlich noch steigern, wenn die Zuschauer die Narrenkappenträger ab diesem Zeitpunkt mit reifen Tomaten bewerfen dürften. Mit dieser Variante des „Football 2.0" ließe sich auch die Vision der Fifa verwirklichen, die Zuschauer aktiver als bisher in das Spielgeschehen einzubeziehen.

### *Trikot-Kleber*

Schon eingeführt worden sein muss, obwohl darüber niemand redet, der Trikot-Kleber, der die Silhouette der muskelbepackten Spieler – vor allem der afrikanischen Mannschaften – eindrucksvoll und den Gegner einschüchternd zur Geltung bringt. Oder haben Sie bei dieser WM einen Spieler gesehen, der versucht hat, sich im Torjubel sein Trikot vom Leib zu reißen?

## KARDINAL, schöner Wohnen

Offensichtlich gibt es immer noch Kardinäle, die die Forderung des Papstes Franzikus nach einer „armen Kirche für die Armen" allzu wörtlich nehmen, indem sie durch Luxusaufwendungen zur Steigerung ihres persönlichen Wohlbefindens die römisch-katholische Kirche finanziell ausbluten lassen.

Während der für seine bescheidene Lebensführung bekannte Pontifex in einer kleinen 90 m² großen Wohnung im vatikanischen Gästehaus wohnt, hat sich jetzt der im vergangenen Jahr als Kardinalstaatssekretär von seiner Heiligkeit wegen seines autoritären Führungsstils und allzu enger Verbindungen zur Wirtschaft geschasste italienische Kardinal Tarcisio Bertone eine 600 m² große Luxuswohnung[120] im Vatikan, also in bester Lage, ganz nach seinen persönlichen Bedürfnissen aufwendig umbauen lassen – eine 100 m² große Dachterrasse inklusive.

### *Erste WG hoher kirchlicher Würdenträger?*

Die Entscheidung, ob Kardinal Bertone das Luxusapartment zusammen mit seinem Bruder im Geiste, dem de facto gefeuerten Bischof Tebartz-van Elst[121], in der ersten deutsch-italienischen Bischof-Kardinal-WG bewohnen wird, ist noch nicht gefallen. Zusammenpassen täten die beiden schon. Und wer weiß, wenn man nur beharrlich genug sucht, lassen sich bestimmt noch weitere geeignete Mitbewohner finden, deren Profil dem der genannten Kirchenfürsten entspricht. Tipps für das Zusammenleben sind gegen Bares sicherlich von Rainer Langhans zu bekommen, der insoweit über einen reichhaltigen Erfahrungsschatz aus den Zeiten in der Kommune I verfügt.

120 Im Anschluss an diese Nachricht in der Tageszeitung „La Repubblica" ließ Kardinal Bertone den Bericht dementieren. Seine Wohnung sei nicht 600, sondern nur 300 m² groß. Außerdem bewohne er das Mini-Apartment nicht allein, sondern zusammen mit drei Ordensfrauen. „Ach was", würde Loriot hier wohl sagen.

121 Siehe *Bischof, Rücktritt.*

# KANNIBALISMUS, galaktischer

Ich habe schlechte Nachrichten für Sie, die einfach … unglaublich sind. Das wird Sie umhauen. Ich hätte Ihnen das gar nicht erzählt, wenn die Quelle nicht absolut vertrauenswürdig wäre, denn Panik wäre das Letzte, was uns jetzt weiterhelfen würde. Also, der öffentlich-rechtliche Sender „ZDFinfo“, ein seriöser Wissenschaftskanal, enthüllt in der Sendung „Das Universum – Eine Reise durch Raum und Zeit“, dass unsere Galaxie, die Milchstraße (und was die Angelegenheit für uns so unangenehm macht, mit ihr der Planet Erde!) mit der affenartigen Geschwindigkeit von 400.000 km/h auf die Andromeda-Galaxie zurast.

***Newton hat wieder mal Recht***

Die Kollision ist wegen des auch für diesen interstellaren Super-Gau seit 1687 geltenden ersten Newtonschen Axioms unausweichlich.[122] Eine Art galaktischer Kannibalismus, wie der Physiker Prof. Dr. Michio Kaku, dem verschiedenste Co-Kommentatoren aus anderen Wissenschaftszweigen bei seiner Analyse assistierten, überzeugend darstellte. Die Galaxien prallen aufeinander. Was aus unserer Erde wird, das weiß niemand so richtig; sie landet in der Mitte einer sich in gänzlich anderer Form neu bildenden Galaxie, an ihrem Rand oder wird – in jedem Fall unbevölkert, weil die Menschheit die Kollision nicht überlebt – ins All geschleudert.

Das sind die Fakten. Machen Sie mit der Information, was Sie wollen. Klar dürfte geworden sein, dass Auswandern nach Australien genau so wenig hilft wie eine Erweiterung der Gebäude- und Hausratversicherung um eine Klausel zu Elementarschäden. Ich werde jetzt erst einmal in aller Ruhe ein Fläschchen Pils öffnen, denn der Zusammenprall der Galaxien soll in drei bis vier Milliarden Jahren erfolgen. Bis dahin kann

122 Generationen von Pennälern, die sich den lateinischen Originaltext der drei Bewegungsgesetze einpauken mussten, erinnern sich: „Ein Körper verharrt im Zustand der Ruhe oder der der gleichförmigen Bewegung, sofern er nicht durch einwirkende Kräfte (Derartige Kräfte sind, liebe Leser, für den Kollisionskurs unserer Milchstraße bedauerlicherweise zurzeit nicht in Sicht.) dazu gezwungen wird, seinen Zustand zu ändern.“

ich mir immer noch eine passende Gegenstrategie zurechtlegen. Aber sagen Sie nicht, ich hätte Sie nicht rechtzeitig gewarnt.

## KASACHSTAN, Heizöllieferung

Heute wird das Heizöl geliefert, direkt von dem kasachischen Ölfeld. Wie im Prospekt in gebrochenem Deutsch, aber immerhin fast perfekt gereimt, zugesagt: „Von der Quelle(r) in den Keller“. Das sprachlich unkorrekte „r“ hatte man sich – wohl in Anlehnung an Christian Morgensterns Gedicht „Das ästhetische Wiesel“ – „um des Reimes willen“ gegönnt.

Verdammt schnell die Jungs, registrierte ich mit Genugtuung, die sind auf Zack. Am 14.1. bestellt, heute schon geliefert. Aus Kasachstan? In neun Tagen bis Deutschland? 100.000 Liter in einem Konvoi schwerer Lkw? Habe mal auf der Basis von Daten aus Google Maps nachgerechnet. Die Lkw müssten mit einer Durchschnittsgeschwindigkeit von 187 km/h gefahren sein, um das zu schaffen. Irgendetwas stimmt da nicht, das sagt mir mein Gefühl!

„Ab 13 Uhr sind da“, so war's in der Auftragsbestätigung zu lesen. „Ab“ 13 Uhr sind da, was ist das denn für eine Terminzusage? Man stelle sich mal vor, die Bahn AG würde in den Fahrplänen die Abfahrtszeit ihrer Züge auch so vage terminieren: „Ab“ 13 Uhr sind da. Gut, das mit der Bahn AG ist jetzt vielleicht kein ganz so treffendes Beispiel, um den nur rudimentär vorhandenen Kundenservice eines Dienstleisters anzuprangern. Aber so geht es nicht, das ist einfach zu unverbindlich!

Außerdem stehe ich jetzt vor dem Problem, die für die Fahrer vorbereiteten 50 Liter Borschtsch warmhalten zu müssen. Vielleicht sogar stundenlang, was natürlich zu Lasten des Geschmacks und der Vitamine geht. Ich befürchte auch, dass mir das Weißbrot ein wenig eintrocknet. Um die 15 Flaschen Wodka, die ich als Begrüßungsschluck in die Kühlung gelegt habe, mache ich mir hingegen keine Sorgen.

***Der Konvoi***

Die jeweils 5.000 Liter fassenden Heizöl-Bomber, insgesamt 18 bis zur Halskrause gefüllte Tankwagen, trafen dann gegen 3.45 Uhr in Holzwickede ein, während ich auf RTL II die soundsovielte Wiederholung des dritten Teils der Rambo-Trilogie in der Kult-Reihe „Die schlechtesten Filme des Jahrhunderts“ sah. „Sah“? Eigentlich glotzte ich nach dem allzu hastigen Genuss von zwei Flaschen Wodka nur noch wie paralysiert auf die Mattscheibe, die diesen Namen vollkommen zu Recht trägt. Das ist mir in dieser Nacht klargeworden.

Der Konvoi staute sich vom Nachtigallenweg, der eigentlich mit Autos nicht befahrbar ist (Was heißt „Fußweg“ auf Kasachisch?) zurück bis zur Polizeiwache an der Opherdicker Straße. Keine Angst, die ist des Nachts nie besetzt, worauf ein am Eingang deutlich sichtbar angebrachtes Blechschild hinweist, das mit „Der Kreispolizeidirektor Unna“ unterzeichnet ist: „Strafverfolgung nur nach Terminvereinbarung oder Montags bis Freitags von 10.30 Uhr bis 11.30 Uhr, donnerstags zusätzlich von 15.30 bis 16 Uhr. Samstags und sonntags geschlossen.“ Eine äußerst wichtige Information für alle, die etwa Wohnungs- und Hauseinbrüche verhindern oder begehen wollen.

Die Heizöl-Bomber waren in Windeseile abgeladen. Die 90.000 Liter, die nicht mehr in die Tanks passten, stifteten wir spontan „Öl für die Welt“, worauf 16 Trucks sich Richtung katholische Kirche, Holzwickede Ortsmitte, absetzten. Die beiden in Istanbul mit einem Achsschaden liegengebliebenen Lkw leiteten wir gleich telefonisch dorthin um.

Die lustigen Kasachen aßen und tranken nach Herzenslust, machten sich aber schnell wieder auf den Heimweg, um die nächste Fuhre aufzunehmen: Die aktuelle Bestellung über 150.000 Liter geht nach Dortmund-Lücklemberg. Ich vermute, dass Heinz hier seine Finger im Spiel hat. Auf seiner Geburtstagsfeier hatte er mir nämlich sehr konzentriert zugehört, als ich über die unglaublich günstigen Konditionen eines Direktbezugs kasachischen Heizöls der Qualität „Lenin Premium“ referierte. Der Slogan „Von der Quelle(r) in den Keller“ hat wohl auch ihn überzeugt.

# KATAR, Wüsten-WM

Die Fußball-WM in Brasilien – mit unserem Bundes-Jogi – ist gewonnen, die in 2018 – wohl immer noch mit unserem Bundes-Yogi – findet dann in Russland statt und schließlich im Jahr 2022 – erst recht mit unserem Bundes-Jogi – in Katar. Katar?

Katar, das Emirat an der Ostküste der Arabischen Halbinsel, von ihr – aus welchen Gründen auch immer – durch Salzsümpfe getrennt, ist ungefähr so groß wie Helgoland, hat zwar keine „Lange Anna", sitzt dafür aber, wohl eine durch tektonischer Verwerfungen in erdgeschichtlich grauer Vorzeit verursachte Narretei, auf einer riesigen Erdöl- und Gasblase – und fühlt sich richtig wohl dabei. Vor allem der Emir, der diese absolute Monarchie ganz im Zeichen der Schari'a leitet, quasi als Generalbevollmächtigter einer Gasplattform im Persischen Golf.

### *Von allem nur das Beste*

„Golf" ist ein gutes Stichwort. Denn die Einwohner dieses Inselstaates sind ganz versessen auf Sport, insbesondere den Fußball, dessen Spielgerät sie gern mit Ihrem Erdgas füllen, damit's besser fliegt, wenn man dagegentritt. Der Zufall und Josef Blatter wollten es nun so, dass die WM 2022 nach Katar verramscht wurde. Das Motto „Von allem nur das Beste" wurde konsequent umgesetzt: Voll klimatisierte Fußbälle, kostbare Seidenteppiche dort, wo sonst gewöhnlicher englischer Rasen sprießt und kostenlose Abgabe von extra-grünem Pistazieneis an alle Stadionbesucher gleich welcher Religionszugehörigkeit. Für den Masterplan der Spielstätten zeichnet ein gewisser Albert Speer jun. verantwortlich, der, in guter Familientradition, ganz wie sein Vater, mit seinen kolossalen Ideen einen absolutistischen Herrscher zu begeistern wusste.

### *Body Count in der Wüste*

Also alles in bester Ordnung, gäbe es da nicht das für Mitteleuropäer zumindest irritierende Kafala-System für Leiharbeiter, die zu Zehntausenden mit dem Aufbau der Infrastruktur für die Fußball-WM beschäftigt sind. Dieses an Zeiten des dunkelsten Mittelalters erinnernde „Bürgschaftssystem" führt im Ergebnis zur totalen Entrechtung der als Sklaven gehaltenen ausländischen Leiharbeiter, von denen allein in den letzten beiden Jahren 400 beim Aufbau der Spielstätten für Blatters Jux-Fußball-WM in der Wüste umgekommen sind. Man darf vermuten, dass es einen vergleichbaren Body Count[123] bei der Errichtung der Aspire Academy for Sports in Doha gegeben hat, wo der FC Bayern München mit großer Begeisterung sein Wintertrainingslager errichtet.

***Zwei Nepalesen im Kamel-Kostüm***

Blickt man mit den Augen eines Renn-Kamels auf diese Zustände, dann kann man sich nur wundern. Für diese in Katar verehrten Wüstenschiffe wären etwa lebensgefährliche Arbeitsbedingungen, ein grottenschlechtes Entlohnungssystem oder eine kamelunwürdige Unterbringung undenkbar. Und einen Reisepass, den man ihnen entziehen könnte, um eine Ausreise zu verhindern, haben sie nicht, weil sie nach der „UN-Camel Charta“ von jeglicher Ausweispflicht in Fällen der Ein- und Ausreise entbunden sind.

Dieses für Kamele international verbürgte Recht auf Freizügigkeit brachte wohl auch zwei nepalesische Leiharbeiter auf die Idee, sich – in ein Kamel-Kostüm gewandet – an Bord eines Flugzeugs der „Quatar Airways“ zu begeben, um die ungastliche Wüsteninsel zu verlassen. Aufgefallen sind sie nur deshalb, weil sie sich außerhalb des katarischen Luftraums nicht Wasser, sondern zwei doppelte Jack Daniels bestellten.

Josef Blatter ließ diesen Vorfall unkommentiert. Er soll an multiplem Katar(rh) erkrankt sein, der sein Seh-, Hör- und Sprachzentrum blockiert. Man kann wirklich nur noch Mitleid mit diesem Schweizer Fußballfunktionär haben.

## KELLERPHOBIE?

Heute Morgen saß ich zur üblichen Zeit auf der Toilette und tat das, was Männer dort ab und zu tun müssen.[124] Dazu spielte ich zur Entspannung, wie ich es bei diesem Ortstermin eigentlich immer tue, mit meinem Game Boy.

123 Opferzahl.

124 Zur Erklärung ein (vielleicht etwas gequältes) Heiku: „Leicht und locker fällt / der Stuhl wie der erste Schnee / des frühen Tages.“

### *Game Boy in der Meisterklasse*

Damit hier keine Missverständnisse entstehen: Bei dem „Game Boy“, ein Geschenk von Inge zu meinem Geburtstag 1999,[125] handelt es sich um eine vorsintflutliche Spielkonsole mit einem monochromen Bildschirm, die Xbox- oder Wii-verwöhnten Kids nur ein mitleidiges Lächeln entlocken würde. Wen's interessiert: Ich spiele ausschließlich „Tetris“ des „Game Typs B“ auf „Level 9“ und „High 5“, also die anspruchsvollsten Variante – und bin ein Meister dieser urasiatischen Wettkampfsportart.[126]

### *Häusliche Verfehlungen durch Unterlassen*

Also gut. Ich hatte alles getan, was zu tun war und dachte darüber nach, welche Herausforderungen der Tag für mich noch bereithalten könnte. Schon als ich meine Hand nach der von einer Metallplatte verdeckten Toilettenpapierrolle ausstreckte, hatte ich so ein unsicheres Gefühl. An der Papprolle hingen noch zwei mickrige Blättchen! Hinter mir auf der Ablage, wo die Reserverollen stehen, die ich sofort nachlege, wenn Papiernotstand droht: gähnende Leere! Ein Notfall. Inge, von mir lautstark alarmiert, brachte mir dann Ersatz, nachdem sie ihr Telefonat beendet hatte, also nach einer guten halben Stunde. Es gab wohl nichts wirklich Wichtiges zu besprechen. „Da musst du eben aufpassen.“ Ganz schön kess für jemanden, der allein als Täter infrage kommt und das im Wiederholungsfall, was straferschwerend zu berücksichtigen ist. Man kann sich auch durch ein Unterlassen schuldig machen, meine Holde!

### *Typische Formen der Tatbegehung in der Praxis*

Wenn das mit dem Toilettenpapier nun ein Einzelfall wäre, Schwamm drüber. Das ist aber nicht der Fall.

---

125 Ich muss unbedingt mal wieder die CDs von Prince herauskramen.

126 Bei dieser von mir bevorzugten „Tetris-“Variante geht es darum, auf einem schon mit Blöcken belegten Spielfeld blitzschnell vom oben herabfallend geometrische Figuren nahtlos so miteinander zu verbinden, dass sich waagerecht zusammenhängende Linien ergeben, die sich auflösen, wenn's lückenlos passt. Ist das 25 Mal hintereinander in einem Durchgang gelungen, hat man gewonnen, was der Game Boy nach dem Auszählen der gewonnenen Punkte mit dem ohrenbetäubend lauten Start eines Space Shuttle und einem anerkennenden „Congratulations“ honoriert.

***Mineralwasserflaschen-Notstand***
Da sind z. B. die bis auf einen bereits modrig riechenden Restschluck verbrauchten Mineralwasserflaschen. Ich muss regelmäßig zwei bis drei öffnen, um mein Dubbeglas[127] mit Apfelschorle zu füllen, weil Inge nur volle Flaschen benutzt, auf keinen Fall aber Flaschen ganz entleert. Was ja kein Problem wäre, denn im Keller steht immer Nachschub.

***Milchtüten-Bermuda-Dreieck***
Und da ist dann auch noch die Sache mit den Milchtüten. Zum Frühstück, das ich zubereite, solange ich denken kann, gibt's als „Heißgetränk" Kaffee mit warmer Milch. Es kommt mindestens ein Mal wöchentlich vor, dass der in den Kühlschrank – von wem auch immer, liebe Inge – heimtückisch zurückgestellte Tetra-Pack bis auf eine Restmenge, die nicht einmal ausreicht, ein Schnapsglas zu füllen, geleert ist. Aber eben nicht ganz, denn dann hätte die betreffende Person in den Keller hinuntersteigen müssen, was irgendwie … langweilig (?) ist.

***Anmachholz-Desaster***
Die Beispiele ließen sich beliebig vermehren, ein letztes: Anmachholz für den Kachelofen: Fast geleerter Korb, bis auf einen (!) Span. Unmöglich damit ein neues Feuer zu entzünden. Vorratssack im Keller. Usw. usw. usw.

***Entschuldigungsgründe und Therapieplan***
Warum ist das so? Warum tut sie das? Ich habe die Fälle einmal analysiert und bin zu folgendem Ergebnis gekommen: Inge muss an einer Kellerphobie, einer Angst vor dunklen, eher klein dimensionierten Räumen leiden! Anders kann ich es mir nicht erklären. Das wäre natürlich ein echter Entschuldigungsgrund.

Ich habe jetzt einen zweistufigen Therapieplan entwickelt, um diese Angst abzubauen. In einem ersten Schritt werde ich den Keller mit Hochleistungs-Neonröhren bestücken, die

127 Das Dubbeglas, eine Pfälzer Erfindung, hat an seiner Außenseite runde Vertiefungen und ist in der Lage einen ganzen Schoppen (halber Liter) einer x-beliebigen Flüssigkeit aufzunehmen, also nicht nur Wein oder Weinschorle, wie die Pfälzer immer wieder behaupten. Ich habe das ausprobiert.

jeden Winkel taghell ausleuchten. Der zweite Schritt sieht vor, dass ich einige ihr vertraute Alltagsgegenstände in den Keller bringe, um für sie eine echte Wohlfühlatmosphäre zu schaffen. Ob es wohl ausreicht, wenn ich ihre Kosmetika, die Haarbürsten, den Laptop und die von ihr heiß geliebten Küchenhelfer von Kitchen Aid dort unten aufbaue? Oder sollte ich doch noch ihre Lieblings-Kostüme zur Absicherung der zweiten Stufe des Therapieplans drauflegen?

## KIRCHE, Allgemeines

Das Handeln der Amtskirche, vor allem ihrer hochrangigen Vertreter, legt den Schluss nahe, dass es, um ein gottgefälliges Leben zu führen, nicht ausreicht, einfach nur eine dickleibige schriftliche Handlungsanleitung zur Gestaltung eines christlich geprägten Miteinander zu besitzen und regelmäßig mit erhobenem Zeigefinger aus ihr zu zitieren. Nein, man muss auch selbst entsprechend den Glaubensgrundsätzen leben.

Das gelingt nicht immer. Wahrscheinlich liegt das daran, dass Menschen in den Umsetzungsprozess des heiligen Regelwerks verstrickt sind, die nicht immer einen bibelfesten Eindruck machen. Ob als oberste Glaubensbewahrer, wenn es darum geht, die Vergangenheit bei der Aufarbeitung sexueller Missbrauchsfälle in der katholischen Kirche – auch mit Blick auf die Opfer – erfolgreich zu bewältigen (siehe *Vergangenheitsbewältigung, katholische Kirche)*, oder als Einzelpersonen wie der inzwischen von Papst Franzikus zurückgetretene Bischof Tebartz-van Elszt (siehe *Bischoff, Rücktritt)*, der sich seinen Bischofspalast allzu prunkvoll im Stil mittelalterlicher Kirchenfürsten hatte ausgestalten lassen (siehe *Bischofssitz, Limburg)*. Er hatte wie sein italienischer Bruder im Geiste, der geschasste italienische Kardinal Tarcisio Bertone (siehe *Kardinal, schöner Wohnen)*, den Wunsch des Papstes nach einer „armen Kirche für die Armen“ allzu wörtlich genommen und alles in seinen Kräften Stehende getan, um die Kirchenkassen zu leeren. Hingegen konnte der Erzbischof von Köln und in Personalunion „Herr Kardinal Joachim Meisner“ als selbsternannter „Wachhund Gottes“ mit dem päpstlichen Segen sein

Amt bis zum letzten Tag seiner Dienstzeit auskosten, woran sich alle katholischen Einwohner der Stadt sicherlich noch in Jahrzehnten erinnern werden (siehe *Wachhund, kirchlicher).*

Darüber, dass sich der von den Kölnern so heiß geliebte „Herr Kardinal Joachim Meisner" zurückgezogen hat, wird man sich in der Domstadt hinwegtrösten, spätestens mit den Feierlichkeiten zum 850-jährigen Jubiläum der Ankunft der drei Weisen aus dem Morgenland, deren sterbliche Überreste nach der festen Überzeugung Köllscher kirchlicher Geschichtsschreiber im schönsten Dom Deutschlands aufgebahrt sind (siehe *Heilige Drei Könige, Geburtstag).*

Dieses Fest tiefer religiöser Besinnung kann der katholischen Kirche niemand nehmen. Andere ursprünglich religiös geprägte Feiern wie das Nachtgebet am 30.4. in der *Walpurgisnacht,* sind als Tanz in den Mai längst zu weltlichen Kommerzveranstaltungen verkommen.

Wie konnte es so weit kommen? Ich denke, dass sich hier die Kirche, der die Gläubigen bekanntermaßen in Scharen weglaufen, bewusst säkularen Einflüssen geöffnet hat, um durch eine Annäherung an die diesseitigen Bedürfnisse ihrer Mitglieder den Trend der Kirchensteuerflucht im Inland zu stoppen. Auf dieser neuen Linie profan-orientierter Kirchenpolitik liegt auch der ab dem 1.1.2015 geltende Kirchensteuerabzug für Kapitalerträge, den der Gläubige nicht mehr selbst in der Jahressteuererklärung deklarieren muss, der vielmehr direkt von seiner Bank vorgenommen wird, wenn insoweit kein Sperrvermerk bei der oberen Glaubensbehörde, dem Bundeszentralamt für Steuern, eingetragen ist (siehe *Glaubensbekenntnis, Bankschalter).* Das ist ein wirklich toller Service, weiter so!

Eigentlich ist es nur noch ein kleiner Schritt bis zur „Confessio to go" im Rahmen eines Clerical Private Partnership mit Starbucks.

## KITCHEN AID

Inge liebt – ich verwende diesen Ausdruck hier bewusst – die Küchenmaschinen dieses US-amerikanischen Herstellers mit der Technik von Gestern und den Preisen von Übermorgen. Die sind ihr einfach nicht auszureden. Wenn sie sich zwischen mir und ihren Küchenhelfern im Retro-Design entscheiden müsste, zöge ich wahrscheinlich den Kürzeren.

### *Jetzt weiß ich, was Mark Twain meinte*

Schon das Anrühren eines einfachen Kuchenteigs ist ein Ereignis, zu dem sich die staunende Nachbarschaft regelmäßig draußen vor den beiden Küchenfenstern versammelt. Denn die Maschinen veranstalten einen infernalischen Lärm, der der akustischen Reizüberflutung entspricht, den ein reparaturbedürftiger Presslufthammer oder die Ouvertüre des „Fliegenden Holländers“ von Wagner verursacht. Jetzt ist mir klar, was Mark Twain durchgemacht hat, als er auf seiner Wanderung durch Deutschland am 30.5.1878 in Mannheim zum ersten Mal eine Lohengrin-Aufführung erlebte.[128]

### *Gegenmaßnahmen*

Ich denke, dass ich gegen diesen Terror etwas unternehmen sollte. Zunächst einmal werde ich in der Küche an deutlich sichtbarer Stelle die Lärm- und Vibrations-Arbeitsschutzverordnung aushängen, die die entsprechende EU-Arbeitsschutzrichtlinie in deutsches Recht umgesetzt hat. Das ist schließlich mein gutes Recht.

Die Bestellung von Schutzhelm, Arbeitshandschuhen und einem Kapselgehörschutz, umgangssprachlich Mickey Mouse genannt, ist schon an Amazon raus.

Jetzt fehlt nur noch das Anschreiben an das Bundesministerium für Arbeit und Soziales, das auch für Aspekte des Gesundheitsschutzes und der Arbeitssicherheit in deutschen Küchen jedenfalls dann zuständig sein müsste, wenn dort als Küchengeräte getarnte Baumaschinen eingesetzt werden, mit denen man turmhohe Kuchen hochzuziehen kann.

---

128 „… und man gerade hoffte, sie würden zu einer Verständigung gelangen, und den Lärm dämpfen, brach plötzlich ein großer Chor los, der gänzlich aus Verrückten bestand, und dann machte ich zwei und manchmal drei Minuten lang alles noch einmal durch, was ich damals gelitten hatte, als das Waisenhaus abbrannte …“ (Mark Twain, Ein Amerikaner in Heidelberg,Seite 62, neu aufgelegt von Werner Pieper & The Grüne Kraft). Tut mir leid, Manfred, aber so steht’s nun einmal da.

# KOFFERPACKEN, Angstzustände

Die Geisterbahnfahrt beginnt meist mehrere Tage vor der Abreise und kündigt sich durch schlechte Laune, zunehmende Unruhe und wahllos im Haus verteilte Plastiktüten mit den verschiedensten Inhalten an.

Man kann nicht sagen, dass Inge nicht gern verreist, das Gegenteil ist der Fall, sie liebt das Reisen. USA, China, Australien, je weiter weg, umso besser. Was sie nicht mag, was bei ihr blankes Entsetzen auslöst, ist das Packen des Koffers. Schon der Gedanke daran, verursacht ihr Albträume,[129] und zwar sowohl bei der Abreise als auch bei der Rückkehr aus dem Urlaub. (Es kann also nicht daran liegen, dass sie bei der Abreise befürchtet, etwas fundamental Wichtiges zu vergessen, etwa ihren Wecker, ohne den Reisen für Inge nicht vorstellbar sind.)

### *Kleine Sabbatphase*

In dieser Zeit, sagen wir mal vier bis fünf Tage vor dem jeweiligen Ereignis, muss ich auf ihr Nervenkostüm achten, kleinste Kleinigkeiten können sie aus der Bahn werfen und ausrasten lassen. Also während dieser Sabbatphase keinen Kaugummi kauen, jedenfalls nicht, wenn sie in der Nähe ist, nicht pfeifend durch das Haus ziehen, was ich – unbewusst – immer mal wieder, sie sagt: immer, mache, den Toilettendeckel schließen, was ich manchmal, sie übrigens auch, immer mal wieder vergesse, nicht Spucken, auch wenn's gesund ist, Fenster und Terrassentür geschlossen halten, weil sonst Zugluft entsteht (und Sauerstoff ins Haus kommt, meine Liebe). Gut, ich mache das alles mit. Wahrscheinlich habe ich einen stark entwickelten Überlebensinstinkt, der mich dazu treibt.

### *Unter Ausschluss der Öffentlichkeit*

Und dann, meist zwei Tage bevor es losgeht, wird der Koffer gepackt. Morgens direkt nach dem Frühstück, im Schlafzimmer auf den beiden sorgfältig mit alten Bettlaken abgedeckten Matratzen unseres gemeinsamen Nachtlagers. Die Öffentlichkeit ist ausgeschlossen, was durch das Verriegeln der Tür sichergestellt wird. Für mehrere Stunden. Stille, nur von Zeit

129 Siehe hierzu *Albtraum, Gegenstrategie.*

zu Zeit unterbrochen, durch eine sich öffnende Schlafzimmertür, Schritte im Flur, dann auf der Treppe ins Untergeschoss, klappernde Geräusche, meist aus dem Bad, manchmal auch aus der Waschküche, schließlich stampfende Schritte zurück ins Schlafzimmer, kein Wort, kein Blick für mich, der Schlüssel dreht sich im Schloss. Wieder Stille, womit ich kein Problem habe, nur manchmal erwische ich mich dabei, wie die Angst, sie könne sich etwas angetan haben, alle meine Sinne darauf konzentriert, ein Lebenszeichen von ihr zu registrieren.

Wenn sie dann, Halleluja, lebend das Schlafzimmer verlässt, um mir stolz mitzuteilen, dass sie „fertig“ sei, glaube ich ihr das sofort, denn sieben bis acht Stunden Kofferpacken ohne jede Nahrungsaufnahme und Flüssigkeitszufuhr, Arbeit unter höchster körperlicher und geistiger Anstrengung sind nun mal kein Pappenstiel. Wirklich toll, wie du das wieder einmal geschafft hast!

***Rätselecke***

Erstaunlich ist übrigens, dass das, wie wir wissen, bei Frauen perfekt ausgebildete periphere Sehvermögen[130] beim Kofferpacken, anders beim Einräumen von Spülmaschinen, versagt. Wie oft ist es schon passiert, dass Inge den Koffer nicht schließen konnte, nur weil sie alle Gegenstände in der Mitte des Koffers turmhoch übereinander geschichtet und dabei ganz übersehen hatte, dass ein Koffer auch Ecken hat, die, wenn sie leer sind, durchaus dazu dienen können, bisher mittig im Gepäckstück platzierte Kleidungsstücke aufzunehmen. Wieder so ein unerklärliches Phänomen, wenn man als Mann auf Frauen blickt. Haben Sie eine Idee, warum das so ist?[131] An den von ihr benutzten Brillen kann es nicht liegen, denn die haben keine runden, sondern eckige Gläser.

## KONZENTRATIONSÜBUNG, Telefon

Ulla, eine pensionierte Arbeitskollegin meiner Frau Inge, die von ihr liebevolle „meine Zimmerlinde“ genannt wird, ist ein

130 Siehe *Spülmaschine, Bestückung.*
131 Gern erwarte ich Ihre Antworten an die Verlagsadresse.

Phänomen. Mit ihr zu telefonieren,[132] ist ein Genuss. Sie kommt sofort zur Sache. Fakten, Fakten, Fakten – Hellmut Markwort, der Herausgeber des „Focus", hätte seine helle Freude an ihr, zumal sie ein überragendes, weit in die Vergangenheit zurückreichendes Gedächtnis hat, sich selbst an kleinste Details erinnert und alles druckreif formuliert. Perfekt!

Präzise wie ein Polizeibericht und mit druckvoller Stimme wie ein die neuesten Nachrichten aus dem Führerhauptquartier – ohne Musikuntermalung – referierender Frontberichterstatter sagt sie, was Sache ist.

Ich sitze jedenfalls immer aufrecht, wenn sie mit mir telefoniert und mache mir Notizen, um Rückfragen zu ihrem Vortrag sachdienlich beantworten zu können.

## KOPROLITH, Genomforschung

Aus Urin und Kot lassen sich so manche bahnbrechende Erkenntnisse über den Menschen gewinnen, über seine Freizeitaktivitäten (Urin)[133] und natürlich auch Ernährungsgewohnheiten (Kot).

Hier geht es um Ernährungsgewohnheiten, also Kot, genauer: Neanderthalerkot in versteinerter Form, wie sonst, also Koprolithen. Ich sollte vielleicht zur richtigen Einordnung des Themas noch sagen, dass Koprolithen nichts mit Stalaktiten gemein haben, auch wenn beide, was in der Natur nicht sehr verbreitet ist, von oben nach unten wachsen. Trotzdem gehören sie verschiedenen Gattungen an.[134]

Versteinerte Neanderthalerscheiße wäre eigentlich keiner Erwähnung wert, wenn es da nicht Forscher vom MIT[135] gäbe, die jetzt das, wenn ich so sagen darf, Genom dieser 50.000 Jahre alten Hinterlassenschaften unserer Vorfahren entschlüsselt hätten und dabei zu der sensationellen Erkenntnis kamen,

132 „Hier spricht Ulla!"

133 Siehe *Urin, Monitoring*.

134 Elefanten sind schließlich auch keine Paarhuter, was immer wieder falsch berichtet wird, sondern zählen zur Familie der Senfgurken. Oder Seegurken. Oder so ähnlich. Ich kann mir das einfach nicht merken.

135 Sie kennen die Jungs und Mädels vom Massachusetts Institute of Technologie schon aus anderen Zusammenhängen.

dass diese Steinzeitmenschen Fleisch verspeisten, wenn sie nicht gerade Pflanzen (oder etwas anderes) aßen. Diese in einer Höhle von El Salt in Spanien gemachte Entdeckung ist insofern überraschend, als die Anthropologen bisher einhellig davon ausgingen, dass sich Steinzeitmenschen in erster Linie von Steinen ernährten, worauf ja auch die versteinerten Kotartefakte hinzudeuten schienen und die bisher nie streitig diskutierte Klassifizierung dieser Epoche der Menschheitsgeschichte – im Gegensatz zur Kreidezeit – als Steinzeit.

Das ist eine wahrhaft epochale wissenschaftliche Entdeckung, die auch andere Forscher begeistert. Ich verstehe deshalb Alexander Gerst, den deutschen Astronauten auf der ISS, sehr gut, wenn er dazu enthusiastisch feststellt: „Ich wünschte, jeder Mensch könnte einmal *Fäkalien aus der Steinzeit* aus dem Orbit sehen. Habe jedes Mal eine Träne im Auge.“[136]

## KREATIVITÄT, anwaltliche

Bekanntlich essen Anwälte keine Haie,[137] und zwar aus kollegialer Rücksichtnahme. Bei kleinen Fischen kennen sie allerdings keine Zurückhaltung, etwa beim Aufstellen von Abo-Fallen für kriminelle Dienstleister im Internet, für deren erschlichene Forderungen sie das Inkasso übernehmen. Längst machen Vertreter dieser Spezies auch Beute in exotischen Jagdrevieren, indem sie z. B. fabrikmäßig am Fließband zu Lasten der Staatskasse hergestellte Widersprüche gegen Hartz IV-Bescheide zimmern und so zu Großverdienern in ihrer Branche aufsteigen. Die Beißhemmung sinkt, wenn es um das Überleben in einem immer enger werdenden Markt mit mittlerweile 163.000 zugelassenen Berufskollegen geht, von denen nach Expertenmeinung für maximal die Hälfte ein Bedarf besteht.

136 Also gut, das Zitat des Astronauten bezieht sich im Originalwortlaut auf den Sonnenaufgang, war aber (un)glücklicherweise in der WamS vom 29.6.2014 direkt im Anschluss an die Meldung „Fäkalien aus der Steinzeit“ abgedruckt. Ich meine, dass es – in dieser Weise zugespitzt – einen wesentlich höheren Aufmerksamkeitswert hat.

137 Oder war’s umgekehrt?

Das Ausnutzen formaler Rechtspositionen, Fangprämien für Neumandanten, Gebührenschindereien durch aussichtslosen Klagen und das Einlegen von Rechtsmitteln in hoffnungslosen Fällen, aufgeblähte Abrechnungen von Stundenhonoraren durch unnötige Mehrarbeiten, gezielte Beeinflussung von Zeugen etc. etc. – der (auch kriminellen) Phantasie sind fast keine Grenzen gesetzt.

***Trostlose Erbauungsschriften***

Die beklagten Missstände bei der Berufsausübung haben viele Wurzeln: Existenzangst, Gier, berufsethische Defizite, Qualitätsprobleme wegen mangelnder Rechtskenntnisse.

Eines scheint mir aber sicher zu sein, den mehrmals jährlich an ihre zwangsverkammerten Mitglieder verschickten „Mitteilungen“ der berufsständischen Vertretungen kann man dies nicht anlasten. Sie sind alles andere, nur nicht phantasievoll und kreativ, können also keine Impulse geben, in welche Richtung auch immer, sondern furztrocken, angestaubt, öde, langweilig, lahm, uninspiriert – und bestückt mit Themen und dargeboten in einem Layout, dass man das Lesen erst gar nicht beginnen möchte. Habt ihr eigentlich noch nie in den vergleichbaren ausländischen Veröffentlichungen geblättert, etwa denen der American Bar Association?[138] Natürlich hat diese Trostlosigkeit auch ihr Gutes: Hinweise auf neue „Geschäftsmodelle“ enthalten die Erbauungsschriften nicht.

## KREUZWORTRÄTSEL, leicht gemacht

Aus dem bereits genannten Grund[139] habe ich an dieser Stelle ein nicht allzu schwieriges Schmäh-Kreuzworträtsel für Leser, Verlagsangehörige und Autoren zur Frustbewältigung eingebaut. Das war ich Ihnen und mir einfach schuldig.

---

138 Eine Frage stellen, heißt: sie zu verneinen.

139 Siehe *Verleger, Erbsenzähler.*

| | 1 | 2 | 3 | 4 | 5 | 6 | 7 | 8 | 9 | 10 | 11 | 12 | 13 |
|---|---|---|---|---|---|---|---|---|---|---|---|---|---|
| 1 | ⅄ | ⅄ | ⅄ | ⅄ | ⅄ | | | | | | | | |
| 2 | ⅄ | ⅄ | ⅄ | ⅄ | | | | | | | | | ⅄ |
| 3 | ⅄ | ⅄ | ⅄ | | | | | | | | | ⅄ | ⅄ |
| 4 | ⅄ | ⅄ | | | | | | | | | ⅄ | ⅄ | ⅄ |
| 5 | ⅄ | | | | | | | | | ⅄ | ⅄ | ⅄ | ⅄ |
| 6 | | | | | | | | | ⅄ | ⅄ | ⅄ | ⅄ | ⅄ |
| 7 | ⅄ | | | | | | | | | ⅄ | ⅄ | ⅄ | ⅄ |
| 8 | ⅄ | ⅄ | ⅄ | | | | | | | | | ⅄ | ⅄ |

**Waagerecht:**
1. Macht im Verlagsbereich die meiste Kohle
2. Schindet Autoren
3. Ist ungerecht zu seinen Mitarbeitern
4. Bewegt seinen Arsch erst nach 12h aus dem Bett
5. Fährt protzige Autos
6. Beschäftigt kasachische Putzfrauen zu Hungerlöhnen
7. Ist i. d. R. stark fettleibig
8. Hat ein Chalet in der Schweiz

**Senkrecht:**
6. Lösungswort zur Kontrolle der Richtigkeit der waagerechten Einträge

## KUSS-KNIGGE, kleiner

Ich stelle immer wieder fest, dass viele Menschen – vor allem solche, die sich häufig etwa als Pauschalreisetouristen im Ausland bewegen – in hohem Maße verunsichert sind, wenn es um den stilsicheren Gebrauch der interkulturellen Besonderheiten von Vertraulichkeit signalisierenden Begrüßungsritualen – wie etwa das Küssen – geht. Generalisierend wird man festhalten können, dass ein Zungenkuss gleich bei der ersten Begegnung mit einer unbekannten Person den falschen Akzent setzt. Vor allem Japanerinnen zeigen sich in diesen Fällen immer wieder irritiert. Der Vorstellungswelt ihres auf Zurückhaltung und Respekt gegründeten Kulturkreises entspricht eher eine nicht zu euphorische, aber latente Emotionalität signalisierende ca. 20 Sekunden dauernde Umarmung mit einem sich daran anschließenden sanften Aneinanderreiben der Nasen.

### *Beispiele aus aller Welt*

Ein Kuss-Knigge mit Beispielen aus aller Welt soll Ihnen einen ersten Überblick über die Anforderungen geben, die Sie nach dem Verlassen der heimatlichen Gefilde insoweit erwarten; er erklärt gleichzeitig einige meines Erachtens erläuterungsbedürftige Begriffe rund um diesen lippenbasierten Gunstbeweis:

- **Afghanistan:** Achtung: In der Hauptstadt Kabul gibt es eine Kuss-Gasse! Dort lauern die Väter mit ihren in die Jahre gekommenen unverheirateten Töchtern vor allem ausländischen Touristen auf. Gelingt es einer dieser angejahrten Jungfern, Ihnen dort einen Kuss aufzudrücken, gelten Sie nach den Landesgesetzen als verheiratet. Kevin D. aus G. (!) wurde auf diesem Weg Anfang des Jahres in eine 73-köpfige Großfamilie hineingeheiratet, obwohl er im Afghan Bazar des Gul Bahar Centers an der Chicken Street von Kabul eigentlich nur einen Teppich kaufen wollte. Mein dringender Rat: Meiden Sie in dieser Stadt den Bereich zwischen dem afghanischen Mine stry of Interior, der Embassy of Iran und dem Malik Azghar Square!

- **China:** Der Austausch von Küssen in der Öffentlichkeit wird seit 1997 nicht mehr polizeilich verfolgt, küssen Sie wo immer, wann immer und wen immer (ohne Gewähr!) Sie in Ihr Herz geschlossen haben.

- **Finnland:** Da in Finnland mehr Rentiere als Menschen leben und Rentiere nicht küssen, hat sich die ethnische Minderheit der nicht behörnten Zweibeiner im Wege einer Volksabstimmung bereits im Jahr 2003 mit einer überwältigenden Mehrheit von 93,7 % für einen generellen Kussverzicht im Land der Wälder und Seen ausgesprochen. Vertraulichkeit, Freundschaft und Respekt signalisieren Sie Ihrem Gegenüber durch einen kräftigen Begrüßungsschluck aus der Wodka-Flasche, die Sie in Finnland immer bei sich führen sollten.

- **Frankreich:** Dieses Land ist beim Küssen nicht so liberal wie man gemeinhin denkt. Wenden Sie den sog French Kiss, also den Zungenkuss, nur bei solchen Personen an, die Sie schon beim ersten Sehen sympathisch finden.

- **Indien:** Küssen auf der Straße ist verboten; ein kleiner Trost: Sie können unbesorgt und garantiert unbelästigt von der Polizei im öffentlich einsehbaren Verkehrsraum ungeniert alle 100 Kamasutra-Stellungen ausprobieren und auch die Ordnungshüter um Rat fragen, wenn Sie mit Ihrer Partnerin mal nicht weiterkommen.

- **Niederlande:** Nach dem ernüchternden Abschneiden der Elftal bei der Fußballweltmeisterschaft wollen die Niederländer auch in Sachen Kusstechnik von der deutschen Nationalmannschaft lernen. Es schwappt eine regelrechte Kusswelle über das Land; in der Region Ijsselmeer heißt es deshalb schon „Land unter". Fahren Sie besser nach Amsterdam; in einem der zahlreichen wie Pilze aus dem Boden geschossenen „Kissee-Shops" können Sie den neuen Volkssport ausüben, ohne nasse Füße zu kriegen.

- **Österreich:** Wenn Sie sich perfekt an die dortigen Gewohnheiten anpassen wollen, üben Sie vor der Abfahrt den Handkuss bis zur Perfektion. Namhafte Orthopäden und Geologen begründen den Hang der Österreicher zum Hand- statt zum Wangenkuss oder

Kuss auf den Mund übrigens mit den Besonderheiten der österreichischen Topographie. Sie zwingt die Bewohner dieses gebirgigen Landes dazu, ständig mit gebeugtem Rücken irgendwelche Berge hochzukraxeln, was zu Fehlhaltungen infolge einer schleichenden Degeneration der Wirbelsäule führt, die ihre natürliche fast aufrechte S-Krümmung verliert und die Form eines leicht nach links gebeugten, vorn offenen „O“ annimmt. Diese fast gebückte Körperhaltung lässt Küsse oberhalb des Bauchnabels nur unter großen Schmerzen zu, was den Siegeszug des Handkusses in dieser Region der Welt erklärt.

- **Ukraine:** Üblich ist ein Begrüßungskuss auf die rechte Wange, es sei denn, es handelt sich um einen Russen, den kann man alternativ auch mit einem heftigen Arschtritt willkommen heißen, eine Kussvariante, die sich dort zunehmender Beliebtheit erfreut.

- **USA:** Vorsicht keine Begrüßungsküsse auf die Hand oder ins Gesicht, US-Amerikaner leben bevorzugt streng aseptisch und haben eine Höllenangst vor Viren- und Keimtransfers. Ausnahmen: Man bietet Ihnen als Deutschem das (amerikanische) Hinterteil mit den Worten an: „You can kiss my ass, if you want to“. Die beschuhten (!) Füße eines US-Amerikaners können Sie allerdings immer – auch ohne ausdrückliche Erlaubnis – küssen, es sei denn, es handelt sich um blaue Wildlederschuhe, aber darauf hat ja schon Chuck Berry 1956 hingewiesen.[140]

***Erläuterungsbedürftige Begriffe zum Thema***

- **Bruderkuss:** Kuss zwischen kommunistischen Zaren, die in der Nomenklatura ihres jeweiligen Landes weit oben standen. Heute fast gänzlich aus der Mode gekommen – mangels Zaren und kommunistischen Staatenlenkern.

140 „Don't kiss my blue suede shoes.“

- **Küss-tenwacht:** Als Bundesoberbehörde mit der Kontrolle des Austauschs von lippengestützten Zärtlichkeiten an deutschen Nord- und Ostseestränden befasst ist, was wohl nur die Wenigsten wissen, die Deutsche Gesellschaft zur Rettung Schiffbrüchiger (DGzRS). Auf das akustische oder gemorste Signal „Ablegen!“ haben sich die ineinander verschlungenen Paare unverzüglich zu trennen.

- **Medi-Kuss:** Höchster Gunstbeweis des Arztes gegenüber einem Privatpatienten nach der Durchführung einer vollkommen unnötigen, für den Mediziner aber äußerst lukrativen Untersuchung oder Operation. Häufigster Anwendungsfall ist aktuell der „Medi-Kuss discus intervertebralis“ nach einer Bandscheibenoperation.

- **Negerkuss:** Achtung: Bezeichnet kein Kussritual unter dunkelhäutigen Personen, sondern eine mit Zucker und Eiweiß aufgeschlagene mit Schokolade überzogene Süßspeise. Der stattdessen häufig verwendete, politische Korrektheit suggerierende Begriff „Schaumkuss“ ist in Wirklichkeit diskriminierend, erinnert er doch stark an den in bestimmten Thai-Massage-Palästen eingesetzten Schaum bei „Entspannungsmassagen“.

- **Para-Kuss:** Nicht zu verwechseln mit der Paranuss. Der Para-Kuss bezeichnet ein Begrüßungsritual zwischen den Angehörigen befreundeter paramilitärischer Verbände, bei dem die Kalaschnikow des Waffenbruders gebusselt wird.

- **Per-Kuss-ionsinstrument:** Technische Vorrichtung zur Perfektionierung der Kusstechnik. Häufig auch in der Psychiatrie eingesetzt zur Behandlung von Eremiten, die ihre Rückkehr in bewohnte Gegenden am Heimtrainer professionell vorbereiten wollen. Die Apparatur wird auch gern von (selbstverliebten) Narzissen benutzt, die sich selbst genug sind.

- **Pferdekuss:** Wie der „Negerkuss“ kein Kuss im klassischen Sinn. Unbedingt vermeiden, sehr schmerzhaft!

- **Sparta-Kuss:** Die in Sparta gebräuchliche Form der Begrüßung unter guten Freunden. Bei dieser auch heute noch – vor allem unter Kussnovizen, also Erstküssern – verbreiteten Kussvariante pressen die Probanden die Lippen so lange und so fest aufeinander, bis eine der Personen blau anläuft oder ohnmächtig wird. Nur für wirklich geübte Kussmäuler mit einem starken, gut sitzenden Gebiss zu empfehlen.

- **Tantenkuss:** Eine kindgemäße Ausdrucksform des Kusses gegenüber allen Tanten, die vor allem von Patentanten, meist an deren Geburtstagen eingefordert wird. Wird vom Kind widerwillig, meist erst nach mehrmaliger eindringlicher Aufforderung durch die Eltern unter stillem Protest abgesondert.

Ich schließe jetzt schnell, sonst wird’s zu unübersichtlich, mit einem Zitat des ehemaligen US-Außenministers und Friedensnobelpreisträgers Henry Küssinger: (Kuss-)„Probleme muss man kondensieren, wenn man sie lösen will. Erst der Extrakt ist überschaubar.“

# LACHVERBOT, Geburtstagsfeier

Nehmen wir an, ich würde als der, der ich bin, Ihr – ohne irgendwelche politischen Ämter still vergnügt vor sich hinlebende – Lieblingsautor, den Wladimir Wladimirowitsch Putin, dem man wohl vollkommen zu Recht eine politische Verstrickung in den Machtkampf in der Ostukraine nachsagt, zu meinem soundsovielten Geburtstag einladen, weil wir, Wladimir und ich, seit Jugendtagen wirklich beste Freunde sind.

***Unterschiede***

Dürfte ich das oder würden Sie mir das vorhalten, was als Kommentatoren daherkommende Hysteriker in nahezu allen Gazetten und landauf landab politische Moralapostel wie CSU-Generalsekretär Andreas Scheuer[141] einem gewissen(losen) Herrn Gerhard Schröder jetzt um die Ohren hauen: „Unsere Jungs leiden bei Wasser und Brot im Verlies. Schröder feiert mit Schampus und Kaviar mit Putin im Festsaal.“

Nun bestehen allerdings zwei kleine, vielleicht aber für die ethisch-moralische Würdigung der Angelegenheit wichtige Unterschiede zwischen mir und besagtem Herrn Schröder. Ich habe noch weniger Haare als er, was für das Unwerturteil über eine Geburtstagsfeier mit Wladimir wahrscheinlich nicht entscheidend ist, und, jetzt kommt's: Er war mal Bundeskanzler, ich nicht.

Wenn die quer durch die ganze Republik verlautbarte Empörung begründet ist, dann liegt der Grund für die Prügel wohl in der Tatsache, dass Schröder vor seinem nun fast zehn Jahre zurückliegenden Ausscheiden aus einem politischen Amt für sieben Jahre, von Oktober 1998 bis November 2005, für uns den Bundeskanzler gegeben hat.

141 Dieser Ex-Doktor, der seinen von der Prager Karls-Universität verliehenen, nur auf die nähere Umgebung der Goldenen Stadt, das Fichtelgebirge und bestimmte Bergregionen Oberbayerns beschränkten akademischen Grad inzwischen nicht mehr führt, eignet sich eher weniger als moralische Instanz.

***Gretchenfrage***

Die Frage, die sich stellt, ist also die: Dominiert politisches Kalkül zeitlich und inhaltlich unbegrenzt für langjährig aus hochrangigen politischen Ämtern ausgeschiedene Ex-Politiker als unbedingt zu beachtendes Primat (der Politik) den Bereich ihrer privaten Lebensführung? Oder anders gewendet: Gilt für sie die Maxime der absoluten Enthaltsamkeit an den Schnittstellen ihres Privatlebens mit der politischen Sphäre, ähnlich wie bei den katholischen Priestern das Zölibatsgelübte über den Ruhestand hinaus bis zum Tode wirkt?

Dieses Dilemma kann auch amtierende Politiker treffen, wie den außenpolitischen Sprecher der CDU Philipp Mißfelder, der „als Privatmann", wie Unionschef Volker Kauder eilig versicherte, an der Schröder-Sause in St. Petersburg teilgenommen hat, weil er den Altkanzler sehr schätze. Ob's denn nun wirklich eine Sause war? Zweifel sind angebracht. Mißfelder jedenfalls trat diesem Eindruck entgegen: „Die Stimmung war sehr ernst, die Gespräche waren es auch", denn thematisch hätte die Ukraine-Krise im Mittelpunkt gestanden.

Teilgenommen hat übrigens auch der frühere Bürgermeister von Hamburg Henning Voscherau, der offenbar von der Presse als nicht (mehr) ausreichend prominent eingestuft wird und folglich als Watschenmann ausschied.

Fest steht mal dies: Einen geschriebenen oder als Gewohnheitsrecht allgemein anerkannten Ehrenkodex gibt es für solche Fälle nicht. Bemühungen der Parlamentarier, für den – verglichen mit der ethisch-moralischen Gemengelage à la Schröder – einfach gestrickten Sachverhalt, bei einem Wechsel aus einem Regierungsamt in die Privatwirtschaft eine Karenzzeit zu normieren,[142] gibt es immer mal wieder;[143] sie bleiben aber regelmäßig im Gesetzgebungsverfahren stecken.

***Klugscheißer***

Wollte man die für den beruflichen Perspektivwechsel von Ex-Regierungsmitgliedern diskutierten Regelungen[144] analog

142 Siehe auch *Pofalla, UiUiUi*.

143 Zuletzt Antrag der LINKEN: „Gesetzliche Karenzzeit für ausgeschiedene Regierungsmitglieder einführen", Bundestagsdrucksache 18/285 vom 15.1.2014.

144 Karenzzeit von 12 oder 18 Monaten (CDU/CSU, SPD), Abhängig von der Dauer der Regierungsmitgliedschaft (Die LINKE).

auf den Privatmann Schröder in seiner Situation anwenden, dann gäbe es nichts, was man ihm vorwerfen könnte. Da es solche Normierungen aber weder für den einen noch für den anderen Fall gibt, kann sich jeder dahergelaufene Klugscheißer auf der Grundlage seiner eigenen Wertvorstellungen zum Moralapostel aufschwingen, mögen seine eigene Welt auch noch so klein, sein Verständnis für komplexe Problemlagen auch noch so beschränkt und seine Informationen über die Details eines Ereignisses auch noch so dürftig sein.

**Tipp**
Wie dem auch sei, ich möchte nicht in die Schlagzeilen geraten. Um für meinen nächsten runden Geburtstag auf Nummer sicher zu gehen, werde ich, dies sei allen potenziellen Gästen schon jetzt mitgeteilt, ein **polizeiliches Führungszeugnis** der Belegart NB verlangen und eine unterschriebene **eidesstattliche Versicherung,** auf der Feier nichts zu essen oder zu trinken, niemanden zu umarmen oder zu anzulächeln, solange irgendwo auf der Welt irgendjemand mit irgendjemanden in Unfrieden lebt ... Na und, dann feiere ich eben allein mit Inge!

## LAGERRAUM, außerhäusiger

Wenn der Stauraum in der eigenen Wohnung nicht ausreicht, was man alle paar Jahre immer wieder feststellt, hat man drei Möglichkeiten: Man sortiert aus, trennt sich also rigoros von Dingen, die man nicht mehr benötigt, wird zum Messie und schichtet als ambitionierter Chaos-Logistiker einfach alles an jedem freien Platz in den eigenen vier Wänden neben- und übereinander auf, bis die Polizei kommt oder mietet außer Haus bei einem Self-Storage-Unternehmen zusätzlichen Lagerraum an.

Das ist – jedenfalls in Großstädten – nahezu problemlos möglich, denn es gibt inzwischen bundesweit mehr als 100 Self-Storage-Center,[145] die mit Zahlencodes gesicherte Lagerboxen in den unterschiedlichsten Größen und allen Preis-

145 In den USA gibt es 50.000 dieser Center.

lagen[146] anbieten, teils sogar klimatisiert für die Einlagerung wertvoller Kunstgegenstände oder die Aufbewahrung edler Tropfen von Weinliebhabern.

Die Anlässe für die Auslagerung nicht ständig benutzter Dinge in Self-Storage-Center sind vielfältig: Singles hocken in Mietwohnungen, die nicht viel größer sind als ein komfortabler Hamsterkäfig, Oma wohnt jetzt im ausgebauten Dachgeschoss, wo früher die Koffer und die Tischtennisplatte standen, Sportgeräte der Trendsportarten Drachenfliegen und Kanufahren, die im Grunde eine eigene Lagerhalle benötigen, von Tante Berta geerbten Rokoko-Möbelstücke und ihre Schallplattensammlung mit 30.000 Titeln deutscher Volksmusik, die zurzeit am Markt nicht zu angemessenen Preisen verkäuflich sind.

### *Kein Wort zu Inge!*

Eines ist mal sicher: Inge werde ich von der Möglichkeit, einen Keller außer Haus anzumieten, nichts erzählen. Sonst landen ihre angestaubten Sommerkleidchen mit der Konfektionsgröße 38 nicht – wie geplant – in der Altkleidersammlung, sondern in einer sauteuren klimatisierten Box in dem Self-Storage-Center von Shurgard in Essen.

Ich überlege gerade, ob sich diese Geschäftsidee des Outsourcens von Kellerräumen, denn darum geht es ja im Kern bei dieser Dienstleistung, nicht auch auf andere Räumlichkeiten wie Küchen oder Badezimmer übertragen ließe. Nur mal angenommen, wir würden zwei unserer drei Badezimmer – wohin auch immer – auslagern, dann könnte ich endlich meine CD-, DVD- und Büchersammlung innenarchitektonisch vorteilhaft inszenieren. Sicherlich ließe sich da auch noch ein repräsentativer Platz für meine Tabakpfeifen und die herrliche Autogrammkarte des BVB-Reckens Reinhold Wosab („Herzlichst") finden, die ihn beim 6:2-Kantersieg gegen den Verein aus der „Verbotenen Stadt"[147] im Stadion Roten Erde zeigt, wie er am 12.11.1966 vor 43.000 Zuschauern in der 46. Spiel-

146 Damit Sie ein Gefühl für die Zahlen kriegen: Eine einfache Box mit einer Grundfläche von 1 m² und einer Höhe von 3 m kostet bei einer dreijährigen Mietzeit durchschnittlich ca. 10 € im Monat.

147 Die Autokennzeichen dieser auch „Herne-West" genannten Stadt beginnen immer mit GE. Wie langweilig.

minute einen Kopfball zum 5:0 versenkt. Sauber eingelocht, lieber Reinhold!

## LEBENSMITTEL, Import

China ist ein Land der Superlative. Das höchste Wirtschaftswachstum, die größten Devisenreserven, die längste Mauer, die größte Armee, der wichtigste Produzent von Treibhausgasen, die meisten Hinrichtungen, die dreckigsten Flüsse und ... die meisten Verstöße bei Lebensmittelimporten in die EU, nämlich – ausweislich des EU-Schnellwarnsystems RASFF[148] – genau 435 im Jahr 2013. Pestizide, Schmermetalle, Novoviren – die komplette Palette des Schreckens für Verbraucher.

***Die Spitze des Eisbergs***

Und hierbei handelt es sich nur um die festgestellten Verstöße gegen lebensmittelrechtliche Importbestimmungen, denn die staatlichen Behörden können nur einen kleinen Teil der Einfuhren kontrollieren. Bei Fleisch-, Fisch- und anderen Tierprodukten werden zwar in jedem Einzelfall die Einfuhrdokumente geprüft, aber aus Kostengründen nur bei einem bestimmten Prozentsatz auch die Ware selbst in Augenschein genommen. Bei den pflanzlichen Produkten ist das Sicherheitsnetz für Importe aus Nicht-EU-Ländern noch grobmaschiger geknüpft. Nur für Erdbeeren, Tee, Soja, Reis, Erdnüsse und eine Handvoll anderer Erzeugnisse sind überhaupt Einfuhrdokumente vorgeschrieben, der Rest strömt unkontrolliert in die Produktionshallen der verarbeitenden Industrie oder gleich über den Importeur und Großhändler in die Regale des Einzelhandels. Und dass Einfuhrdokumente keine Sicherheit bieten, zeigt der Fall des Catering-Unternehmens Sodexo, das Anfang 2013 eine Charge mit Novoviren verseuchter Tiefkühlerdbeeren in den Verkehr brachte, an der bundesweit 11.000 Schulkinder erkrankten.

Es lohnt sich für die Importeure und die Industrie nicht immer, auf die unschlagbar billigen China-Importe zu schielen, die z. B. auch als Zutaten für Joghurt, Schokolade und Marme-

148 Rapid Alert System for Food and Feed.

lade verarbeitet werden, ohne das der Verbraucher dies erfährt. Oder wussten Sie, dass der mit mehr als 30 Mio. Tonnen Früchten weltweit größte Apfelproduzent China – unter den genannten laxen Bedingungen für die Importkontrolle pflanzlicher Lebensmittel – Saftkonzentrat nach Deutschland exportierte, aus dem im Jahr 2013 mehr als 80 Mio. Liter Schorle hergestellt wurde?

**Tipp**
Und wenn Sie nicht glauben, dass ein guter Teil des in der Beringsee vor Russlands Küsten oder Alaska gefangenen **Seelachses** eingefroren nach China geschifft, dort aufgetaut, unter sehr unterschiedlichen hygienischen Bedingungen verarbeitet und in Zehn-Kilo-Paketen wiederum eingefroren auf Container-Schiffen nach Deutschland transportiert wird, wo er als Fischstäbchen oder in welcher Darreichungsform auch immer Zweidrittel des Warenangebots im Fisch-Tiefkühlregal Ihres Supermarkts einnimmt, dann trinken Sie ruhig weiter die industriell vorfabrizierte Apfelschorle „mit Spuren von China".

## LEBENSVERSICHERUNG, Überschussbeteiligung

Als die Lebensversicherer ab dem Jahr 2001 damit begannen, die Prognosen für die Überschussbeteiligung der Versicherten – wegen der schwächelnden Weltwirtschafts- und wenig später dann Finanzkrise – Jahr für Jahr drastisch nach unten zu korrigieren, machte sich unter den Versicherten großer Frust vor allem bei denjenigen breit, die für ihre Altersversorgung auf dieses Produkt gesetzt hatten.

***Rechnen können sie nicht …***
Die Bundesregierung setzte dann ab dem 1.1.2004 noch einen drauf. Sie beschloss nämlich – in voller Kenntnis der von den Versicherern zurückgenommenen Überschussbeteiligungen –, ab diesem Zeitpunkt die vom Arbeitgeber für den Arbeitnehmer abgeschlossenen Kapitallebensversicherungen für die Dauer von zehn Jahren nachträglich einer Beitragspflicht zur gesetzlichen Krankenversicherung zu unterwerfen.[149]

149 Zu diesem Bubenstück siehe *Danaergeschenk, gesetzliche Krankenversicherung.*

Dem Vernehmen nach basierte diese gesetzgeberische Entscheidung übrigens auf einem mathematischen, sagen wir mal: Versehen eines später wegen erwiesenen Schwachsinns und Trunksucht gefeuerten hohen Ministerialbeamten im Bundesfinanzministerium, der sich bei der Vorbereitung des Gesetzentwurfs von der Überlegung leiten ließ, dass ein Weniger (von der Kapitallebensversicherung infolge der Beitragspflicht zur gesetzlichen Krankenversicherung) von einem Weniger (gesunkene Überschussbeteiligungen) rechnerisch ein Mehr ergebe, folglich keine zusätzliche Belastung für die Versicherten entstehe, sondern vielmehr eine Besserstellung erfolge. Solchermaßen sachverständig beraten, brachte das Bundeskabinett, wie wir wissen, dieses Gesetz im Glauben, aktiven Verbraucherschutz zu betreiben, in das parlamentarische Verfahren ein.

### *… aber Lahme zum Gehen bringen schon*

Und jetzt soll – auf drängenden Wunsch der Assekuranz – mit dem Lebensversicherungsreformgesetz den Versicherten endgültig die Sinnlosigkeit ihres Investments in diesen Versicherungszweig vor Augen geführt und ihre Altersabsicherung ein drittes Mal entwertet werden, was rechnerisch ja möglich wäre, denn noch steht ihr Konto nicht bei Null.

Die Unternehmen fordern nämlich vom Gesetzgeber ein milliardenschweres Rettungspaket zur Befreiung von der Ausschüttung der Bewertungsreserven auf festverzinsliche Anlagen. Anders, so lautet ihr gebetsmühlenartig seit einem guten Jahr vorgetragenes Lamento, blute dieser Versicherungszweig aus, denn Neuverträge seien nicht mehr finanzierbar.

Natürlich bekommen sie ihr Paket. Aber nicht so, wie sie sich das gewünscht haben. Die Befreiung wird vom BaFin nämlich nur dann erteilt, wenn das Unternehmen nachweist, zukünftig nicht mehr genug Geld zu erwirtschaften, um seine Verpflichtungen aus den Versicherungsverträgen gegenüber den Versicherten zu erfüllen.

Es liegt auf der Hand, dass Unternehmen, die beim BaFin durch ihren Befreiungsantrag quasi einen Offenbarungseid ablegen, damit jedem Neukunden zu erkennen geben, dass er aufs falsche Pferd setzt und Altkunden in Scharen kündigen und zu solide aufgestellten Versicherern flüchten werden, und zwar orientiert an den Kennzahlen zu hochverzinslichen Versicherungsverträgen im Bestand, die möglichst niedrig, und der Eigenmittelquote, die möglichst hoch sein sollte.[150]

Und siehe da, der Entwurf des Bundesfinanzministeriums zum Lebensversicherungsreformgesetz hat eine sterbende Branche zu neuem Leben erweckt. Wie eine repräsentative Umfrage der WamS[151] bei den Lebensversicherern ergab, sehen sich alle Unternehmen solide aufgestellt und bestens für die Zukunft gerüstet. Schäubles Ministerialbeamte sind echte Wunderheiler, wenn man sie nur lässt.

## LÜGEN-BREVIER, kleines

Ständiges Üben, Selbstkonditionierung durch Verdrängung der Wahrheit, soziale Kompetenz, Selbstkontrolle und Gedächtnistraining sind fünf wichtige Erfolgsfaktoren für eine erfolgreiche Karriere als professioneller Wahrheitsverdreher.

### *Fünf goldenen Regeln für die Alltagslüge*

Die kleine Alltagslüge, auch Notlüge genannt, ist das perfekte Übungsobjekt für diejenigen, die sich schrittweise, aber kontinuierlich an den gestaltenden Umgang mit der Wahrheit gewöhnen wollen. Gespräche mit den Nachbarn, auf der Straße, über den Gartenzaun oder etwa auf Geburtstagsfeiern,[152] sind ideale Trainingseinheiten. Der neue als Steinwüste gestaltete sterile Vorgarten wird so zur „japanischen Wohlfühloase“ und der alljährliche öde All-Inclusive-Urlaub im Robinson-Club auf Mallorca im Kreis von übergewichtigen Trunkenbolden zu einer „immer wieder anregenden Freizeitgestaltung mit guten Freunden“. Wenn Ihre Lüge glaubwürdig sein soll, müssen Sie von der – aus welchen Gründen auch

150 Nach einer Markterhebung der WamS vom 1.6.2014, Seite 37, liegt der Anteil der Bestandsverträge mit einem Garantiezins von über 3,25 % im Branchendurchschnitt bei 59,4 %, bei der Eigenmittelquote bei 168 %.

151 Siehe *Geburtstagsterror.*

152 Der Januar ist ein überaus geeigneter Monat zum Trainieren, siehe hierzu *Geburtstagsterror.*

immer – beabsichtigten Verbiegung der Wahrheit selbst total überzeugt sein. Das klingt schwieriger als es ist, denn der Ihrem Gehirn implantierte Verdrängungsmechanismus für unangenehme, nicht zu Ihrem Weltbild passende Wahrheiten ermöglicht es, die gewünschte Realität mit der tatsächlich existierenden im Sinne des Wunschergebnisses zu harmonisieren.[153]

Soziale Kompetenz ist für erfolgreiche Lügner eine unentbehrliche Strategie zur Fehlervermeidung beim Weben eines belastbaren Lügengespinstes. Denn derjenige, der weiß, wie sein Gesprächspartner tickt, kann für ihn plausible Geschichten stricken und erkennt aus seiner Reaktion sofort, wann er eine Masche hat fallen lassen und nachlegen muss.

Sprache, Gesten, Körperhaltung – all das muss zusammen mit Ihrer durch die Schritte eins bis drei perfekt inszenierten Lüge ein homogenes Ganzes ergeben. Amateur-Lügner verraten sich durch eine reservierte Wortwahl („wir“ statt „ich“), reden langsamer und in einem höheren Tonfall als sie es gewöhnlich tun, setzen übertriebene Gesichtsausdrücke auf, blinzeln häufig, fixieren ihr Gegenüber, berühren beim Sprechen kurz Ohrläppchen oder Nase oder reiben sich die Augen. Profi-Lügner vermeiden solche Signale und setzen stattdessen beim Sprechen verstärkt ihre Hände und Arme ein, um glaubwürdig zu wirken.

Erfolgreiche Lügner wissen auch, dass sie ihr Gedächtnis trainieren müssen, um dauerhaft überzeugend zu sein. Denn sie müssen zwei Varianten der Realität abspeichern und auf Knopfdruck kunstvoll miteinander verbinden, nämlich die erwünschte, in die Lügengeschichte eingebundene und die tatsächlich existierende Realität. Um die Lügengeschichte dauerhaft in das Langzeitgedächtnis einzubrennen, denken Sie sich ein paar hübsche Details für Ihre Geschichte aus, die Sie am besten an Sinneseindrücke wie z. B. Bilder oder Gerüche anbinden.

### *Goldene Regel für die Statistiklüge*

Wenn Sie als Statistiker berufsmäßig Unwahrheiten oder Halbwahrheiten – vielleicht sogar im behördlichen Auftrag –

153 Denken Sie an das Titellied der Pippi-Langstrumpf-Fernsehserie: „Zwei mal drei macht vier, widewidewitt und drei macht neune, ich mach mir die Welt, widewide wie sie mir gefällt.“

verbreiten müssen, weil Sie arbeitsvertraglich dazu verpflichtet sind, hat für Ihre seelische Balance und ein überzeugendes Auftreten gegenüber der Öffentlichkeit die zweite der fünf goldenen Regeln, nämlich die Selbstkonditionierung durch gezielte Verdrängung der Wahrheit, eine alles überragende Bedeutung; die anderen vier Regeln können Sie vergessen.

### *Arbeitslosenstatistik – wie hätten Sie's denn gern?*

Wenn z. B. der Vorstandsvorsitzende der Bundesagentur für Arbeit (BA) Frank-Jürgen Weise monatlich vor die Presse tritt, um die aktuellen Zahlen der Arbeitslosenstatistik zu verkünden, muss er, um nicht rot anzulaufen, einen Lachkrampf zu kriegen oder aus Scham vor laufenden Kameras rituellen Harakiri zu begehen, zutiefst von der Seriosität des von ihm präsentierten Zahlenwerks überzeugt sein. Ich sehe ihn direkt vor mir, den Frank-Jürgen, wie er allein zuhause im stillen Kämmerchen und zusammen mit seinem persönlichen Referenten in der Nürnberger Zentrale der Bundesoberbehörde immer und immer wieder solche Sätze übt wie: „Ja, es richtig, dass wir die Arbeitslosenstatistik um die sogenannte stille Reserve bereinigen, denn wenn man nicht als Arbeitsloser registriert ist, die Arbeitssuche entmutigt aufgegeben hat, sich in einer arbeitsmarktpolitischen Maßnahme befindet, wie ein Satellit in Warteschleifen des Bildungs- und Ausbildungssystems kreist oder vorzeitig aus dem Erwerbsleben ausgeschieden ist, ist man nicht arbeitslos im Sinne der von uns aufgestellten Regeln für die Arbeitslosenstatistik."

Mit dem einmaligen Aufsagen ist es freilich nicht getan, weil sich der Kopf eines wissenschaftlich geschulten Menschen gegen einen solchen Unsinn wehrt. Um eine Lüge als eine der Wahrheit entsprechende Erkenntnis anzunehmen, hilft nur eine professionelle Gehirnwäsche durch ständige Wiederholung. So muss Weise auch vorgehen, um die in die Hunderttausende gehende Zahl der 58-Jährigen aus der Arbeitslosenstatistik zu eliminieren, die seit mindestens 12 Monaten kein Angebot für eine sozialversicherungspflichtige Beschäftigung erhalten haben. Vielleicht hat er sich mit dem Mantra „58 sind raus" selbst überzeugt.[154]

---

154 Zu anderen Statistiklügen siehe *Inflationsrate, freie Auswahl.*

**Tipp**
Wenn Sie das nächste Mal in Ihrer Tageszeitung etwas über die von der Bundesagentur für Arbeit vorgestellte aktuelle **Arbeitslosenstatistik** lesen, dann denken Sie bitte daran, dass das Zahlenwerk bestenfalls eine Halbwahrheit arbeitsvertraglich zur Lüge angehaltener Bundesbeamter ist. Wenn Sie ein Gefühl für die tatsächliche Zahl Arbeitsloser bekommen wollen, schlagen Sie auf die offiziellen Zahlen 1,2 Mio. (Zahl für 2012) für die **„stille Reserve"** und 300.000 (Zahl für 2012) für die **58-Jährigen ohne Job** drauf. Dann sind Sie der Wahrheit schon einen Schritt nähergekommen.[155]

155 2008 wollte die FDP es einmal ganz genau wissen. Ihre Kleine Anfrage im Bundestag brachte ans Tageslicht, dass infolge der statistischen Bereinigungsmaßnahmen in der Arbeitslosenstatistik (!) für das Jahr 2007 rund 3,2 Mio. Bezieher von Arbeitslosengeld (!) nicht auftauchten, und zwar 225.000 Arbeitslose, die nach der ausgelaufenen 58er-Regelung nicht erfasst wurden, die wegen Krankheit oder Teilnahme an einer Qualifizierungsmaßnahme nicht berücksichtigten 60.000 Bezieher von Arbeitslosengeld I und die 2,85 Mio. Bezieher von Arbeitslosengeld II (Hartz IV), soweit sie Ein-Euro-Jobber, Teilnehmer an Qualifizierungsmaßnahmen, Kranke oder sog. Aufstocker (ca. 1,2 Mio.) waren, also Arbeitnehmer, die von ihrer Erwerbstätigkeit in gering qualifizierten und entsprechend schlecht bezahlten Jobs nicht leben können und zusätzlich anspruchsberechtigt nach Hartz IV waren. Die „Aufstocker" werden im Statistik-Jargon übrigens als „erwerbstätige (!) Arbeitslosengeld II-Bezieher" bezeichnet, was per Definition problemlos ihre Ausgliederung aus der Arbeitslosenstatistik ermöglicht.

# M

## MÄNNERKLATSCHEN

Als ich Gerburg Jahnke, damals noch als kongeniale Partnerin von Stephanie Überall für das Kabarett-Duo „Misfits" auf Tour, so vor geschätzten 20 bis 25 Jahren in der Emscher-Lippe-Halle in der Verbotenen Stadt beim „Männerklatschen" begeistert zujubelte, weil diese Kabarettvariante damals – jedenfalls für mich – neu und damit spannend war, konnte ich nicht wissen, dass sie das Thema „Männer" auch Jahrzehnte später noch fest im Griff haben würde.

***Obsession? Nein!***

Eine Obsession kann es nicht sein, jedenfalls nicht im engen medizinischen und psychologischen Sinn. Denn dann müsste sie ihr Tun als eine unangenehm bis quälende Zwangsvorstellung oder -handlung erleben. Diese Gefühl hatte ich nicht, als ich mir heute die von ihr moderierte Sendung „Ladies Night" auf dem Regionalsender WDR 3 zu vormitternächtlicher Sendezeit ansah. Im Gegenteil, sie war quietschvergnügt und haute ihre Sprüche raus – wie vor 25 Jahren.

***Selektive Wahrnehmung? Schon eher***

Ich tippe eher darauf, dass ein anderes psychologisches Phänomen sie voll im Griff hat, die selektive Wahrnehmung nämlich, die den Betroffenen aufgrund seiner Erfahrungen, Einstellungen, Erwartungen und Interessen dazu zwingt, nur bestimmte Aspekte der Umwelt wahrzunehmen und alles andere auszublenden.

Vielleicht muss man sich sogar bewusst diesem Mechanismus der selektiven Wahrnehmung unterwerfen, ihn, wie auch immer, sogar noch kultivieren, wenn man wie Gerburg als hoch spezialisierte Kabarettistin in der „schenkelklopfenden geschlechterorientierten Kabarettnische" über die Dörfer zieht.

Ich versuche mir gerade vorzustellen, ob ein Nuhr, Malmsheimer, Richling oder Priol sich überwinden könnte, nur auf Eichhörnchen, Schnittblumen oder etwa ausgefallene

Begräbniszeremonien verbal einzudreschen. Jahrzehntelang. Immer wieder Eichhörnchen. Ich schaff' das nicht!

***Diddi hat's geschafft***

Ich habe aber die Hoffnung, dass es Gerburg gelingt, sich aus dieser selbstgestrickten Zwangsjacke zu befreien. Die Vorrichtung zur Selbstentfesselung eines gefesselt unter einem Flugzeug hängenden Entfesselungskünstlers ist längst erfunden und auch patentiert.

Und Diddi Hallervorden hat das auch geschafft. Hätte ich ihn nicht in Berlin als brillanten Kabarettisten zusammen mit den „Wühlmäusen" erlebt, dann wäre ich an diesem in den 70er und 90er Jahren als TV-Pausenclown auftretenden Mann verzweifelt, der sich nicht entblödete, Grimassen schneidend unterirdisch dümmliche Witzchen in Sketchen nachzuspielen, um der Zielgruppe „Unterbelichtete" den Fernseh-Abend zu versüßen. So aber wusste ich, dieser Mann verstellt sich nur – und ich litt mit ihm, weil er sich in der Diddi-Rolle entsetzlich gefühlt haben muss.

Diddi hat's geschafft. Du schaffst das auch. Ich glaub' an dich, liebe Gehrburg!

## MARKETING, Aussetzer

Das Ringen um Liebe und Anerkennung kann dramatische Züge annehmen, wie in dem 1955 mit James Dean in der Hauptrolle gedrehten Film „Rebel Without a Cause" oder einfach nur seltsame Blüten treiben.

Wie z. B. im Fall des Landwirts Bernhard Roßmöller, der sich, gewandet in den hellblauen Kittel einer Fachkraft für Lagerlogistik, in einem Wahlkampf-Video für den Ahauser CDU-Stadtverband zusammen mit seiner Kuh Patrizia ablichten ließ. Kuh und Landwirt sollen, so der CDU-Fraktionsvorsitzende Thomas Vortkamp, die Bodenständigkeit der Partei in einer landwirtschaftlich geprägten Region symbolisieren. Das haben wohl nicht alle so verstanden, denn seit ein TV-Satiremagazin das CDU-Wahlkampf-Video im WWW verbreitete, hagelt es in der Internetgemeinde von allen Seiten Hohn und Spott für die Partei.

Mit teils beißender Häme hat derzeit auch der US-amerikanische Konsumgüter-Konzern Procter & Gamble wegen einer unglücklichen Werbekampagne für sein Waschmittel „Ariel“ zu kämpfen. Klar, „83 + 5“ (Wäschen) sind nun mal „88“ (Wäschen), weshalb diese Zahl dick und breit auf jede Sonderpackung des Waschpulvers zur Fußball-WM als Rückennummer auf einem Trikot gleich unterhalb des Markennamens aufgedruckt wurde. Das ist zwar arithmetisch ziemlich zutreffend, aber leider politisch nicht ganz korrekt, steht doch in der rechtsradikalen Szene die Zahl „88“ für den Hitler-Gruß „Heil Hitler“, weil das „H“ nun mal der achte Buchstabe im Alphabet ist.

Das Unternehmen muss wohl keine strafrechtlichen Sanktionen wegen des verfassungswidrigen Symbolgehalts der „88“ unterhalb des Markennamens „Ariel“ befürchten. Anders wäre der Fall sicherlich rechtlich zu würdigen, wenn das Waschmittel „Arier“ hieße.

## MATHEMATIKSTUDIUM, Gefahrenpotenzial

Wenn Ihr Kind den Studienwunsch „Mathematik“ äußert, heißt das nicht, dass es per se ein schlechter Mensch sein muss, dem ethische und moralische Prinzipien bei der Ausübung seines Berufs einmal vollkommen schnurz sein werden. Wenn man auch sagen muss, dass einigen herausragenden Vertreter dieser Wissenschaftsdisziplin und, wie das nun mal so ist, mit ihnen inzwischen dem gesamten Berufsstand insoweit Defizite nachgesagt werden, zumindest aber ein leichtfertiger Umgang mit anerkanntermaßen akzeptierten Grundpfeilern unseres gesellschaftlichen Miteinanders nach den demokratischen Maßstäben einer westlich geprägten Welt.

Außen vor ist selbstverständlich das Lehrpersonal an Grundschulen, das sich mit der Vermittlung mathematischen Grundlagenwissens befasst. Will Ihr Sohn (Micky-Mouse-)Mathematik mit dem Ziel Lehramt an Baumschulen studieren, können Sie sich entspannt zurücklehnen.

### *Gefährdeter Personenkreis*

Gedanken um ein solides, alltagstaugliches ethisches Basiswissen sollten Sie sich aber dann machen, wenn Ihr Filius bereits im zarten Alter von vier Jahren ohne technische Hilfsmittel aus dem Handgelenk die 13. Wurzel aus einer hundertstelligen Zahl ziehen konnte, später, als er die Sekundarstufe II absolvierte, der Lehrer seines Mathe-Leistungskurses Sie wiederholt in den frühen Morgenstunden am Telefon mit tränenerstickter Stimme anflehte, Ihr Sohn möge ihn heute nicht schon wieder vor der gesamten Klasse blamieren und dieser mathematische Überflieger Ihnen gestern im Vorbeigehen mitgeteilt hat: „Du Paps, ich mach' Mathe, am MIT, kostet euch keinen Cent, das Stipendium habe ich schon in der Tasche. Nächste Woche flieg' ich rüber. Sagst du's Ma? Ich geh' jetzt Joggen."

Jetzt wird's gefährlich, denn bekanntermaßen rekrutieren die NSA und andere Geheimdienste mit Vorliebe hochtalentierte Mathematik-Studenten an Elite-Unis, um sie auf die Entschlüsselung der nächsten Generation von Kryptotechnologien anzusetzen, die vielleicht nicht mehr auf dem RSA-Algorithmus[156] basieren, dem übrigens seit dem Jahr 1982 ein von den Entwicklern zum Nutzen der Geheimdienste frisierter Zufallsgenerator implantiert wurde,[157] sondern auf Quantenalgorithmen fußen, die schwieriger zu knacken sind.

### *Mathe ist sexy, aber …*

Gleich nach der Rückkehr Ihres Sohnes vom Joggen, sollten Sie mit ihm ein Gespräch über das Thema „Ethik in der Mathematik" führen. Machen Sie ihm klar, dass es reines mathematisches Wissen in unserer digitalisierten Welt nicht mehr gibt und er in diesem Bewusstsein leben und arbeiten muss.[158]

Und halten Sie alles schriftlich fest, damit Sie es ihm von Zeit zu Zeit immer mal wieder unter die Nase halten können.

---

156 Die Abkürzung RSA geht übrigens auf die Entwickler dieser Verschlüsselungstechnik Ronald Rivest, Adi Shamir und Leo Adleman zurück.

157 Seit den Enthüllungen von Edward Snowdon ist das Allgemeinwissen.

158 Siehe auch den am 24.1.2014 lancierten Offenen Brief von 50 Kryptologie- und Informatikexperten an die Regierungen der Welt („An Open Letter from US Researchers in Cryptography and Information Security").

## MEINUNGSAUSTAUSCH, US-Amerikaner

Gerade in diesen aufgeregten und politisch schwierigen Zeiten eines durch Spionageaktivitäten diverser US-Geheimdienste belasteten deutsch-amerikanischen Verhältnisses[159] ist es angezeigt, im privaten Dialog mit Menschen aus dem englischen Sprachraum nicht einfach draufloszuplappern wie einem der Schnabel gewachsen ist, sondern vorher die eigenen Sprachkenntnisse mit dem Ziel aufzufrischen, gekonnt Verständnis für die Position der Bundesregierung in diesem Meinungsstreit unter Freunden zu wecken.

Nachfolgend habe ich für Sie deshalb einige englischsprachige Redewendungen zum Themenfeld „Freundschaft" zusammengestellt, die zu betonen uns allen diesseits und jenseits des Atlantiks eine Herzensangelegenheit sein sollte. Um interkulturelle Konflikte zu vermeiden, beachten Sie bitte bei Ihrem Auslandsaufenthalt die teils doch recht erheblich voneinander abweichenden Idiome bei den Freundschaftsbekundungen für den Sprachraum des United Kingdom (UK) und der US-amerikanischen (USA) Einflusssphäre:

**Ich bin dein Freund, ehrlich.**
UK: I am your friend, honestly.
USA: I kick your ass, shitface.

**Freunde in der Not gehen tausend auf ein Lot.**
UK: A friend in need is a friend indeed.
USA: Hasta la vista, baby!

**Lang lebe die deutsch-amerikanische Freundschaft!**
UK: Long live German American friendship!
USA: Kiss my American ass, you bloody Kraut!

**Wahre Freunde sagen sich auch unangenehme Dinge.**
UK: Friends sometimes have to say things that are unpleasant.
USA: If you are not with me, then you are my enemy.

---

159 Spionagefälle beim Bundesnachrichtendienst und im Verteidigungsministerium führten zur Ausweisung des in der Berliner US-Botschaft residierenden obersten Repräsentanten des CIA aus Deutschland. Zum Abhörskandal siehe *Abhöraktion, NSA*.

**Lieber einen Freund in der Hand als einen Feind auf dem Dach.**
UK: A friend in the hand is worth two in the bush.
USA: If you can't spy out your enemy, spy out your friend.

**Ich nehme Ihre Bedenken sehr ernst.**
UK: I take those concerns seriously.
USA: Frankly, I don't give a damn shit.

**Tipp**
Und jetzt wünsche ich Ihnen noch viel Spaß und Erfolg bei Ihrer ganz persönlichen **Initiative zur Völkerverständigung.** Die Botschaft der Bundesrepublik Deutschland, die auf Wunsch übrigens auch Kautionen in Strafverfahren wegen Beleidigung stellt, erreichen Sie unter folgender Anschrift: 4645 Reservoir Road NW, Washington, DC20007, Tel. (202) 298-4000.

## MILLIONÄR, Schlafstörung

Der Wecker klingelte heute schon kurz vor Sechs. Ich war erstaunt, wie dunkel es um diese Uhrzeit in Holzwickede ist. Ist das jetzt überall so dunkel, auch im benachbarten Unna?

Überrascht haben mich auch die Meldungen in den Verkehrsnachrichten auf WDR 2. Überall Staus auf den Autobahnen! Das bedeutet ja wohl, dass – praktisch mitten in der Nacht – Menschen in ihren Autos ruhelos durch die Gegend fahren. Warum machen die so etwas? Bei den Benzinpreisen ist das echter Luxus. Ich habe mir das dann so erklärt, dass es sich um Millionäre mit Schlafstörungen handeln muss, die in ihren Porsches, S-Klasse-Limousinen, 7er BMW und superschweren SUVs ziellos durch die Nacht brettern. Das würde auch die vielen Staus erklären. Wahrscheinlich durch Unfälle wegen überhöhter Geschwindigkeit. Mann kennt das ja. Immer linke Spur und Vollgas, bis es dann knallt.

Ich werde mal Inge fragen, ob ich mit meiner Vermutung richtig liege. Die weiß solche Sachen.

# MISSION SLIMPOSSIBLE, Afrika

Dass in China Wissenschaftler vom deutschen Archäologischen Institut in Peking in einem Grab nahe der Turfan-Oase gerade die älteste Hose der Welt entdeckt haben, die radiokarbondatierte 3.200 Jahre alt, aber in einem relativ schlechten Zustand sein soll, und Taiwanesische Baumfrösche nach eingehenden naturkundlichen Beobachtungen des Forschers Wen-Hao Tan von der Taiwanesischen Nationaluniversitätättätät, um mit ihren Balzrufen Weibchen zu beeindrucken, sich gern aus stark hallenden Abwasserrohren zu Wort melden, sind Informationen, die mich eigentlich nicht überraschen, wenn ich an die Verfassung meiner Lieblingscordhose und die letzte Durchquerung des B 236-Tunnels in Dortmund-Wambel denke, bei der mich ein Pulk von langbärtigen Harley Davidson-Enthusiasten unter ständiger Betätigung des Gaszugs ihrer Maschinen überholte.

***Afrikanische Problemzonen***

Überrascht, ja zutiefst verblüfft und entsetzt war ich allerdings über die Meldung auf derselben Seite meiner Wochenzeitung,[160] dass „Afrika verfettet".[161] Bisher war ich immer davon ausgegangen, dass dieser Kontinent unter humanitären Aspekten vornehmlich durch Hunger- und Malariaproblemen gebeutelt wird, was auch immer noch der Fall ist. Daneben tritt allerdings als zusätzliches Problem – vor allem für die weibliche Bevölkerung – die stark ansteigende Gewichtszunahme in den Varianten „Übergewicht" (BMI[162] von mindestens 25) und „Fettleibigkeit" (BMI von 30 und mehr). Kenia, wo 15 % der Frauen fettleibig sind, steht noch verhältnismäßig gut da, versucht aber schon mit der TV-Abnehm-Show „Slimpossible" gegenzusteuern. Angola, Südsudan – alles Problemzonen; besonders dick erwischt hat es die Einwohnerinnen von

160 Siehe WamS vom 8.6.2014, Seite 64.

161 Siehe die im Medizinjournal „The Lancet" veröffentlichte Studie „Global, regional and national prevalence of overweight and obesity in children and adults during 1980-2013: a systematic analysis for the Global Burdon of Disease Study 2013; Early Online Publication, 29.5.2014.

162 BMI-Formel: Gewicht in Kilogramm, geteilt durch Körpergröße in Meter im Quadrat. Besser, Sie machen keinen Selbsttest!

Südafrika (42 % fettleibig), Ägypten (48 %) und Botswana (53 %).

***Ein Fall für Tom Cruise?***

Das Beängstigende ist, dass im Untersuchungszeitraum der globalen Fettleibigkeitsstudie, die die Jahre 1980-2013 erfasst, in keinem (!) Land der Welt die Zahl der Übergewichtigen reduziert werden konnte – trotz aller Aufklärungskampagnen und therapeutischen Hilfestellungen der nationalen Gesundheitsbehörden und Krankenkassen.

Vielleicht sollte man das Problem wirklich einmal in einem Drehbuch für einen Film mit Tom Cruise aufarbeiten. Soweit mir bekannt ist, hat er bisher in seiner Mission-Impossible-Filmreihe alle nach menschlichem Ermessen eigentlich nicht lösbaren Aufgaben mit Bravour bewältigt. Am besten, Sie klappen das Buch jetzt für einen kurzen Moment zu, denn: „Diese Empfehlung zerstört sich in fünf Sekunden selbst."

## MÜLL, radioaktiver

Unsere neue Umweltministerin Barbara Hendricks hat sehr genaue Vorstellungen darüber, wann mit der Bergung der radioaktiv verseuchten Fässer aus der Schachtanlage Asse II bei Wolfenbüttel begonnen werden kann, die als Pilotprojekt für das Endlager in Gorleben gedacht war: nämlich nicht morgen früh, wie man meinen könnte, sondern im Jahr 2033. Ob bereits im Januar oder erst im Dezember, das hat sie nicht gesagt. Darauf kommt es wohl auch nicht mehr an, denn die Fässer dürften bis dahin – bedingt durch die in die Lagerkammern eindringende Salzlauge und einbrechende Stollendecken – zerbröselt und ihren hochgiftigen Inhalt ohnehin an das Grundwasser abgegeben haben.

***47.000 m³ radioaktiv verseuchter Müll***

Das muss man sich mal auf der Zunge zergehen lassen. Das Bundesministerium für Umwelt, Naturschutz, Bau und Reaktorsicherheit benötigt 19 Jahre Vorbereitungszeit für die Bergungsarbeiten der circa 125.000 Fässer[163] mit schwachradioaktiven Abfällen und circa 15.000 Fässer mit mittelradioaktiven Abfällen. Die insgesamt 47.000 m³ radioaktiver Müll wurden übrigens zu 85 % von den heutigen Kernkraftwerksbetreibern E.on, Vattenfall Europe, RWE und EnBW zwischen 1967 und 1978 angeliefert und in den Salzstöcken der Schachtanlage Asse II teilweise mit Radladern über eine Salzböschung in die Einlagerungskammern abgekippt und bereits dabei beschädigt.

### *50-jähriges Ignoranz-Jubiläum*

In Wirklichkeit ist alles ja noch viel schlimmer, die Phase der Ignoranz, Untätigkeit und des Missmanagements der politisch Verantwortlichen ist erheblich länger.

Bereits 1964, also noch vor dem Kauf der Anlage Asse II von der Wintershall AG durch die Gesellschaft für Strahlenforschung (GfS), hatte das Niedersächsische Landesamt für Bodenforschung (NLfB) auf Bitten des Oberbergamts Clausthal-Zellerfeld ein Gutachten über mögliche geologische Folgeerscheinungen der Stilllegung der Schachtanlage Asse vorgelegt. Darin wurden die zu dem Zeitpunkt bekannten Laugenzutritte von 3 bis 4 m³ pro Tag beschrieben. Darüber hinaus wurden schon die Szenarien eines möglichen Ersaufens dargestellt und als einzige Gegenmaßnahme das vollständige Versetzen der Abbaukammern genannt. Allerdings wurde diese Maßnahme als wirtschaftlich indiskutabel angesehen. Das Ersaufszenario wurde in den folgenden 45 Jahren immer wieder als der größte anzunehmende Unfall diskutiert.[164]

Spätestens aber als Ende 1978 die Einlagerung mit dem Auslaufen der ersten Betriebsgenehmigung beendet wurde, war bekannt, dass der Salzstock keine geeignete Lagerstätte für Atommüll ist und spätestens seit 1988, als der Wasserzufluss verstärkt einsetzte, hätte man mit der Rückholung der eingelagerten radioaktiven Abfälle beginnen müssen.

---

163 Die Fässer waren übrigens auf eine Haltbarkeitsdauer von drei Jahren ausgelegt, wie der Untersuchungsausschuss des niedersächsischen Landtags ermittelte.

164 Niedersächsischer Landtag, Drucksache 16/5300, Seite 99/100 (Bericht des 21. Parlamentarischen Untersuchungsausschusses zur Schachtanlage Asse II) vom 18.10.2012.

Damit sind neben der amtierenden Bundesministerin für Umwelt, Naturschutz, Bau und Reaktorsicherheit Barbara Hendricks (seit 2013) diese 14 Bundesminister in der Verantwortung für das Desaster um Asse II: Bundesminister für wissenschaftliche Forschung Gerhard Stoltenberg (1965 – 1969), Bundesminister für Bildung und Wissenschaft Hans Leussink (1969 – 1972), Bundesminister für Forschung und Technologie und für das Post- und Fernmeldewesen Horst Ehmke (1972 – 1974), Bundesminister für Forschung und Technologie Hans Matthöfer (1974 – 1978), Volker Hauff[165] (1978 – 1980), Andreas von Bülow (1980 – 1982), Heinz Riesenhuber (1982 – 1993), Matthias Wissmann (Jan. 1993 – Mai 1993), Paul Krüger (1993 – 1994), Bundesminister für Bildung, Wissenschaft, Forschung und Technologie Jürgen Rüttgers (1994 – 1998), Bundesminister für Bildung und Forschung Edelgard Buhlmann (1998 – 2005), Annette Schawan (2005 – 31.12.2008), Bundesminister für Umwelt, Naturschutz und Reaktorsicherheit Norbert Röttgen (2009 – 2012), Peter Altmaier (2012 – 2013).

## MUSLIM, Marslandung

Was dem deutschen Steuerbürger die auf Anfrage erteilte verbindliche Auskunft seiner staatlichen Autorität „Finanzbehörde“ ist, die dazu dient, Norminterpretationsrisiken auszuschließen, um so Rechtssicherheit zu schaffen, nennt sich im jüdischen Rechtskreis Responsa und im islamischen Fatwa, wobei sich die auf diesem Weg erteilten Rechtsauskünfte nicht auf steuerrechtliche Lebenssachverhalte beschränken, sondern durchaus auch mal ein Verbot für Vuvuzelas oder die Aufforderung zur Ermordung eines britischen Schriftstellers beinhalten können.

Aktuell geht es um eine Fatwa der staatlichen Islambehörde in Abu Dhabi, also aus den zu 90 % sunnitisch domi-

165 Niedersächsischer Landtag, Drucksache 16/5300, Seite 159 (Bericht des 21. Parlamentarischen Untersuchungsausschusses zur Schachtanlage Asse II) vom 18.10.2012.

nierten Vereinigten Arabischen Emiraten. Das dortige Gelehrtenkommitee befand in seinem Religionsgutachten, dass Marsreisende sich einer „realen Gefahr für das Leben“ aussetzen und sie deshalb „im Jenseits eine ähnliche Strafe wie beim Suizid“ erwarte.[166] In einem obiter dictum[167], weil nicht danach gefragt worden war, erstreckte die Islambehörde das faktische Reiseverbot gleich auch auf andere Planeten unseres Sonnensystems.

### *Sunniten haben eine zweite Chance*

Das könnte das Aus für die Reisepläne von 500 saudischen Mars-Touristen bedeuten, die sich als Interessenten für das Projekt „Mars One“ des Niederländers Bas Lansdorp gemeldet hatten. Das muss aber nicht so sein. Denn während im schiitischen Islam die Fatwas rechtsverbindlich sind, also Gesetzeskraft haben, kann der Sunnit – mittlerweile auch online im Internet – von einer anderen religiösen Autorität als der angerufenen eine zweite Auskunft anfordern. Fällt das Alternativgutachten wieder nicht in seinem Sinn aus, ist er trotzdem nicht daran gebunden, sondern kann selbst entscheiden, wie er sich verhält. Das nennt man dann wohl Religionsfreiheit.

**Tipp**

Ich weise ausdrücklich darauf hin, dass es im **deutschen Steuerrecht** nicht die Chance auf eine verbindliche zweite Meinung gibt, wenn der das Finanzamt um eine verbindliche Auskunft Anflehende mit dem gelieferten Ergebnis nicht einverstanden ist. Das gilt auch für in Deutschland steuerpflichtige Sunniten.

---

166 Man stutzt ein wenig, wenn man an islamistische Selbstmord-Attentäter denkt. Das Rätsel löst sich folgendermaßen auf: Der Märtyrertod im Kampf um die Verteidigung des Glaubens ist jedenfalls im schiitischen Glauben dann kein im Jenseits sanktionierter Selbstmord, wenn er – neben der Erfüllung weiterer Voraussetzungen – mit Zustimmung von religiösen Führern und der Glaubensgemeinschaft geschieht. Das erinnert irgendwie an das mit dem – geplanten blutigen Geschäft notwendigerweise verbundene – Ablass-Angebot und das Versprechen „auf nie welkenden Ruhm im Himmelreich“, mit dem Papst Urban II. im Jahr 1095 in Clermont die Kreuzritter zur Rückeroberung Palästinas auf die Reise schickte.

167 Nebenbei Gesagtes.

# N

## NACHBARSCHAFT, guter Geist der

Also, ich fand das richtig gut, als wir im Kreis meiner drei Grundstücksnachbarn auf dem letzten Treffen zu vorgerückter Stunde beschlossen, den unsere Grundstücke trennenden Jägerzaun zu beseitigen. „Wir wollen frei und ungezwungen im Geiste guter Nachbarschaft leben, nicht wie Spießbürger“, so lautete unser bierbeseeltes Credo.

***Zufall?***

Jetzt, nach zwei Wochen ohne Zaun kommen mir Bedenken. Gut, dass Manni von der unteren Terrasse unseren Esstisch für Gartenfeiern entfernt und auf seinem Grundstück im hinteren Teil auf dem Rasen mit dem Hinweis platziert hat, wir könnten ihn „jederzeit mitbenutzen“, geht ja noch in Ordnung. Auch, dass er bei uns auf dem Platz des Esstisches einen Komposthaufen „selbstverständlich zur Mitbenutzung durch euch“ aufgeworfen hat, kann ich verkraften. Vielleicht sogar noch, dass die Besucher seiner letzten Geburtstagsfeier unbemerkt unsere Gästezimmer zum Übernachten benutzten und zum Frühstück stürmisch „eine zünftige Eierspeise mit allem Zwick und Zupf, aber hurtig“ verlangten. Nicht mehr hinnehmbar war aber ihre unverschämte Forderung, sich das von mir kategorisch verweigerte ius primae noctis[168] mit meiner Holden nur gegen einen „Stechgroschen“ abkaufen zu lassen.

Den beiden anderen Nachbarn sind inzwischen wohl auch Bedenken gekommen an dem zaunfreien American Way of Life in Holzwickede. Einer hat direkt auf der Grundstücksgrenze einen circa vier Meter hohen Wachturm mit einem MG-Stand errichtet und sich zwei Schäferhunde zugelegt, mit denen er – sich abwechselnd mit seiner Frau – von 22 Uhr abends bis 6 Uhr morgens auf Patrouille ist. Und den anderen glaube ich dabei beobachtet zu haben, wie er die Grund-

168 Recht der ersten Nacht. Mittelalterliches Recht des Gutsherrn bei einer Heirat mit jeder Braut der Gemeinde die Hochzeitsnacht verbringen zu dürfen.

stücksgrenze mit Schrappnellminen bepflockte; ganz sicher bin ich mir allerdings nicht. Es könnten auch leichte Panzerminen gewesen sein.

***Einfall!***
Wie dem auch sei, es muss etwas passieren. Natürlich kann ich den Zaun nicht wieder errichten. Undenkbar. Dann stünde ich wie ein kleinkariert denkender Spießbürger dar, der auf gut-nachbarschaftliche Beziehungen pfeift.

Ich denke, dass ich es mal mit einem unsichtbaren, aber undurchdringlichen Energiefeld probieren werde, wie es Atan Shubashi auf Anweisung von Cliff Allister McLane seinerzeit in „Hüter des Gesetzes", der dritten Folge der Fernsehserie „Raumpatrouille" aufgebaut hat, um den verblödeten Ordonanzleutnant Spring-Brauner, den Adjutanten von General Winston W. Wamsler, Sie erinnern sich gewiss, über den Standort des Raumschiffs „Orion" zu täuschen. Ich denke, dass dieser alte Raumfahrertrick, in Fachkreisen „Laurin lässt grüßen" genannt, auch heute noch funktioniert. Wie gut, dass ich mir damals die „Kult-Kollektion" der Serie mit den drei DVDs in dem perfekt aufgemachten Schuber gekauft habe! Ich wusste immer, dass das noch einmal wichtig werden würde.

## NACHBARSCHAFTSPATROUILLE

Elf Uhr. Ich öffne die Haustür, feinster Sonnenschein, ich schlendere am Holzunterstand vorbei, wie das duftet; sechs Raummeter gut abgelagertes, feinstes Buchenholz warten darauf, im Winter in den Kachelofen geschoben zu werden. In der Garage stehen fünf prall gefüllte Säcke mit Anmachholz. Ein gutes Gefühl. Ich schmunzle.

Der Nachtigallenweg, rechts, links, wie leergefegt. Kein Mensch zu sehen, nicht mal eine Katze. Geräusche, Gerüche? Fehlanzeige, außer dem sanften Rauschen der Blätter im benachbarten Süßkirschbaum. In der Ferne über Dortmund-Wickede ein Flieger im Steigflug in die Wolken.

### *Unbenutzte Kulissen*

Eigentlich müsste sich doch irgendeiner der Nachbarn blicken lassen. Einkaufen, Gartenpflege, Fegen, Wagenwäsche, man könnte auch schon die Restmülltonne an die Straße stellen. Vielleicht ist es noch ein bisschen zu früh für die Rentner. Und Ina und Christian arbeiten. Na ja, hab' ich früher auch mal gemacht. Meine Promenade über den Nachtigallenweg bringt auch keine neuen Erkenntnisse, alle Küchen sind verwaist. Die Briefkästen machen einen aufgeräumten Eindruck, die Blumenkästen sind gewässert, die Vorgärten geharkt. Trotzdem, alles wirkt wie eine unbenutzte Kulisse. So still. Merkwürdig. Wo sind die hin?

Eigentlich habe ich die drei Rentnerehepaare aus den Nachbarhäusern, Manni und Ulrike, Rainer und (wieder) Ulrike, aber eine andere, und Fritz und Ingrid, schon seit zwei, drei Tagen nicht mehr gesehen. Das lag vielleicht am Dauerregen und den niedrigen Temperaturen. Die verlassen dann nicht gern ihr Haus, es sei denn, es stünde in Flammen. In Flammen. Ich trenne mich schnell wieder von diesem Gedanken. Das muss auch anders gehen.

### *Mal die Lampe reinhalten*

Ich könnte die Postbotin befragen, so hintenrum. Aber die kommt ja, wann sie will, das kann dauern. Eine Sofortbegehung der Dächer der aneinandergereihten Winkelbungalows mit einer kritischen Inaugenscheinnahme der begärtnerten Innenhöfe, Wohn-, Arbeits- und Schlafzimmer scheitert daran, dass ich meine ausfahrbare Leiter verliehen habe, ohne die ich nicht aufs Dach komme. Ein anonymer Anruf bei der Polizei könnte mir Gewissheit verschaffen. Bei Wohnungseinbrüchen sind die meist recht fix, wenn nicht gerade unser geliebter BVB spielt. Wenn die dann mit Blaulicht und Martinshorn anrücken, stünden alle Nachbarn Spalier, wenn sie da wären, da bin ich mir sicher. Ist aber mit viel Lärm verbunden, das mag ich eigentlich nicht.

Ich denke, dass ich meine superleise, diskrete Fotodrohne mal auf Patrouille über die Nachbargrundstücke schicken werde. Habe ich sowieso schon lange nicht mehr gemacht. Sie ist „führerscheinfrei“ und wiegt unter fünf Kilo, eine behördliche Genehmigung brauche ich für den privaten Einsatz also nicht. Wenn das keine befriedigenden Resultate bringt, dann kann ich immer noch die Bullen rufen.

## NATIONEN-RANKING

In den USA, das beweist die NSA Tag für Tag der ganzen Welt, ist alles möglich, weshalb die ehemalige britische Kolonie auch vollkommen zu Recht „Das Land der unbegrenzten Möglichkeiten" genannt wird.

Es gab allerdings einmal eine Zeit, sie liegt noch nicht lange zurück, man nannte sie bei uns die 16. Legislaturperiode, da konnten wir mit Fug und Recht voller Stolz feststellen, dieser Titel gebühre Deutschland: Eine Regierungschefin mit Königinnenstatus, ein Finanzminister im Rollstuhl, ein vietnamesisches Waisenkind als Wirtschaftsminister und ein bekennend schwuler Außenminister – vier steile, außergewöhnliche Politkarrieren, die uns im Ranking vor den USA Platz 1 sicherten. Die Amtsinhaberschaft von Obama als dem ersten US-Präsidenten mit afrikanischen Wurzeln habe ich aus Gründen der Fairness bei dieser Nationenwertung bereits mit dem dreifachen (!) Punktwert berücksichtigt. Trotzdem 4:3 für Deutschland.

### *Ursula kann's auch nicht richten*

Doch wie haben sich die Zeiten geändert. Mit wem können wir heute noch punkten? Gut, Angela und Schäuble sind uns geblieben und bringen zwei volle Punkte, aber die anderen? Heiko Maas, der neue Bundesminister für Justiz und für Verbraucherschutz? Ein durch und durch stromlinienförmig gewachsener Politprofi mit 08/15-Hintergrund und einer ebensolchen Karriere (in Saarlouis geboren, Volljurist, Ministerpräsident im Saarland): Null Punkte. Johanna Wanka als Bundesministerin für Bildung und Forschung? Wenn man in Rosenfeld geboren ist, als Professorin für Mathematik an einer Universität gelehrt hat, Wissenschaftsministerin in Brandenburg und zuletzt Niedersachsen war und nicht mal ein exotisches Hobby hat, bedeutet das für unsere Betrachtung: „Germany, zero points." Die anderen bringen auch nichts. Blasse, farblose mit der Schablone gestanzte Lebensläufe.

Ich habe dann noch kurz an Ursula gedacht und mich gefragt, ob wir ihre siebenfache Mutterschaft in die Waagschale werfen sollen, die Frage aber unbeantwortet gelassen, weil es maximal zu einem 3:3 gereicht hätte und nach mir vorliegenden Informationen die NSA über brisantes Material verfügt, um Ursula aus der Wertung zu schießen.

Ich fürchte das reicht nicht mehr für uns. Glückwunsch und „Three cheers for the red, white and blue!“

## NEUROMARKETING, Erkenntnisse

Erkenntnisvermittlung ist eines der erhabenen Ziele, denen sich alle Autoren und Lektoren verschrieben haben. Hierbei geht es im Kern um die Frage, wie die Information im gemeinten Sinn, also unverfälscht und auf dem kürzesten Weg die Gehirnwindungen des Lesers erreicht und sich dort – im Idealfall: dauerhaft – verankern lässt. Neben die bewährten Techniken treten immer mal wieder neue wissenschaftlich fundierte Ansätze, selten allerdings solche, die, wie der nachfolgend beschriebene, revolutionäres Potential haben.

***Das 40-Bit-Bewusstsein***

Auf die neue Technik zum Transport von Informationen bin ich durch die Lektüre eines Buches zum Neuromarketing gekommen. Das ist ein Wissenschaftszweig, der die Erkenntnisse, der mit Hirnscannern erhobenen Reaktionen des Gehirns auf äußere Reize für den Absatz von Waren und Dienstleistungen nutzbar macht,[169] natürlich auch zum Nutzen der Verleger, die es eigentlich gar nicht mehr nötig hätten.[170]

Interessant erschien mir vor allem der Hinweis, dass eine erfolgreiche Kommunikation mit dem Kunden entscheidend

169 Dass das funktioniert, zeigt schon ein simpler Selbsttest. Begleiten Sie Ihre Frau, Freundin oder Lebenspartnerin zum nächsten Kaffekränzchen. Hören Sie der Unterhaltung ca. eine halbe Stunde konzentriert zu. Fassen Sie sich dann – nicht zu auffällig, das könnte missverstanden werden – an den Kopf. Wenn es an Ihrer Stirn warm geworden sein sollte, wissen Sie, dass an der Sache mit den Gehirnscans etwas dran ist.

170 Siehe *Kreuzworträtsel, leicht gemacht,*, die Zeilen 1, 5 und 8 waagerecht.

davon abhängt, von verbal auf non-verbal (Bilder, Symbole, Gerüche etc.) umzuschalten, also mit impliziten statt mit expliziten Codes (Sprache) an die Motive der Zielgruppe anzudocken, um einen Kaufentschluss auszulösen.[171] Die Hirnis, so nenne ich sie mal, haben nämlich herausgefunden, dass der Mensch ein „40-Bits-Bewusstsein" hat, er von den 11 Millionen Bits, mit denen seine fünf Sinne das Gehirn pro Sekunde füttern, nur ganze 40 Bits im Bewusstsein hängen bleiben. Der nicht unerhebliche Rest von fast 100 % rauscht gleich ins Unterbewusstsein durch, wo er gespeichert wird, um bei einem impliziten Reiz wieder an der Oberfläche aufzupoppen.

### *Ein gescheiterter Neurologe*

Im Grunde wusste ich das ja alles schon. Das hatte mir, jedenfalls vom Ergebnis her betrachtet, alles schon mal vor 20 Jahren ein ziemlich angetrunkener Maler, wahrscheinlich ein gescheiterter Neurologe, der einfach mit seinen Erkenntnissen zu früh da war, auf dem Montmartre zu bedenken gegeben (Hier die Übersetzung): „Kaufen Sie, mein Herr, ein Bild sagt mehr als tausend Worte."

### *Quo vadis Verlagsprogramm?*

Ich frage mich, welche Auswirkungen diese Erkenntnisse auf die Zusammensetzung der Verlagsprogramme haben werden. Druckwerke ohne Fotos, die keine Musik abspielen, wenn man den Buchdeckel aufklappt, die weder nach einer Rose, Rose, Rose duften und nur schnöde explizite Codes enthalten, von denen maximal 40 Bits beim Leser hängenbleiben, dürften es in Zukunft nach meiner Einschätzung schwer haben. Tut mir leid, das sagen zu müssen, Herr Verleger.

171 Ich kann jetzt hier nicht alles detailliert erklären, damit es auch der Letzte begreift! Lesen Sie einfach selbst bei Scheier/Held, Wie Werbung wirkt, Haufe Verlag, Planegg 2006, nach.

# NICHTRAUCHER-RESERVAT, erstes

Das Thema „Ausgrenzen statt integrieren“ war und ist in unseren Breiten ein beliebtes Gesellschaftsspiel vor allem solcher Gruppierungen, die sich – im Einklang mit dem politischen Zeitgeist – dazu aufgerufen fühlen, unerwünschte normabweichende Verhaltensweisen anderer durch eine auf die Spitze getriebene Abgrenzungs- und Prangerpolitik konsequent zu sanktionieren. Wenn man die unbelehrbaren Abweichler nicht einfach wegsperren oder doch zumindest in eine fürsorgliche lebenslange Quarantäne nehmen kann, wählt man als guter Bürger selbst den Weg in die „splendid isolation“, die – als Luxus-Reservat angelegt – den Rest der Welt ausschließt, soweit er sich nicht dem für gut befundenen eigenen Lebensstil unterwirft.[172]

Daran musste ich denken, als ich von dem gemeinsam mit dem Nichtraucher-Verband „Pro Rauchfrei“ erstellten Konzept der Wohnungsgenossenschaft Halle-Süd las, in Sachsen-Anhalt die „1. Nichtraucherwohnanlage Deutschlands“ zu erstellen, die den Mieter, ihren Haustieren[173] und Gästen vertraglich das Rauchen in der 33 Häuser umfassenden Siedlung sowohl im Haus als auch auf dem Balkon oder im Garten verbietet.[174]

### *Rauch verherrlichende Verhaltensweisen*

Und das ist noch längst nicht alles. So ist es den Mietern auch untersagt, Rauch verherrlichende Musik zu hören, wie z. B. „Smoke on the Water“ von Deep Purple und solche traditionell inszenierten Ring-Aufführungen in Bayreuth oder anderswo zu besuchen, in denen die Regisseure mit Hilfe von Trockeneis erzeugte Nebelschwaden über die Bühne wabern lassen. Auf dem mietvertraglichen Index stehen ferner Besu-

---

172 Eine Verhaltensweise, die wir auch im Tierreich beobachten: So haben sich z. B. Stinktiere – jedenfalls in mitteleuropäischen Gefilden – ausnahmslos in Zoos hinter dichte Maschendrahtzäune zurückgezogen, die den staunend vorbeidefilierenden Besuchern den Zutritt zu ihrer Welt verwehren.

173 Bezieht sich auch auf die Haltung von rauchenden Schimpansen!

174 Zu Überlebensstrategien von Rauchern sie auch *Raucher, gesellschaftliche Ächtung.*

che in finnischen Rauchsaunen und das Tragen von Rauchwaren, gleich ob sich die Persianer, Nerze etc. lang- oder kurzgeschoren präsentieren, ferner Reprografien der Gemälde von Caspar David Friedrich, insbesondere „Der Wanderer über dem Nebelmeer", „Morgennebel im Gebirge" und impressionistisch dunstige Verwirrungen von Claude Monet wie etwa „London, das Parlament. Die Sonne bricht durch den Nebel". Auf den Konsum von geräucherten Lebensmitteln jedweder Art und Gebrauch von Räuchermännchen aus dem Erzgebirge müssen die Mieter ebenfalls verzichten. Für Pkw-Neuanschaffungen sind Sicherheitssysteme für Nichtraucher vorgeschrieben, also mit Rauchmelder und automatisch auslösender Sprinkleranlage ausgestattete Fahrzeuge. Der Konsum von Weihrauch durch katholische Kirchgänger ist ausdrücklich vom strikten Rauchverbot ausgenommen.

Wenn Sie unglücklicherweise jemanden besuchen mussten, der in dieses Nichtraucher-Reservat eingezogen ist, vielleicht weil es sich um Ihre schwerreiche Patentante handelt, die in absehbarer Zeit aus ihrem Raucherparadies abberufen wird, Sie bei der Abreise in Halle am Bahnhof stehen und die Lautsprecherdurchsage hören: „Das schienengebundene Fahrzeug erhält Einfahrt", dann wundern Sie sich bitte nicht. Denn der Begriff „Zug" ist in Sachsen-Anhalt aus dem Vokabular der Deutschen Bahn gestrichen worden.

### *Schnell noch mal abrocken*

Mich beschleicht da so ein dumpfes, schwermütig stimmendes Gefühl, dass der Weg über Nichtraucher-Siedlungen eines nicht allzu fernen Tages zu Nichtraucher-Städten, -Staaten und Kontinenten führen könnte. Vorsichtshalber werde ich mir deshalb sofort einen extrem rauchigen, drei Finger hohen Laphroaig aus dem Quarter Cask genehmigen, bevor dieser Single Malt auf dem Index steht und dazu meine Pfeife mit dem dicksten Kopf randvoll stopfen.

**Tipp**

Ich würde mir das dreimal überlegen, einen Individualmietvertrag in dem Hallenser Nichtraucherparadies zu unterzeichnen, frage mich allerdings, wie die Wohnungsgenossenschaft wohl mit austherapierten Schmerzpatienten umgeht, die beim Bundesinstitut für Arzneimittel und Medizinprodukte (BfArM) in Bonn erfolgreich einen Antrag auf **Cannabis zum Eigenanbau** (und -verbrauch) gestellt haben.[175] Das dürfte dann aber mal so richtig interessant werden, wenn statt Zigaretten- oder Pfeifenrauch leicht süßlich duftender „Schwarzer Afghane" das lavendeldominierte Mikroklima in der Siedlung um eine **exotische Duftvariante** bereichert.

## NORWEGER, Marsbesiedlung

Science Fiction-Fans haben es immer vermutet, Ufo-Enthusiasten in aller Welt glauben fest daran, aber nur die Norweger wissen es genau. Lediglich die Wissenschaftler zweifeln, haben aber keine Erklärung für die Lichtblitze, Leuchtbälle und Lichtkugeln, die in Hessdalen, einem kleinen Tal in Norwegen nahe des Polarkreises seit mehr als 200 Jahren Jahr für Jahr beobachtet werden.

Die unerklärlichen Phänomene, die teilweise zwanzig Minuten über den Himmel irrlichtern, werden seit 1982 systematisch untersucht. Doch alle hierzu entwickelten Theorien mit einem wissenschaftlich orientierten Ansatz erwiesen sich als falsch. Radioaktivität, seismische Ursachen, durch die Beschaffenheit des Gesteins (Kupfer, Zink, Eisen) der Berghänge im Verbund mit dem schwefelhaltigen Wasser des durch das Tal mäandernden Flüsschens ausgelöste plasmaphysikalische Anomalien, die das Tal zu einer Art Batterie machen, Sonnenstürme, die auch Ursache für das Polarlicht sind: Alle Hypothesen wurden geprüft und erwiesen sich unter dem Strich als nicht haltbar.

### *Stille Wasser sind tief*

Die seit Jahrzehnten andauernden Bemühungen der Wissenschaftler, die Hessdalen-Lichter mit immer neuen waghalsigen Theorien zu erklären, dienen, das ist meine feste Überzeugung, nur einem Zweck, nämlich die Existenz von Ufos über

175 Siehe *Cannabis, Eigenanbau.*

norwegischem Staatsgebiet zu verschleiern. Unzweifelhaft ist es den Norwegern gelungen, auf welchem Wege auch immer, Kontakt zu einer außerirdischen Intelligenz aufzunehmen. Dass man als Landeplatz für die Ufos nicht den Flughafen von Oslo, sondern eine abgelegene, unzugängliche Gegend in der norwegischen Walachei wählte, verwundert nicht, denn welcher Staat würde wohl die offensichtlich überlegene Technologie der Außerirdischen mit dem Rest der Weltgemeinschaft teilen wollen. Nein, hier geht es darum, politisch im Stillen und unbemerkt von der Weltöffentlichkeit den Technologietransfer mit den Frogs[176] in vertraglich trockene Tücher zu bringen.

Ich würde mich nicht wundern, wenn wir schon in naher Zukunft in den Tageszeitungen darüber lesen würden, dass Norwegen ein eigenes Raumfahrtprogramm auflegt, dessen erste Stufe die Besiedlung des Mars vorsieht.

## NOTIZZETTEL

Für wirklich wichtige Dinge, die ich unbedingt noch im Laufe des Tages erledigen will, mache ich mir häufig eine stichwortartige Notiz auf einem kleinen Zettel, den ich, beschwert mit einem am Ayers Rock geklauten Stein, auf meinen Schreibtisch lege. So habe ich immer die Dringlichkeit meiner Mission vor Augen. Eigentlich ein narrensicheres System, also genau richtig für mich.

Einen solchen Zettel mit einer „dringenden Nachricht an mich selbst“ habe ich jetzt, in kaum noch leserlicher Schrift, vergilbt und an den Ecken hochgebogen, unter der Ablage gefunden, in der ich meine Schreibutensilien und andere unverzichtbare Dinge aufbewahre, die ich im direkten Zugriff haben will.[177]

---

176 Frogs: **F**riedliche **R**aumschiffe **o**hne **g**alaktische **S**eriennummer (so oder so ähnlich schon in der unvergesslichen deutschen Science Fiction-TV-Produktion „Raumpatrouille“).

177 U. a. eine leistungsstarke Laser-Taschenlampe aus China, mit der man laut Gebrauchsanleitung („... leuchte Mond ...“) bis zum Mond leuchten kann, einen aus einer großen Schrauben-Mutter von einem Werkzeugmacher liebevoll gefertigten Kapselheber für Bierflaschen, einen

„Mutter anrufen", könnte aber auch „Zwiebelkuchen" heißen. So ganz sicher bin ich mir da nicht. Inge sagt immer, ich hätte eine „Sauklaue", womit sie wohl Recht hat. Ich habe mich dann nach langem Nachdenken dafür entschieden, den Zettel wegzuwerfen. Manches erledigt sich wohl doch von selbst.

## NUTZTIERHALTUNG, Chancen

Mein bester Freund Andreas, ein Cousin meiner Holden, ist immer für einen überraschenden Einfall gut, den seine Frau Christel meist aus tiefer Überzeugung mitträgt. Was haben wir nicht schon alles gemeinsam angeschoben – meist auf seinem Grundstück im Außenbereich von Marbeck-Heiden, das von den Abmessungen her mehr an einen groß dimensionierten Bauernhof erinnert als an ein reines Wohngrundstück. Hühner, Karnickel, Schafe, Rinder – wir haben alle in unseren Breiten verbreiteten Haustierrassen schon gehalten, geschlachtet und gegessen – Schweine mal ausgenommen.

***Hühner im Blutrausch***[178]

Die Sache mit den Hühnern hat viel Spaß gemacht, sieht man mal davon ab, dass Andreas am Tag des ersten Schlachtfestes, nachdem er dem 15. Huhn den Kopf abgehackt und bis zu diesem Zeitpunkt gemeinsam mit mir nahezu einen ganzen Kasten Pils[179] geleert und ein paar Frühstückskorn genossen hatte, in einen spontanen Blutrausch verfiel und bewaffnet mit der Axt den seit Stunden nervig kläffenden Hund des Nachbarn „endlich zum Schweigen bringen" wollte, was mir absolut einleuchtete. Dem beherzten Eingreifen von Christel und Inge war es letztlich zu verdanken, dass die Nachbarschaft auch heute noch intakt ist.

---

Golfball, Golfball?, mehrere Pins mit Motiven unseres geliebten BVB 09, die ich bei besonders festlichen Anlässen trage, und eine Sammlung verschrumpelter Kastanien, eine für jedes der letzten fünfzehn Jahre, die ich auf der nächsten Dokumenta in Kassel in einem Glaskasten zusammen mit dem im Dortmunder Zoo unter Lebensgefahr eingesammelten Elefantendung (liegt in der Garage!) ausstellen will.

178 Achtung: Überschrift entspricht nicht dem Inhalt, liest sich aber gut.

179 Das klingt nur nach viel, es waren aber nur 0,33-Liter-Gebinde.

***Karnickel saufen „Mümmelmann“***[180]

Das mit den freilaufenden Karnickeln war eine – im wahrsten Sinn des Wortes – Grenzerfahrung. Wir starteten im Frühjahr mit 20 Langohren, von denen im Herbst, also zur üblichen Erntezeit für Hoppelmänner, nur noch zwei greifbar waren. Der Rest hatte sich durch den wohl nicht an allen Stellen dichten Maschendrahtzaun davongemacht und für ein Leben auf den Ackerflächen des Münsterlandes entschieden, was unsere Investition zu einem Fehlschlag machte. Die beiden – wohl auch geistig etwas zurückgebliebenen – Stubenhocker, die ihren Artgenossen nicht gefolgt waren, brachten wir nach dem Genuss eines 0,7-Liter-Fläschchens „Mümmelmann“ – unsere Wahl fiel nicht zufällig auf diesen Kräuterlikör –, den wir mit reichlich Pils runterspülten, im fairen Kampf Mann gegen Bestie zur Strecke.

***Schafe riechen nach … Schaf***

Die Schafe, so fünf oder sechs, haben wir nicht alle selbst gegessen, sondern größtenteils im zerlegten Zustand verkauft, unglücklicherweise auch an einen meiner Arbeitskollegen, der seitdem – aus mir unerklärlichen Gründen – Vegetarier geworden ist. (Ein Schaf schmeckt nun mal nach Schaf, vor allem, wenn es schon etwas in die Jahre gekommen ist, lieber Gerd.)

***Über die Tücken der Rinderhaltung***

Gern denke ich hingegen an die Zeit zurück, es waren immerhin mehrere Jahre, in der wir uns für die Rinderhaltung begeisterten. Wir sprachen uns nur noch mit „Ranger“ an, funktionierten den ehemaligen Hühnerstall in eine kuschelige Begegnungsstätte für Rinder um, machten frühmorgens, gleich nach Sonnenaufgang, Heu und stahlen im Sommer bei Dunkelheit von den umliegenden Feldern den Mais, um unsere Tiere zu verwöhnen.

***Rind – 90-60-90***

Lehrgeld zahlten wir in dieser Zeit freilich auch. Merke: Kaufe nie ein Rind im fahlen Dämmerlicht eines nur mit einer

---

180 Achtung: Überschrift entspricht nicht dem Inhalt, liest sich aber gut.

alten Ölfunzel notdürftig ausgeleuchteten Stalles! Gewiss, das Jungrind war lebhaft, gesund und hatte gute Proportionen, nur war es, als der breit grinsende Bauer es am nächsten Tag mit der Bunge anlieferte, nicht viel größer als ein gut im Futter stehender, ausgewachsener Schäferhund. Zu machen war da nichts mehr, ein Handschlag beim Tierkauf ist nun mal ein Handschlag. So will es die Tradition. „Hatteken“,[181] so tauften wir das mit Abstand schönste Rind des Münsterlandes, legte im Laufe des Sommers dann noch richtig an Gewicht zu und hatte am Tag des Schlachtfestes im Spätherbst die beachtliche Größe einer deutschen Dogge erreicht. Gegessen haben wir übrigens nichts von dem Fleisch. Wer isst schon gern Dogge?

***Kranzgeld für Wiederkäuer***

In der zweiten Episode, das muss dann aber auch genügen, ging es um eine Vergewaltigung oder, das konnte nie ganz geklärt werden, einvernehmlichen Sex zwischen unserer schwarz-bunten „Grete“ und einem ganz und gar triebgesteuerten Bullen auf der Nachbarweide. Wen auch immer die Fleischeslust als ersten überkam, unsere durch und durch züchtige „Grete“ oder den sexbesessenen Hallodri von nebenan, der den ganzen Sommer mit ausgefahrener Rute über den Zaun geschielt hatte, Fakt ist, dass „Grete“ – wie wir meinen – ungewollt schwanger wurde. Dass der Zaun nach dem Vorfall von unserer Seite auf die der angrenzenden Weide geneigt war, sagt nichts darüber aus, wer den ersten Schritt gemacht hat. Bullen sind da sehr geschickt. Als der Bauer des Bullen für die Besamung dann noch Geld verlangte, rechneten wir – wegen der ungeklärten Tatsachenlage – gegen seine Forderung das Kranzgeld für Grete auf, was ihm nach ein paar Gläschen Doppelkorn auch einleuchtete.

Das sind alles unvergessliche Erlebnisse, lieber Andreas. Aber dein aktueller Vorschlag, gemeinsam indische Arbeitselefanten zu züchten, weil dein Trecker den Geist aufgegeben hat, ist mir doch ein Spur zu exotisch. Wie wär’s aber mit afrikanischen Elefanten, damit kenne ich mich ganz gut aus.

181 Herzchen.

## OLYMPISCHE WINTERSPIELE, Skandal

Die vollständige Enthüllungsstory über die skandalumwitterte Eröffnungsfeier der XXII. Olympischen Winterspiele in Sotschi kann ich Ihnen hier wegen des verlegerischen willkürlichen Kürzungsdiktats[182] nur in Stichworten andeuten. Verpasst haben Sie[183] elektrisierende Fakten, tiefschürfende Hintergrundberichte und fundierte Analysen u. a. zu folgenden Top-Themen: Warum die von 3.000 Balletttänzern und -tänzerinnen des Bolschoi im „Fischt-Stadion" aufgeführte Gala statt der fünf nur vier olympische Ringe zeigte, warum Dr. Thomas Bach, der Präsident des Internationalen Olympischen Komitees, den russischen Ministerpräsidenten Wladimir Wladimirowitsch Putin den mehr als 1 Mrd. TV-Zuschauern als „Rasputin" ankündigte und wo die wirklichen Gründe dafür liegen, dass der offensichtlich schwer angetrunkene Ex-Weltklassetorhüter der russischen Eishockey-Sbornaja statt des Olympischen Feuers die Olympische Flagge anzündete.

## OHRWURM, Jagd

Ohrwürmer gehören zu einer Spezies, die äußerst scheu ist und in der freien Wildbahn praktisch noch nie beobachtet, geschweige denn von irgendeinem Tier-Dokumentarfilmer abgelichtet worden ist. Versuche, sie im Labor zu züchten, sie dort gezielt zu erzeugen, um mehr über ihr Aussehen und Verhalten zu erfahren, sind bisher sämtlich fehlgeschlagen. Eigentlich kennt man sie nur vom Hörensagen, wenn sie sich in einen Wirt bereits eingenistet haben und dieser verzweifelt davon berichtet, dass er das Ding nicht mehr los wird, sich manchmal lebenslang mit ihm herumplagen muss.

Als Opfer kommen, wie ich jetzt gelesen habe, vor allem sensible Personen mit niedriger Reizschwelle in Betracht, die

182 Siehe *Verleger, Erbsenzähler.*

183 Beschwerdebriefe bitte direkt an den Verleger.

einen emotionalen Bezug zu den fünf bis neun Sekunden langen Melodienfetzen haben, die der Ohrwurm leise, aber penetrant vor sich hin summt, vor allem immer dann, wenn sich das Gehirn im Leerlauf befindet, was ja bei vielen Menschen auch im Wachzustand und nicht nur während bestimmter Phasen der Nachtruhe der Fall ist.[184]

***Opferanalyse***

Richtig, die Frage, die sich an diese wissenschaftliche Erkenntnis von Prof. Eckhart Altenmüller, Direktor des Instituts für Musikphysiologie und Musikermedizin an der Hochschule für Musik, Theater und Medien Hannover, anschließt, ist doch die, woher der Ohrwurm eigentlich weiß, dass die von ihm ausgewählte Person gerade mit dieser Melodie starke positive oder negative Gefühle verbindet, die den für den Nistvorgang unverzichtbaren emotionalen Bezug herstellen? Ich vermute mal, genau weiß ich das natürlich nicht, dass Ohrwürmer, bevor sie sich einnisten, ein eingehendes musikalisches Profil ihrer potenziellen Opfer erstellen und erst dann losschlagen, wenn sie alle MP3-Dateien einschließlich der CD- bzw. LP-Sammlung ausgewertet und sich einen Überblick über die favorisierten Radiosender verschafft haben.

***Gegenmaßnahmen***

Vorbeugend könnte es sich deshalb empfehlen, alle in Ihrer Wohnung aufbewahrten Tonträger unter Verschluss zu halten, um das Profiling durch den Ohrwurm zu erschweren bzw. zu verhindern. Kühlschrank oder besser noch Kühltruhe sind da durchaus geeignete Aufbewahrungsorte. Denn so viel glaube ich über Ohrwürmer aus eigener Erfahrung zu wissen: Sie mögen keine Temperaturen unter zehn Grad. Ich schließe das daraus, dass es meistens sogenannte Sommerhits sind, die zu ihrem bevorzugten Repertoire gehören.

**Tipp**

Wenn Sie der Ohrwurm bereits erwischt hat, folgen Sie einfach der Standard-Empfehlung der HNO-Ärzte und eliminieren die in der Regel kurzen Text- und Melodienfetzen des Ohrwurms dadurch,

184 Siehe *Millionär, Schlafstörung.*

dass Sie sich **bewusst** immer wieder das **ganze Lied** anhören, bis Sie entweder verrückt geworden oder erlöst sind. Das ist der harte Weg. Oder, eine andere Methode, Sie **„überspielen"** die lästige Fragmentmusik **mit** einer **anderen Melodie.** So ist es mir jetzt gelungen, das unsägliche – starke negative emotionale Bindung! – Gefiepe von „You're My Heart You're My Soul" aus meinem Langzeitgedächtnis zu eliminieren. Ob ich allerdings mit „Atemlos durch die Nacht" auf Dauer glücklich werde, wage ich inzwischen zu bezweifeln.

## ONLINE-PETITION, Frustabbau

Sie sind schlecht drauf, alles nervt Sie: Politiker, Kirchenfürsten, Nachbarn, Freunde, die eigene Frau, das Finanzamt, das Fernsehprogramm, die Tageszeitung? Jetzt ist auch noch sauschlechtes Wetter, Sie sind in leicht depressiver Stimmung und können Ihren Weltschmerz weder bei Ihrer Mutter abladen, die gerade mal wieder Urlaub macht, noch bei Ihrem Friseur, denn es ist Montag.

Dann ist es an der Zeit, aktiven Frustabbau zu betreiben und über eine Online-Petition nachzudenken, mit der Sie andere Nichtstuer, Nörgler, Querulanten und Depressive, die das gleiche allgemeine Unwohlsein plagt, auf ein Ihnen wichtiges Thema fokussieren, um sie so vor den Karren Ihrer eigenen Interessen zu spannen.

### *Und so geht's*

Online-Petitionen an die Petitionsausschüsse beim Bundestag, einen der Landtage oder das EU-Parlament sind ruck zuck auf einer der offiziellen[185] und inoffiziellen[186] elektronischen Plattformen zusammengezimmert. Falls Sie mit dem Formular für eine Online-Petition an den Petitionsausschuss des Deutschen Bundestags und der dort angebotenen „Hilfe" wider Erwarten nicht klarkommen, dann schlagen Sie in der „Anleitung ePetition Bundestag" bei Greenpeace[187] nach.

185 www.epetionen.bundestag.de oder www.landtag.nrw.de, Rubrik „Online-Petition"; www.europarl.europa.eu.

186 www.avaaz.org, www.campact.de, www.change.org, www.openpetition.de.

187 www.greenpeace.de, dort: Publikationen/Archiv/15.11.2010.

Im Unterschied zu Einzelpetitionen, die anonym bleiben, werden öffentliche Petitionen zum Bundestag nach einer Prüfung für sechs Wochen zur Mitzeichnung online gestellt, und bei 50.000 Mitzeichnungen während der ersten vier Wochen winkt ihnen unter Umständen eine Freifahrt nach Berlin zum Petitionsausschuss nebst kostenlosem All inclusive-Aufenthalt.

### *Frisch von der Leber weg*

Wenn Sie nun befürchten, mit Ihrer Petition zu scheitern, weil diese vielleicht einen Tick zu kurios ist, dann darf ich Ihnen die Listen der Petitionen auszugsweise vorstellen, die im März 2014 in Berlin in der Prüfung waren oder sich in der Mitzeichnungsfrist befanden: 46846 (Id-Nr.): Erlaubnis des Hanfanbaus, 49072: Lage von öffentlichen Damentoiletten auf deutschen Autobahnen, 17988: Begrüßungsschreiben für Neugeborene, 19013: Einführung einer Männerquote, 19699: Verbot der Zerstörung von Hornanlagen horntragender Tiere.

Größere Gestaltungsfreiheit bei der Auswahl Ihres persönlichen Lieblingsproblems geben Ihnen freilich die genannten inoffiziellen Plattformen, die Sie immer dann nutzen sollten, wenn Sie beim Petitionsausschuss des Bundestags nicht zum Zug gekommen sind: Einführung von Luxemburgisch in Facebook (change), Einladung von Phil Collins nach Landshut (openpetition), Absetzung des SAT1-Frühstücksfernsehens (openpetition), Raus mit Markus Lanz aus meinem Rundfunkbeitrag (openpetition).

**Tipp**

Sie können Ihren **Protest** per Mausklick beim Petitionsausschuss des Bundestags auch **für Dritte** einreichen. Die dazu notwendige Vollmacht des Dritten ist schnell gefälscht. Bedenken sie nur, welche ungeahnten Möglichkeiten sich damit für Sie ergeben, auch einmal **wirklich brisante Themen,** echte heiße Eisen, im Internet anzusprechen, die Sie nicht mit Ihrem eigenen Namen in Verbindung gebracht sehen wollen. Ihnen wird sicherlich das ein oder andere Thema einfallen, mit dem Sie eine alte Rechnung begleichen können.

Der Online-Handel ist bekanntermaßen eine Boombranche, die mittlerweile bereits jährlich von über 40 Millionen Deutschen über 14 Jahren genutzt wird.

Die negativen Begleiterscheinungen des Versendens von Waren im Fernabsatzgeschäft[188] sind – aus der Sicht der Händler – die jährlich mehr als 500.000 Fälle von Waren- und Kreditkartenbetrug und – aus der Sicht der Allgemeinheit – z. B. die mit Auslieferungsfahrzeugen der diversen Paketzustellungsunternehmen verstopften und durch sie verpesteten Straßen, die die Waren erst zum Kunden hin- und in vielen Fällen innerhalb kürzester Zeit wieder an den Absender zurücktransportieren. Das geschieht nicht immer nur deshalb, weil die bestellte Ware dem Käufer nicht zusagt.

### *Kostenlose Warenleihe*

Untersuchungen über das Online-Shopping besagen, dass fast 40 % der Kunden, insbesondere in der Altersgruppe zwischen 30 und 49 Jahren, gelegentlich Fernabsatzverträge abschließen, ohne eine wirkliche Kaufabsicht zu haben. Zu dieser Kundengruppe gehören auch die Pfeifen, die eine Ware zu dem Zweck bestellen, sie zu benutzen und dann innerhalb der 14-tägigen Widerrufsfrist an den Händler zurückzuschicken, allerdings nicht ohne den bestimmungsgemäßen Gebrauch etwa des adretten Sommerkleidchens vorher in der Disco eingehend getestet zu haben. Durchschnittlich sind 10 % der retournierten Waren reif für die Altkleidersammlung, weil etwa intensiver Schweißgeruch, Waschmittelspuren, Make-up-Flecken oder gravierende Gebrauchsspuren eine Wiederaufbereitung der Retouren für den Verkauf nicht zulassen.

Diese spezielle Form des Warenbetrugs wird von den Händlern kaum verfolgt und schon gar nicht an die große Glocke gehängt, um bloß keine Nachahmer dazu zu animieren, sich für die nächste Sommernachtsparty mal ein neues Kleidchen „auszuleihen“. Auch spielt hier die Angst vor nega-

188 Hierzu gehören der herkömmliche Versandhandel, E-Commerce, also das Online-Shopping, und das Teleshopping, nicht hingegen das Insel-Hopping.

tiven Bewertungen auf Internetforen eine Rolle. Aber natürlich berücksichtigen die Händler die Ausfallrate der Müll-Retouren bei der Preiskalkulation für ihr Sortiment mit der Folge einer Verteuerung der Waren für die seriösen Käufer.

***Falle für Sozialschmarotzer***

Ich wünsche mir von ganzem Herzen, dass die oben von mir bewusst mit einem sehr speziellen Ausdruck gewürdigte Käufergruppe der Sozialschmarotzer die durch die EU-Verbraucherrichtlinie 2011/83 erfolgte und ab dem 13.6.2014 geltende Änderung des Bürgerlichen Gesetzbuchs zur Umgestaltung des Verbraucherprivatrechts verschnarcht und beim nächsten als Leihe angelegten Einkauf mal so richtig auf die Schnauze fällt. Denn ab diesem Zeitpunkt ist es nicht mehr zulässig, die Ware wie bisher einfach kommentarlos an den Händler zurückzusenden; es muss vielmehr ausdrücklich und eindeutig nach erfolgter Belehrung über das Widerrufsrecht innerhalb der 14-Tage-Frist der Widerruf des Vertrags mit einem speziellen Muster-Widerrufsformular erklärt werden.[189] Hihihi, sagen Sie's bloß nicht weiter!

## OSTERHASE, Eierversteckmaschine

Liebe Kinder, vielleicht habt Ihr im Internet auch schon das Foto gesehen, auf dem ein Osterhase, auf dem Rücken eine Kiepe voller Ostereier, vor dem Haupteingang der Zentrale des Internet-Suchmaschinenbetreibers Google in Mountain View im US-Bundesstaat Kalifornien mit einem Schild abgebildet ist, auf dem er statt der Perfektionierung der Google-Suchmaschine die Entwicklung einer „Versteckmaschine" für Osterhasen fordert.

Nun, ich kann euch sagen, dass es nie eine solche Forderung der Osterhasen, weder einzelner noch einer Ihrer global aktiven Gruppierungen, gegeben hat, die, wie Ihr bestimmt wisst, in dem weltumspannenden Netzwerk „Rabbits of the World" organisiert sind. Ich habe da nachgefragt. Das im

189 Siehe §§ 355, 356 BGB.

Internet abgebildete Foto ist gestellt! Es handelt sich um einen gründlich misslungenen Werbegag von Google, mit dem sich das Unternehmen zum Osterfest auf infame, hasenverachtende Weise ins Gespräch bringen wollte. In dem Hasenkostüm steckt übrigens der schleswig-holsteinische Ministerpräsident Torsten Albig, der auch ansonsten immer für eine Osterüberraschung gut ist, was Ihr bestimmt schon von euren Eltern gehört habt.[190]

Seid also unbesorgt. Die Ostereier, die Ihr im Garten oder anderswo gefunden habt, sind alle von echten Osterhasen ohne den Einsatz von Versteckmaschinen handversteckt worden. Mein Wort darauf!

190 Siehe *Solidaritätszuschlag, Autobahnen.*

# PARADIES, virtuelles

Schäubles neue Brille, die er im Bundestag bei der Verteidigung des von im vorgelegten Bundeshaushalts für das Jahr 2014 trug, ist echt gewöhnungsbedürftig, irgendwie futuristisch, ein bisschen so wie die von Geordi La Forge, der als Einsatzoffizier im Rang eines Lieutenant Commander auf der „USS-Enterprise“ Dienst tat. Statt der sonst üblichen Brillengläser sind an dem Nasenbügel zwei zu seinen Augen hin geöffnete, nach vorn aber geschlossene trichterförmige Gebilde angebracht, die den Zuschauer nicht einmal ahnen lassen, wohin er blickt und was er dabei sieht.

***… für Hühner***

Was das das Ganze soll, ist mir klar geworden, als ich jetzt einen Artikel über die von Professor Austin Stewart, der an der Iowa State University Design und IT lehrt, neu entwickelte Technik zur Schaffung einer virtuell erzeugten Realität für Hühner las. Die beiden Trichter von Stewarts Digitalbrille enthalten auf die fünf Zapfentypen der Augen eines Federviehs abgestimmte LCD-Bildschirme, die dem Huhn ein Szenario vorgaukeln, das es glücklich macht, nämlich großflächige Wiesen und einen strahlend blauen Himmel. So wähnt es sich im Hühnerparadies und merkt nicht, dass es in Wirklichkeit in einem nach EU-Vorschriften genormten Drahtkäfig als eines von Hunderttausend anderen Hühnern in einer mit Neonröhren taghell ausgeleuchteten Legebatterie sitzt.

***… für Finanzminister***

Schäuble muss im Besitz des Prototypen einer Spezialbrille für Finanzminister sein, die ihm die Kassenlage so zeigt, wie er sie gern hätte. Oder wie soll man es sich sonst erklären, dass er das durch die Rente mit 63, die Brennelementesteuer etc. entstandene Milliardenloch im Bundeshaushalt[191] u. a.

---

191 Zur Haushaltspolitik von Schäuble sie auch *Bundeshaushalt, schwarze Null.*

dadurch schließen will, indem er die prognostizierten Steuereinnahmen – entgegen den Ergebnissen der Steuerschätzung – mit lockerer Hand einfach nach oben korrigiert.

**Tipp**
Falls Sie die Anschaffung einer Digitalbrille erwägen sollten, um Ihre **eigene Welt** ein bisschen **aufzuhübschen,** sollten Sie wissen, dass die virtuelle Hühnerbrille momentan so um die 32.000 € kostet, Sonderanfertigungen dürften teurer sein. Finden Sie sich also mit der Realität ab, so wie sie sich beim Blick durch Ihre von der Krankenkasse bezuschussten Brillengläser präsentiert!

# PARTYKELLER

Auf der nostalgisch gestalteten Einladungskarte stand es in fetten Lettern: „Wir feiern im Partykeller.“ Es gab mal eine Zeit, so in den 70ger Jahren des vergangenen 20. Jahrhunderts, da wurde man mitleidig belächelt, wenn man als Hauseigentümer nicht über solche Räumlichkeiten verfügte.

***Altdeutsches und DS***

Liebevoll ausgestattet mit einer möglichst selbstgebastelten Mini-Bar („Da hat uns Onkel Alfred geholfen, der kann sowas.“), die beileibe nicht immer an die zentrale Wasserversorgung und Kanalisation des Hauses angeschlossen war, was aber spätestens zu vorgerückter Stunde niemandem mehr auffiel, weil jedes griffbereite Glas gerade recht kam. State of the Art waren auch die mit möglichst dunkler Lasur auf „altdeutsch“ getrimmten Tische und Stühle („Alles Eiche, hält ewig.“). Echte Connaisseurs legten auch Wert auf zum Stil der Möblierung passendes DS[192], meist Pferdehalfter, sandgestrahlte Radnarben, möglichst noch mit dem daran hängenden Rad („War ziemlich viel Arbeit, hat sich aber echt gelohnt.“), Holzrechen und kleine tönerne Lämpchen mit bunten Schirmen aus dickem Stoff, in denen sich die Hausmilben tummelten. Alles atmete deutsche Gemütlichkeit und gepflegte Gastlichkeit.

192 Deko-Scheiß.

Heute ist das anders, da hat niemand mehr Skrupel, die Gästeschar ins Allerheiligste, das Wohnzimmer, zu verbannen, wo sie nahezu ungeschützt allen möglichen Umwelteinflüssen ausgesetzt ist. Tageslicht, Frischluft – alles wirkt mit voller Intensität auf die ahnungslosen Versuchskaninchen ein, von denen das eine oder andere Exemplar aus diesen Gründen längst die Flucht ergriffen hat und in den Garten gehoppelt ist.

Da heute Abend auf einem öffentlich-rechtlichen Fernsehkanal das Auftaktspiel zur Rückrunde der 1. Fußballbundesliga übertragen wird, werde ich wohl das Risiko in Kauf nehmen müssen und es mir oben im Wohnzimmer gemütlich machen, denn da steht der Fernseher. Da muss ich einfach durch.

### *Geschlechterkampf*

Das war ein Flop. Meine in der Zeit von 20 Uhr bis 20.45 Uhr erst unterschwellig angebrachten („Im Fernsehen läuft nichts Gescheites mehr."), dann immer deutlicher artikulierten Versuche („Was ist jetzt, wollt ihr Fußball sehen?"), die versammelte Männerrunde für das Fußballspiel zu interessieren, erwiesen sich als ein totaler Fehlschlag.

Als ich spürte, dass die Zurückhaltung offenbar auf ein von den Ehefrauen für diesen Abend verhängtes Fernsehverbot zurückging, griff ich zu einem letzten verzweifelten Mittel. Mit einer provokant rhetorischen Frage, es war jetzt bereits 21 Uhr und es musste etwas passieren, wollte ich den unterschwellig im Hintergrund tobenden Geschlechterkampf mit einem verbalen coup de grace zu meinen Gunsten entscheiden: „Seid Ihr Männer oder was?" Bumm, das saß! Gesenkte Köpfe auf der einen, hochgereckte Hälse auf der anderen Seite des Tisches, an der die Frauen saßen. Die zwischen den beiden Tischhälften ausgetauschten Blicke signalisierten nichts Gutes für den Erfolg meiner Mission. Als dann nach zwei Herzschlägen Stille die Unterhaltung wieder Fahrt aufnahm und Roswitha mich ermunterte, doch noch einmal „kräftig" bei den bereitgestellten Käsecrackern „zuzulangen", da wusste ich, dass ich verloren hatte.

Loriot hat eben doch Recht mit seiner Feststellung: Männer und Frauen passen einfach nicht zusammen.

Um die geplanten Reformen in der gesetzlichen Pflegeversicherung umzusetzen,[193] braucht die Bundesregierung Geld, so circa 6 Milliarden Euro, die sie sich durch eine Erhöhung des Beitragssatzes zur Pflegeversicherung bis 2017 um 0,5 % von den gesetzlich Krankenversicherten besorgen will.[194] In einem ersten Schritt soll der Beitragssatz zum 1.1.2015 um 0,3 % auf 2,35 % bzw. – wie seit 2005 üblich – für Kinderlose um 0,25 % höher, also auf 2,6 % ansteigen; bis 2017 werden dann noch einmal 0,2 % draufgeschlagen.

Immerhin keine Steuererhöhung, sondern lediglich eine zusätzliche finanzielle Belastung für alle von der gesetzlichen Krankenversicherung erfassten Arbeitnehmer, also rund 52 Mio. Beitragszahler. Angela Merkel hält also Wort, das muss man sagen.[195]

### *Die zweifache Erhöhungsfalle*

Was man bei den Erhöhungsrunden in der Sozialversicherung allerdings nicht vergessen darf, ist, dass neben der regelmäßigen Erhöhung der Beitragssätze – in der Pflegeversicherung seit 1995 bis 1. Halbjahr 1996: 1 %, 2. Halbjahr 1996 bis 2008: 1,7 % (seit 2005 mit dem sogenannten Kinderlosenzuschlag von 0,25 %), 2009 bis 2012: 1,95 %, 2013 bis 2014: 2,05 %, geplant ab 2015: 2,35 %, geplant bis 2017: 2,55 % – auch die für die Kranken- und Pflegeversicherung geltende monatliche Beitragsbemessungsgrenze bis zu der Beiträge erhoben werden, Jahr für Jahr konstant steigt: 1995: 2.991 € (= 5.850 DM), 1996: 3.067 € (= 6.000 DM), 2008: 3.600 €, 2009:3.675 €, 2012: 3.825 €, 2013: 3.937 €, 2014: 4.050 €.

---

193 Neuer Pflegebedürftigkeitsbegriff, Anhebung der Pflegeleistungen, verbesserte Betreuung zu Hause und im Heim durch Anhebung der Zahl nachträglich qualifizierter Kräfte usw.

194 Ein um 0,1 % erhöhter Beitragssatz spült rund 1 Milliarde € in die Kassen der gesetzlichen Krankenversicherung.

195 Angela Merkel: „Wir haben seit 2009 nach vielen Jahren des Lohnrückgangs endlich wieder Lohnerhöhungen und die wollen wir auch netto an die Menschen weitergeben und nicht durch Steuererhöhungen diesen Anstieg kleiner machen“ (http://www.bild.de/video/clip/steuererhoehungen/merkel-audio-steuern-32553698.bild.html).

***Von 14,96 € auf 53,55 € monatlicher Arbeitnehmeranteil***

Das bedeutet, dass unter Zugrundelegung des Höchstbeitrags bis zur Beitragsbemessungsgrenze der monatliche Arbeitnehmeranteil für die gesetzliche Pflegeversicherung seit 1995 von (umgerechnet) 14,96 € (1 % von 2.992 € : 2) auf 41,51 € (2,05 % von 4.050 € : 2) in 2014 gestiegen ist und nach den Plänen der Bundesregierung – unter Berücksichtigung einer Anhebung der Beitragsbemessungsgrenze auf realistische 4.200 € – bis 2017 auf voraussichtlich 53,55 € steigen wird (2,55 % von 4.200 € : 2). Aber auch das ist natürlich keine Steuererhöhung, da hat unsere Bundeskanzlerin schon Recht!

**Tipp**

Und das ist nur die Erhöhung des Beitragssatzes in der gesetzlichen Pflegeversicherung. Bitte tun Sie sich einen Gefallen und **bilden** Sie auch **Rücklagen** für den absehbar erhöhten Finanzierungsbedarf in der gesetzlichen **Kranken- und Rentenversicherung,** deren Kassen durch Schäuble zur Finanzierung seines „Null-Haushalts“ in schamloser Art und Weise auf dem Rücken der Beitragszahler leergeräumt wurden.[196] Schließen lassen sich die unausweichlichen Finanzierungslücken nur über Beitrags- oder Steuererhöhungen, aber letztere wird es ja unter Angela Merkel nicht geben.

# PILS, Rezeptpflicht

Ich lag auf der Couch, meiner Couch, im Wohnzimmer, über die Kopfhörer säuselte mir ZAZ ins Ohr und in der Hand hielt ich die kürzlich gekauften Gesammelten Werke von Edgar Allan Poe, 1.000 Seiten für 9,90 €, um den soundsovielten Versuch zu unternehmen, mich von seinen Geschichten einfangen zu lassen. Spannung, Humor, Information, Erleuchtung? Sonstwas? Mal wieder Fehlanzeige. Ich beschloss, meine Ausflüge in seine literarischen Gefilde ab sofort einzustellen, als mein Blick auf den TV-Bildschirm fiel. Was ich da im Untertitel las, das haute mich um: „PiDaNa – Nur auf Rezept“.

196 Siehe *Gerechtigkeitsapostel, politische.*

***Eine politische Verschwörung?***
Auch das noch! Warum nicht gleich auch noch das PiVoZu, das PiDaVo und das PiZwiDu? Ich war entsetzt, diese, diese GRÜNEN! Aber Moment mal, die haben doch im Moment nichts zu melden, drücken zusammen mit den LINKEN in Berlin die Oppositionsbank. Sollte etwa der Gröhe, der jetzt das Bundesministerium für Gesundheit geentert hat, auf Schmusekurs mit grünen Politikinhalten gehen, um sich bei diesen Weltbeglückern im Vorgriff auf die nächste Wahl zum Bundestag einzuschleimen? Zutrauen würde ich ihm das. Plant Merkel schon den Absprung aus der GroKo? Jetzt schon?

Inge, konnte meine Fragen nicht beantworten. Sie hatte das Fernsehgerät zwar eingeschaltet, wie immer mit superleisem Ton, sah aber auf ihrem Tablet die letzten Mails durch.

***Ist Alkohol der Schlüssel?***
Ein Rundruf bei meinen Nachbarn sollte mir Klarheit verschaffen, dazu dienen, Allianzen zu schmieden, den notfalls bewaffneten Widerstand zu organisieren. Alle sind Pilstrinker. Mit jahrzehntelanger Erfahrung. Fritz, nicht zu Hause, unterwegs mit seinem Männerchor, Udo, nicht zu Hause, unterwegs mit seinem Männerchor, Christian, nicht zu Hause, unterwegs mit seinem ... Letzter Versuch: Manni. Zu Hause! Ja, er habe den Fernsehbericht verfolgt. Ich solle mir keine Sorgen machen. Das Pils vorm Zug, das Pils davor, das Pils zwischendurch und auch das Pils danach blieben uns rezeptfrei erhalten. Der Bericht habe das Thema Empfängnisverhütung behandelt, die Pille danach.

Ach soooooo! Uff! ich bin derart erleichtert, dass ich gleich einen neuen Versuch starten werde, hinter die Geheimnisse des literarischen Schaffens von E. A. Poe zu kommen. Der soll ja gesoffen haben wie ein Loch. Ist das etwa der Schlüssel zum Verständnis seines Werkes? Vielleicht sollte ich ein Pils trinken? Besser gleich zwei!

## PKW-MAUT, Schlägerei in GroKo

Wie aus gut informierten Regierungskreisen verlautet, soll die Atmosphäre auf der letzten Abstimmungssitzung der GroKo in Berlin von Anfang an hitzig gewesen sein. Die Stimmung sei dann eskaliert, als Dobrindt auf Geheiß Seehofers beim Tagesordnungspunkt „Pkw-Maut“ diverse Transparente mit Parolen pro Maut entrollte und mit dem Austritt Bayerns aus der EU für den Fall drohte, dass das Gesetzesvorhaben scheitere.

Als dann noch beide, der Seehofer Horst und der Dobrindt Alexander, den Queen-Titel „We are the Champions“ lauthals intonierten, nachdem eine sichtlich um Fassung ringende Bundeskanzlerin beide um sachliche, zielführende Diskussionsbeiträge gebeten hatte, nahm das Verhängnis seinen Lauf.

Gabriel soll, wie übereinstimmende Quellen berichten, in aller Ruhe das vor ihm stehende Glas Wasser ausgetrunken und sich dann, nach einem knappen Meinungsaustausch mit der Kanzlerin, die ihm kurz zunickte, mit dem Ausruf „Ich mach’ ihn alle, diesen Schwachkopf!“ quer über den Tisch des Sitzungsraumes auf einen ziemlich verdutzt dreinblickenden Seehofer geworfen und ihm – nach einem kurzen, aber heftigen Gerangel auf dem Flokatiteppich des Bundeskanzleramtes – zwei Veilchen in den bayerischen Landesfarben verpasst haben.

Seehofer wertete den Vorfall als einen Beweis für das gute Klima in der Koalition, zeigte sich aber dennoch überrascht, denn „Blumen hat mir der Sigmar bisher noch nie geschenkt“.

## PLAGIAT

Hein Süwerstrüp, einer der großen Dichterfürsten aus dem Norden, vielen sicherlich besser bekannt als der „Hermann Löns der Halligen“, war bisher einer meiner Lieblingspoeten. Zu gern habe ich in seiner auf drei Bände angelegten Sammlung „Deiche im Dunst“ geblättert, um mich von der durch ihn so unvergleichlich intensiv eingefangenen Stimmung seiner „Erzählungen aus dem Deichland“ faszinieren zu lassen.

***„Peer der Schäfer“***

Doch das war einmal. Ich las gerade „Peer der Schäfer“, ein einfühlsames Gedicht über das Sujet „Geduld“. Der ein oder andere mag es vielleicht kennen:

*Oben*[197] *auf des Deiches Krone steht das Schaf*
*und blökt gen Norden.*[198]
*Unten an des Meeres Strande steht der Schäfer,*[199]
möcht' es morden.
Später dann,
*der Tag*[200] *zu Ende,*
*trabt das Schaf*[201] *zum Stalle heim.*
Peer, der Schäfer,
*längst zuhause,*[202]
*schiebt sich*[203] *eine Scholle rein.*

### *Ein schamloser Plagiator*

Ich stutzte. „Oben", „Norden", „Schäfer", „Tag", „Schaf", „zuhause", „sich" – das kam mir alles so bekannt vor. Er sollte doch wohl nicht …? Die ganze schreckliche Wahrheit wurde mir bewusst, als ich sein Gedicht einer Plagiatsprüfung nach der „Word by word-Methode" unterzog. Hein hatte abgekupfert und das in einer schamlosen Art und Weise, die selbst den bayerischen Lügenbaron zu Guttenberg als Amateur-Dieb geistigen Eigentums erscheinen ließ.

Ich werde meine Erkenntnisse in einer vernichtenden Buchbesprechung unter „Leserstimmen" bei Amazon veröffentlichen und alle Welt vor diesem Scharlatan warnen. Falls Sie sich aufgerufen fühlen sollten, es mir gleichzutun, Sie finden die „Deiche im Dunst" in der Rubrik „Kunden, die diesen Artikel gekauft haben, kauften auch" gleich neben den Klassikern „Bomben basteln leicht gemacht", „Tebartz, der Schreckliche" und „1001 Wege, aus dem Leben zu scheiden".

**Tipp**
Ich glaube, dass die Vorgänge um Hein Süwerstrüp ein gutes Beispiel dafür sind, dass **Wind** und **Wellen** nicht nur Schäden an Deichen anrichten, sondern auch schwerste **Persönlichkeitsverän-**

197 Siehe: Cordula Stratmann, Sie da **oben**, er da unten.
198 Siehe: Laszlo Krasznahorkai: Im **Norden** ein Berg, im Süden ein See.
199 Siehe: Anthony de Mello, Warum der **Schäfer** jedes Wetter liebt
200 Siehe: David Nicholls, Zwei an einem **Tag**.
201 Siehe: Geisselhart/Lange, Schieb das **Schaf**.
202 Siehe: Barbara Coudenhove-Kalergi, **Zuhause** ist überall.
203 Siehe: Verena Kast, **Sich** wandeln und sich neu entdecken.

**derungen** hervorrufen, ja, Auslöser kriminellen Handlungen sein können. Der geistig-moralische Niedergang von Hein Süwerstrüp mag uns allen eine Warnung sein, wenn wir wieder einmal unseren Urlaub an der Nordsee verbringen und uns ungeschützt den Naturgewalten aussetzen.

# POFALLA, UiUiUi

Gut, für seinen Nachnamen, der mich, ich weiß nicht warum, irgendwie an die Produkte des Matratzenhersteller „Schlaraffia“ erinnert, und sein Aussehen, das mich immer an eine Figur von Loriot denken lässt, ist er nicht verantwortlich, für alles andere schon.

Vielleicht ist Ihnen schon aufgefallen, wenn nicht, sag ich's jetzt, dass seine Vorname „Ronald“ doch sehr stark „Roald“ ähnelt, den der inzwischen verstorbene britische Schriftsteller Dahl trug, der weltweit als „Meister des makabren Humors“ gefeiert wurde. Hat Pofallas Vater, dem man eine literarische Vorliebe für den britischen Humor nachsagte, uns mit der Wahl des Vornamens für seinen Sprössling einen Hinweis auf das geben wollen, was uns erwartet?

### *Das „Stoiber-Syndrom“*

Sie kennen Roald Pofalla aus der „Tagesschau“, wo er häufiger unter seinem Künstlernamen „Chef des Bundeskanzleramts“ einen Quicki in Gestalt eines fünf- bis zehnsekündigen Statements hinlegt. Vielleicht gehören Sie auch zu der Gruppe der Zuschauern, die, „UiUiUi“ rufen, wenn dort sein Name fällt, es aber nicht mehr schaffen, die Ohren mit beiden Händen zu verschließen, bevor er – ganz im Stile eines Meisters des makabren Humors – blitzschnell einen rausgehauen hat, der sich ab dieser Sekunde unauslöschlich in Ihr Langzeitgedächtnis einbrennt. Ein Vorgang, der in medizinischen Fachkreisen in Anlehnung an einen der ganz großen Happening-Künstler unserer Zeit „Stoiber-Syndrom“ genannt wird.[204]

---

204 Ist nicht heilbar, oder haben Sie etwa Stoibers Transrapid-Gestammel aus dem Kopf kriegen können?

Dieser Mann, der kürzlich die „NSA-Affäre“ mit souveränem Auftritt und gewichtiger Miene vor laufenden Kameras „für beendet“ erklärte, nahm mit dieser Entscheidung die Geschichtsschreibung mutig in die Hand, wie es nur ganz wenige wagen, wie z. B. darauf spezialisierte Insassen in Landeskrankenhäusern, sie sich etwa für Napoleon oder Alexander den Großen halten. Irgendwie erinnerte mich seine verwegen-mutige Tat auch ein bisschen an Orson Welles „1984“, den Roman, in dem Spitzenbeamte des „Ministeriums für Wahrheit“ darüber entschieden, was in den Geschichtsbüchern dokumentiert wurde und was nicht.

## POLITIK, Allgemeines

Bundespolitisch erstaunliche Ereignisse gibt es aus der Sicht eines Phänomenologen zuhauf, was nicht verwunderlich ist, wenn man bedenkt, was da so alles zu regeln ist. Ich muss mich auf ein überschaubares Panoptikum beschränken.

Politik wird in der Regel von dafür besonders qualifizierten Personen gemacht. Das ist allerdings nicht immer der Fall, wie drei Beispiele belegen, die als Teil für die Misere im Ganzen steht (siehe *Experiment, Schulkinder; Müll, radioaktiver; Pofalla, UiUiUi).*[205]

Praktische Politik steht grundsätzlich unter dem Diktat der finanziellen Machbarkeit, wobei allerdings das für Privathaushalte geltende Prinzip, nur das auszugeben, was man eingenommen hat, weitestgehend außer Kraft gesetzt ist, wenn es darum geht, etwa mit beliebig verwendbaren Formeln wie „Gerechtigkeitserwägungen“ oder anderen aktuell opportun erscheinenden „Argumenten“ Wahlgeschenke an – möglichst große – Wählergruppen zu verteilen, um sie der eigenen Partei gewogen zu halten (siehe *Gerechtigkeitsapostel, politische).*

Solche Wohltaten reißen allerdings auch immer wieder Löcher in den Haushalt des Bundesfinanzministers, weshalb dieser sein Ziel, beizeiten eine ausgeglichen Bilanz vorzule-

205 Wenn Sie an dieser Stelle Ausführungen zum Ex-Präsidenten Christian Wulff vermissen, dann schlagen Sie doch bei *Ehrensöldner* nach.

gen (siehe *Bundeshaushalt, schwarze Null)*, mit Taschenspielertricks zu verwirklichen trachtet, indem er – Gerechtigkeitserwägungen einmal außen vor lassend – seinen Haushalt z. B. durch einen Griff in die Sozialkassen der Renten- und Krankenversicherung (siehe *Danaergeschenk, gesetzliche Krankenversicherung; Pflegeversicherung, Beitragssatzerhöhung)* oder dadurch entlastet, dass er die Altersversorgung finanziell belastbarer Bevölkerungsschichten[206] zu großen Teilen entwertet (siehe *Lebensversicherung, Überschussbeteiligung).* Überhaupt steht der Bundesbürger, der noch etwas auf der hohen Kante hat, im Fokus des Bundesfinanzministers, dessen permanenter Rasterfahndung, Kontenabfrage genannt, er nicht entkommen kann (siehe *Röntgenpass, Kontoinhaber).*

Dass es angesichts diverser Investitionsstaus z. B. bei der Bahn und den Straßen eng werden könnte mit einer soliden Finanzierung des Bundeshaushalts, sehen auch Politiker anderer Parteien, die sich ungefragt und ohne Mandat für solche politischen Entscheidungen schon mal für einen Autobahn-Soli stark machen (siehe *Solidaritätszuschlag, Autobahnen).* Der wohl als Aprilscherz in die Diskussion gebrachte Autobahn-Soli darf übrigens nicht verwechselt werden mit der von bayerischen Ministern hartnäckig geforderten Sondernutzungsgebühr für ausländische Kraftfahrer auf den maroden bundesdeutschen Straßen, die in der Koalition für Sprengstoff sorgt (siehe *Pkw-Maut, Schlägerei in GroKo).*

Ressortübergreifend engagiert hat sich auch der Bundesverkehrsminister, der sein Herz für die eigentlich dem SPD-Kollegen aus dem Wirtschaftsressort obliegende Subventionierung notleidender Kleinunternehmer entdeckt hat, indem er mit der Flensburger Punktereform den Fahrschulen Kunden in Scharen zutreibt (siehe *Fahrlehrer, Wirtschaftsförderung).*

Neben diesen Problemen der nach außen gerichteten praktischen Politik müssen Politiker auch immer wieder Nabelschau betreiben, d. h. auf die richtige Positionierung der eigenen Person und der Partei schauen, der sie angehören. Dies kann vollkommen neue Überlegungen bei der Personalstrategie veranlassen (siehe *SPD, Strategie),* zu rein kosmetischen

206 Mantra des deutschen Sozialstaats: „Starke Schultern können größere Lasten tragen.“

Eingriffen in das Parteileben führen (siehe *FDP, neue Parteihymne)* oder die Abschaffung der Partei als Ganzes im Blick haben (siehe *FDP, Selbstauflösung)* – ganz nach Stimmungslage.

Wenn Sie aber wissen wollen, was wirklich passieren wird, dann hören Sie einfach der Kanzlerin zu (siehe *Exklusiv-Interview, Bundeskanzlerin).*

## POLIT-KOSMOLOGE, amerikanischer

Nach den ungeschriebenen Gesetzen der Filmmetropole Hollywood besitzt eine Person dann Starpotenzial und damit die Eignung, eine Hauptrolle zu besetzen, wenn sie außergewöhnlich groß, tapfer, intelligent oder schön ist. Außergewöhnlich groß wie „King Kong", tapfer wie Mel Gibson in „The Patriot", intelligent wie Matt Damon in „Good Will Hunting" oder (einfach nur) schön wie Julia Roberts etwa in „Pretty Woman" – um nur einige Beispiele zu nennen.

Dieses Erfolgsprinzip gilt nicht nur für Unterhaltungsfilme, sondern auch für Dokumentarstreifen. Auch hier ist der Reiz des Ungewöhnlichen unverzichtbar, freilich mit umgekehrten Vorzeichen. Hier spielen z. B. amoklaufende Massenmörder („Bowling for Columbine" von Michael Moore), superfette Menschen („Super Size Me" von Morgan Spurlock) oder geldgierige Bänker („Inside Job" von Charles Ferguson) die Hauptrollen.

### *Neues Dokumentarfilm-Genre*

Diese Filmgattung, die sich mit absurden, völlig aus dem Ruder gelaufenen gesellschaftlichen Phänomenen und ihren desolaten Hauptakteuren befasst, ist jetzt um das Genre „Extrem unfähige Politiker" erweitert worden. Errol Morris hat nämlich einen Dokumentarfilm mit dem Titel „The Unknown Known" über Donald Rums!feld[207] gedreht, der sowohl unter Präsident Gerald R. Ford (1975 bis 1977) als

207 Ja, richtig, er schreibt sich Rumsfeld. Meine Schreibweise liefert aber gleich ein vollständiges Charakterprofil durch die Ergänzung eines einzelnen Satzzeichens. Das ist, nennen wir es beim Namen, genial.

auch in der Administration von George W.[208] von 2001 bis 2006 Verteidigungsminister der USA war.

Obwohl, Verteidigungsminister ist eigentlich eine unpassende Bezeichnung für einen Politiker, der sein Handeln beim militärischen „Spaziergang" in den Irak zur Suche nach nicht existenten Massenvernichtungswaffen des Saddam-Regimes mit demselben Grundsatz rechtfertigte, mit dem Kosmologen die Existenz außerirdischen Lebens nachweisen: Die unbewiesene Existenz einer Sache heißt nicht, das es diese Sache nicht gibt.[209] Dieser Satz ist zugleich Totschlagargument und Selbstermächtigungsnorm für alle Ignoranten, die zur Durchsetzung ihrer wirren Ideen – zynisch grinsend – notfalls auch über Leichen gehen.

***Schwammkugelkäfer Agathidium rums!feldi***

Dass Rums!feld unter George W. seinen Job desaströs vergeigt hat, dieser Ansicht scheint nicht nur „Old Europe" zuzuneigen, sondern auch die US-Administration. Seine Auszeichnungen, die „Presidential Medal of Freedom" und die „Eisenhower-Medal", stammen jedenfalls aus den Jahren 1977 und 1993. Für die Zeit danach wird nur noch über eine Namenspatenschaft aus dem Jahr 2005 für den Schwammkugelkäfer Agathidium rums! feldi berichtet, womit seine politische Leistung in der George W.-Ära[210] durchaus angemessen gewürdigt ist.

## POLIZIST, Transparenz

Berlin war im Jahr 2011 der Vorreiter. Jetzt sollen nach dem Willen des Landesinnenministers ab dem kommenden Jahr auch in NRW – zusammen mit der Einführung neuer Uniformen – jedenfalls die Polizisten gelabelt werden, die bei sogenannten geschlossenen Einsätzen als Mitglied einer Einsatzhundertschaft z. B auf Demonstrationen oder bei Fußballspielen Dienst tun.

---

208 Bush, natürlich.

209 Zitat Rums!feld: „The Absence of evidence is not the evidence of absence."

210 Und wieder muss ich an Pits Bemerkung zum Fisch denken, der zuerst am Kopf stinkt.

### *Codierte Transparenz*

Die neue Transparenz geht aber nicht so weit, dass man den Beamten ihren Klarnamen auf die Uniform häkelt oder sie dazu verpflichtet, nach Durchführung einer Pfeffersprayattacke Visitenkarten an Demonstranten oder Fußballrowdies zu verteilen.[211] Sie sollen ihren Auftritt in der Öffentlichkeit vielmehr unter einem Pseudonym absolvieren können, vergleichbar mit den Juroren, die auf den Bewertungsportalen im Internet ungestraft gröbste Rüpeleien gegen wen auch immer raushauen dürfen.[212]

Behördenintern werden sind sie aber zu identifizieren. Auf ihrer Uniform wird ein Code zu finden sein, der aus einer 37-stelligen Zahlen-Buchstaben-Symbol-Kombination besteht,[213] die dem Dienstherrn die Identifizierung des Polizeibeamten erlaubt, dem ein Fehlverhalten vorgeworfen wird. „Wir wollen für die Bürgerinnen und Bürger dieses Landes ganz einfach mehr Transparenz schaffen", ließ Innenminister Ralf Jäger durch seinen Pressesprecher, Wolfgang Beus, hierzu erklären.

Für ein Mehr an Transparenz bei „geschlossenen Einsätzen" sollen auch die neuen Uniformen sorgen, die der Nachwuchs-Designer Simon Porte Jacquemus bereits im Jahr 2013 auf der Fashion-Week in Paris präsentiert hatte, wo er mit einer in dieser Art noch nie gesehenen maritimen Kollektion Seidenstoffe mit transparenten Plastikmaterialien kombinierte, was die Fachwelt in Erstaunen versetzte.

### *Ausweisbasierte Transparenz*

Für alle übrigen Polizeivollzugsbeamten des Landes NRW, die Sie leicht daran erkennen, dass sie mit einem verknitterten Gesicht durch die Gegend laufen, weil sie die neuen schicken

211 „Den Pfeffersprayeinsatz gegen Sie führte POK Fritz Müller von der Einsatzhundertschaft *Lass jucken, Kumpel*, Dortmund, durch."

212 Siehe *Bewertungsportal, Internet.*

213 Vorsicht ist angebracht, wenn Sie eine 00-Ziffernfolge in der Codierung entdecken. Wie Sie die Angabe „0190" bewerten, müssen Sie selbst entscheiden. Gesetzeshüterinnen mit einem Bärchen-Symbol in der Codierung können Sie uneingeschränkt vertrauen; es handelt sich hierbei meist um ehemalige Kindergärtnerinnen kommunaler Betreuungseinrichtungen, die wegen ausbleibender städtischer Subventionen geschlossen wurden.

Uniformen nicht kriegen werden, gilt ein etwas anderes Transparenzgebot. Die Jungs und Mädels in den blauen Uniformen mit dem Schriftzug „POLIZEI“ haben „den Polizeidienstausweis bei Amtshandlungen auf Verlangen vorzuzeigen“, beim „Einsatz in Zivilkleidung“ auch „unaufgefordert“.[214] Eine Ausnahme gilt nur für die Fälle, in denen „der Zweck der Amtshandlung dadurch beeinträchtigt oder der Polizeivollzugsbeamte dadurch gefährdet würde.[215]

**Tipp**

Wenn Ihnen ein nordrhein-westfälischer „Freund und Helfer“ bei einer Fahrzeugkontrolle mal wieder „den Führerschein und die Fahrzeugpapiere“ in einer Art abverlangt, die Ihnen zeigt, dass er sich seiner Rolle als ein auch von Ihren Steuern bezahlter Dienstleister nicht bewusst ist, **fragen** Sie ihn nach dem Grundsatz „Show me yours, I'll show you mine“ ruhig mal **nach** seinen **Polizeidienstausweis. Hat er** oder der „mit der Führung (der allgemeinen Verkehrskontrolle) Beauftragte“ **einen,** prüfen Sie, ob er „abgelaufen“ ist, denn diese Dinger sind spätestens zehn Jahre nach der Ausstellung einzuziehen und durch einen neuen mit aktuellem Lichtbild zu ersetzen.[216] **Hat er keinen,** ist das schlecht. Für ihn. Weisen Sie ihn freundlich darauf hin, Sie gingen davon aus, dass es sich um ein einmaliges Dienstvergehen aus Unachtsamkeit handele und Sie nicht unterstellten, dass der Ausweis wegen eines Verbots der Führung von Dienstgeschäften eingezogen worden sei.[217]

## PROMINENTENSTATUS, Werbung

Die Zeit eines Boris Becker ist vorbei. Filzkugelmäßig und überhaupt. Die wenigsten bedauern das. Dabei hat er noch Glück gehabt, denn in den 90er Jahren, als uns AOL im Fernsehen sein grinsend geplappertes „Bin ich da schon drin oder

214 Ziffer 2.5.1 des Runderlasses des Innenministers „Polizeidienstausweise, Kriminaldienstmarken und Visitenkarten“ – 43.1-50.02.09 vom 12.4.2010.

215 Ziffer 2.5.2 des Erlasses vom 12.4.2010.

216 Ziffer 2.2.5 des Erlasses vom 12.4.2010.

217 Ziffer 2.2.6 des Erlasses vom 12.4.2010.

was?“ schenkte, setzte die Werbeindustrie bei der hierarchisch von oben nach unten konstruierten Markenkommunikation noch voll auf Prominente.

***Ausschlusskriterium: Prominenz***

Heute ist das anders. Prominent zu sein, ist ein Ausschlusskriterium für Markenbotschafter. Gefragt sind Durchschnittstypen, Nicht-Models und Nicht-Schauspieler, am liebsten aus dem Kreis der Mitarbeiter des Unternehmens oder spontan auf der Straße gecasteter Kunden, die, teils mit versteckter Kamera abgelichtet, dem Werbespot den Schuss Authentizität geben sollen, der Reklame scheinbar zu einem Teil der Realität der Menschen werden lässt.

So gesehen zählte Becker jetzt eigentlich wieder zum Kreis der potenziellen Kandidaten. Er ist längst kein Schlagzeilen-Produzent mehr, selbst in der Regenbogenpresse, wenn ich das richtig sehe, und steht auf der schwarzen Liste aller Talk-Shows – alles Aspekte, die ihn wieder zur Werbeikone aufsteigen lassen könnten. Und Authentizität war nie sein Problem. Ich jedenfalls habe ihm sein mit genuschelter Stimme vorgetragenes „Ich habe null Ahnung[218] …“ und schließlich in ungläubigem Staunen mündendes Statement über die Problemlosigkeit eines Internetzugangs immer geglaubt. Dachten wir damals zum Beginn des Internetzeitalters nicht alle: „Wenn schon der Becker das schafft …“

Der singende Vollbartträger Friedrich Liechtenstein,[219] der übrigens eine verblüffende Ähnlichkeit mit meinen ehemaligen Arbeitskollegen Friedrich (!) O. hat, steht – als halbprominentes Berliner Original – so in der Mitte. Für einen Vertrag mit Edeka reicht’s jedenfalls.

**Tipp**

Und Sie? Wie legen Sie in diesen Zeiten Ihre **Karriereplanung** an? Wenn Sie ein halbglatziger, leicht übergewichtiger Allerweltstyp sind, der mit einer geöffneten Bierflasche in der Hand gern sein Handy, mit einem Clip am Bund seines Jogginganzugs befe-

218 … von Technik.

219 „Super-Uschi, Super-Muschi (zur Klarstellung: Der Edeka-Werbespot zeigt zu dieser Textzeile eine Katze.), Super-Sushi, supergeil!“. Sehenswert ist auch sein „Kackvogel-Video“.

stigt, in Fußgängerzonen spazieren trägt, sollten Sie sich besser einen **Bodyguard** zulegen, damit Sie nicht von jedem x-beliebigen, nach authentischen Typen Ausschau haltenden Werbefilmer **ungefragt abgelichtet** werden.

## PULLOVER, Rasur

Der beste Zeitpunkt für die Schafsschur sind bekanntlich die Tage nach den Eisheiligen, also Ende Mai. Bei der Pulloverschur ist das anders, sie ist ganzjährig ein Thema, jedenfalls bei Inge.

Wenn sie sich, nachdem sie ihre Pullover und Strickjacken im Schlafzimmer zu einer kleinen Herde zusammengetrieben hat, an den Esstisch setzt, die Deckenbeleuchtung einschaltet und das leise Sirren ihres batteriebetriebenen, an einen vorsintflutlichen Elektrorasierer erinnernden Werkzeugs die Luft erfüllt, ist der Tag der Pulloverschur mal wieder gekommen. Der Vorgang läuft grundsätzlich ab wie beim Schafescheren, auf Impfungen, wie sie bei Paarhufern z. B. gegen die anzeigepflichtige Blauzungenkrankheit üblich sind, verzichtet Inge allerdings.

### *Problemzonen*

Zweck der Veranstaltung ist es, mit Hilfe des genannten Werkzeugs die – im Fachjargon – „Knüddelchen" zu entfernen, kleine Wollkugeln, die sich aus dem Abrieb der Wolle auf der Vorder- und Rückseite der Strickwaren während des Tragens gebildet haben. Besonderes Augenmerk ist dabei auf den unteren Teil der dem Körper zugewandten Ärmelpartie zu richten, wie mir Inge mit professionellem Unterton in der Stimme erläuterte.

Die „Knüddelchen" werden in einem am Werkzeug befestigten Auffangbehälter gesammelt, soweit sie sich nicht um die Spule des rasiermesserscharfen dreiflügeligen Rotors gewickelt haben, was sich durch einen Wechsel des Motorgeräusches vom hohen Sirren über ein immer tiefer werdendes Brummen bis zum Stillstand der Maschine ankündigt. „Könntest du mal gucken, es funktioniert nicht mehr". Ohne mein aus hochwertigem Stahl gefertigtes graziles chirurgisches Spezialbesteck wäre ich da aufgeschmissen.

***Wollabrieb durch Kommunikation?***

Was mich verwundert, ist, dass sich „Knüddelchen" wohl vornehmlich oder ausschließlich – für eine dezidierte Feststellung benötigte ich mehr statistisch belastbares Material – auf Damen-Strickwaren bilden. Eine Durchsicht meiner Pullover, Strickjacken und -westen, bei der ich zu meiner großen Freude auch den langjährig vermissten weiß-blau quergestreiften Baumwollpullover wiederfand,[220] verlief jedenfalls ergebnislos, selbst in der Problemzone „untere Ärmelpartie".

Wenn man nach einer Erklärung für dieses ausschließlich oder jedenfalls überwiegend Frauen betreffende „Knüddelchen-Problem" bei Strickwaren sucht, könnte man auf die These verfallen, der Wollabrieb sei darauf zurückzuführen, dass Frauen nach meinen Beobachtungen erstens mehr reden als Männer und zweitens dies unter Einsatz ihres ganzen Körpers tun. Sicher bin ich mir da aber nicht. Deshalb ist es ganz einfach noch zu früh für die Empfehlung, beim Reden die Oberbekleidung jedenfalls dann abzulegen, wenn es sich um Strickwaren handelt.

## PUTZTEUFEL, männlicher

Haben Sie schon einmal eine Frau dabei beobachtet, heimlich, so ganz dezent aus der Ferne, welchen Aufwand sie beim Putzen eines Badezimmers betreibt, wieviele Spezial-Reinigungstücher, -Bürsten und -Wischer sie einsetzt, um verdreckte Oberflächen zu säubern, vom Hochleistungseimer im Porsche-Design mit Colani-gestyltem Henkel, einer Griffmulde zum Entleeren an der Unterseite, einem eingelassenen Ausguss am oberen Rand und einer auf der Innenseite angebrachten Liter-Skala zur Mengenkontrolle des eingefüllten Wassers ganz zu schweigen?

220 Was haben wir uns gefreut, er, glaube ich, auch!

### *Waffenscheinpflichtige Putzmittel*

Und dann erst das Arsenal der sicherlich waffenscheinpflichtigen Putzmittel! Da wird nicht gekleckert, da wird geklotzt. Das Sprühmittel für die Fliesen, eine flüssiges in der Regel rosarotes Zeugs, wohl ein spezieller Reiniger für den Boden, Glasreiniger aus der Sprühflasche für den Spiegel, einen Schaum aus der Dose für das Handwaschbecken und die Toilette, die zusätzlich auf der Innenseite mit einer blauen aus einer Plastikflasche unter den Rand gequetschten Flüssigkeit behandelt wird, bevor man den Toilettenstein in seinem Plastikkörbchen wieder einhängt und schnell noch einen matt dunkelblauen Würfel in den Wasserkasten wirft.

Kein Wunder, dass sich Inge gegen diese chemischen Keulen mit Gummihandschuhen schützt, wobei ich immer denke, dass sie nur mit Atemschutzmaske und Ganzkörper-Latex-Anzug wirklich auf der sicheren Seite wäre.

### *Multiresistenter Schmutz?*

Da könnte man glatt auf die Idee kommen, das Reinemachen für einen hochkomplexen, nur mit dem geballten Wissen eines Diplom-Chemikers zu beherrschenden und nur unter maximalem Materialeinsatz erfolgreich zu erledigenden technologisch anspruchsvollen Vorgang zu halten.

Ist das wirklich so? Wenn ich diese Materialschlacht einmal mit der schlichten Herangehensweise vergleiche, die während meiner Putz-Azubi-Phase Stand der Technik war, dann muss, so erkläre ich mir das, der Schmutz heute viel aggressiver und resistenter sein als der Dreck von gestern. Man kennt das ja aus anderen Bereichen, z. B. der zunehmenden Widerstandsfähigkeit von Bakterien oder (Krankenhaus-) Keimen wie MRSA oder ESBL gegen Antibiotika.

Damals, während meiner Zeit bei der Bundeswehr, bekamen wir noch alles mit einem flüssigen Allzweckreiniger und einem grobkörnigen Scheuermittel aus der Dose in den Griff: Die Kacheln, die Handwaschbecken, die Toiletten und auch den gefliesten Boden. Ich weiß, wovon ich rede, denn dem Spieß meiner Kompanie war ich so ans Herz gewachsen, dass er mich, wohl auch wegen meiner Führungsqualitäten, an Wochenenden regelmäßig in leitender Funktion als Führer der Toilettenbrigade der Kompanie beschäftigte.

***Mein Freund „Meister Propper“***

Ich habe jetzt mal versucht, mein vor langer Zeit erworbenes theoretisches und praktisches Wissen auf die Säuberung der Toilette in unserem Gästeapartment anzuwenden. Und ich darf nicht ohne Stolz sagen, mit großem Erfolg, wobei ich allerdings noch nicht weiß, wie unsere nächsten Gäste auf die Schlicht-Reinigung mit Meister Propper und Ata reagieren werden. Sollte ich nach ihrer Abreise von schweren Erkrankungen hören oder auch nur von Hautirritationen nach einem Toilettengang, was ich mit Kontrollanrufen leicht überprüfen kann, stelle ich natürlich sofort auf den Einsatz von Agent Orange um.

**Tipp**

Wenn Sie mit zeit- und kostensparenden **Reinigungsmethoden** ebenso **grandiose Erfolge** erzielen wie ich, dann **prahlen Sie nicht,** jedenfalls nicht vor Ihrer Frau, mit Ihrem Können. Dann kann es nämlich leicht passieren, dass Ihr Tätigkeitsfeld erweitert wird, wie es mir jetzt ergangen ist. Inge hat mich für das gesamte Haus zum „Wächter der Hallen der inneren Erleuchtung“ ernannt, was nichts anderes bedeutet, als dass ich jetzt alle Bäder putzen darf. Regelmäßig.

# Q-TIPP

Heute Morgen fiel mir beim Warmduschen – man kann nur warm duschen, kalt duschen ist lebensgefährlich – ein, dass es eigentlich mal wieder Zeit wäre für die Q-tipp-Nummer. Ich wartete also, bis Inge vor dem Spiegel stand, um sich zu schminken und baute mich hinter ihr auf, so dass sie mich im Spiegel sehen konnte. Dann schob ich genüsslich einen dieser an den Enden mit Watte umwickelten Ohrstecker zuerst in mein linkes Ohr, wobei ich die Augen verdrehte und die Zunge am linken Mundwinkel heraushängen ließ, dann bearbeitete ich den rechten Gehörgang: Augen verdrehen, Zunge rechts raus, leichtes Grunzen. Jetzt verdrehte auch Inge die Augen (ohne Q-tipp), so in der Art als wolle sie sagen „Herr, erleuchte ihn!". „Lass den Unsinn", sie schob mich aus dem Badezimmer und erteilte mir durch die geschlossene und verriegelte Tür ihre Standard-Belehrung. „Du weißt genau, dass das schädlich ist. Der Gehörgang wird verstopft, dann hörst du noch schlechter." Es mag ja schädlich sein, aber es macht einfach immer wieder Spaß, dieses Spiel mit dir zu spielen, meine Holde.

***Schwerhörigkeit. Wie bitte?***

Das mit dem schlecht Hören ist übrigens erstunken und erlogen. Ich weiß nicht, warum sie so etwas sagt. Ich höre wie ein Luchs! Wie ein in die Jahre gekommener Luchs, zugegeben, der vielleicht nicht mehr das Geräusch eines im Wald unter der Pfote eines Eichhörnchens zerbrechenden Zweigs hört, aber sehr wohl noch den Büchsenknall registriert, wenn auf ihn geschossen wird. Und dass ich die TV-Fernbedienung gern an meiner Seite weiß, wenn's auf der Leinwand flimmert, hat nichts mit Hördefiziten zu tun, sondern ist einzig und allein dem Umstand mangelnder Tonqualität[221] und nuschelnder Schauspieler geschuldet. Die werden heutzutage wohl

221 Haben die eigentlich keine Toningenieure mehr beim Fernsehen, gibt es diesen Berufsstand überhaupt noch?

ohne jegliche Sprechausbildung direkt von der Casting-Show bei Fernsehproduktionen ins kalte Wasser geworfen werden, wenn man sich von ihnen Quote verspricht. Ich bin mir sicher, dass Sie das auch schon bemerkt haben.

# RAUCHER, gesellschaftliche Ächtung

Das Thema „Ausgrenzung der Raucher (und – politisch korrekt – selbstverständlich auch Raucherinnen)“ aus unserer Gesellschaft hat nun auch mein Heim erreicht. Ich befürchte unwiderruflich. „Du wirst ja wohl nicht im Haus deine Pfeife rauchen wollen, während die Gäste ihre Kippen im Garten durchziehen.“

Natürlich hat Inge damit Recht. Irgendwie. Trotzdem, die gesellschaftliche Ächtung des rauchenden Teils der Bevölkerung durch den Gesetzgeber nimmt im Alltag schon pogromartige Züge an, wenn sie nicht gerade in der Form skurriler Kuriositäten um die nächste Ecke biegt. Jetzt gibt es sogar schon eine Anti-Raucher-App. Da fragt man sich doch, wann der Gesetzgeber und die grün getünchten Weltverbesserer mit der gleichen Beharrlichkeit etwa der Trunk- oder Fettsucht[222] gesetzliche Grenzen setzen, um nur zwei weitere das Gesundheitssystem kostenmäßig belastende gesellschaftliche Phänomene zu nennen. Ach so, der Gesundheitsschutz der Arbeitnehmer, die in rauchgeschwängerten Eckkneipen Nikotin-Junkies unter Einsatz ihres Lebens das Bier kredenzen, das ist der wahre Grund für das rigorose Durchgreifen.

Nun, das Problem scheint sich von allein zu lösen, allerdings auf eine gänzlich andere Art, als es der Gesetzgeber im Blick hatte. Meine Tageszeitung legte heute konkrete von der Gastronomielobby erhobene Zahlen vor, nach denen über kurz oder lang 30 % der Kneipenwirte dichtmachen werden. Das ist Nichtraucherschutz in höchster Vollendung. Man kann nun mal nicht aus jeder Eckkneipe einen Gourmet-Tempel machen und aus jedem Fußball guckenden BVB-Fan einen nichtrauchenden Slow Food-Philosophen!

**Tipp**

Es gibt im Grunde nur zwei erfolgversprechende Strategien, sich als Raucher in einer feindlich gestimmten Umwelt zu bewegen:

222 Siehe Fettleibigkeit, Allgemeines.

**1. Anpassung:** Geben Sie das Rauchen einfach auf. Beherzigen Sie hierzu die Erkenntnis von Mark Twain, der feststellte: „Mit dem Rauchen aufzuhören ist kinderleicht. Ich habe es schon hundertmal geschafft.“

**2. Widerstand:** Sie widersetzen sich still oder offen, etwa durch den Beitritt zu einem militanten Tabakforum[223], z. B. der weltweit agierenden Boston Tobacco Party, den geltenden Einschränkungen im privaten und öffentlichen Raum. Einerseits wird dadurch zwar Ihr Freundeskreis in kürzester Zeit erheblich schrumpfen, andererseits können Sie die so eingesparten Kosten für Geburtstagsgeschenke und ähnliche unnütze Gunstbeweise gegenüber Dritten anderweitig investieren und bei geschickter Anlagestrategie in kürzester Zeit ein reicher Mann werden. Für den öffentlichen Raum gilt der Präventionsgedanke. Schließen Sie wegen der drohenden Bußgelder unbedingt eine Rechtsschutzversicherung ab, die auch das „Raucher-Risiko“ abdeckt.

## RESOZIALISIERUNG, Strafgefangener

Wie würden Sie über einen Banker denken, der Anlegern, die nicht wissen, wo der Hammer hängt, hochriskante Wertpapiere andreht, die den Bach runtergehen, hierfür dicke Provisionen einstreicht und dann von der Öffentlichkeit erwartet, dafür gelobt zu werden, dass er „durch sein Engagement die Vermögensbildung in privater Hand fördern“ wollte?

Nun, Sie würden vielleicht sagen, dass das rechtlich in Ordnung gehen mag, ethisch aber verwerflich ist, weil das Verhalten nicht den als allgemeingültig anerkannten Handlungsmaximen in unserer Gesellschaft entspricht, auch wenn es die in einigen elitären Netzwerken unseres Gemeinwesens gelebte Moral widerspiegelt.

### *Das Haderthauersche Geschäftsprinzip*

Gretchenfrage: Und wie fiele Ihr Urteil über eine offenbar multitalentierte Politikerin-Unternehmerin aus, die für ein

223 Vorsicht, prüfen Sie, bevor Sie sich binden, die teils doch sehr unterschiedlich hohen Vereinsbeiträge, die meist an den mit dem Beitritt verbundenen obligatorischen Erwerb von Schusswaffen zur Selbstverteidigung gekoppelt sind!

Unternehmen, an dem sie beteiligt war, Produkte von psychisch kranken Straftätern zu JVA-üblichen Hungerlöhnen produzieren ließ, um sie zu horrenden Preisen an gutbetuchte Sammler in aller Welt zu verhökern und, als man ihr auf die Schliche kam, erwartet, für ihr „von Idealismus getragenes Engagement" bei der Resozialisierung und sinnhaften Beschäftigung von Strafgefangenen als Wohltäterin der Menschheit gefeiert zu werden? Rechtlich OK, sittlich missbilligenswert oder gar unerträglich?

Erstaunlicherweise scheinen die ethischen Implikationen der Modellauto-Affäre der CSU-Politikerin Christine Haderthauer überhaupt keine Rolle bei der Entscheidung des Seehofer Horst über ihre Abberufung als Staatskanzleichefin und Staatsministerin zu spielen. Er werde den Daumen erst dann senken, so verkündete der ranghöchste Bayer beim ZDF-Sommerinterview mit gewohnt staatsmännischer Miene, wenn sich die Betrugsvorwürfe eines ehemaligen Geschäftspartners wegen denen die Staatsanwaltschaft derzeit ermittelt und die parallel laufenden Nachforschungen der Steuerfahndung wegen Steuerhinterziehung, über einen Anfangsverdacht hinaus verdichten sollten.[224]

### *Ich hab' den (Mississippi-Delta-)Blues*

Das bedeutet ja wohl, dass er das Haderthauersche Geschäftsmodell als solches für unbedenklich hält, es mit keinem kritischen Wort bedacht, ja nicht einmal für erwähnenswert gehalten hat. Lieber Horst, du hältst es also für üblich, vielleicht sogar für eine spezielle Ausdrucksform bayerischer Politfolklore, dass eine von dir ins Amt gehobene Staatskanzleichefin und Staatsministerin mit der Arbeitskraft psychisch kranker Straftäter, die praktisch zum Nulltarif für ihr Unternehmen tätig werden, Millionenumsätze eingefahren hat?

Also, mich animiert das Ganze dazu, mal wieder eine CD von Charly Patton aufzulegen, der als zentrale Figur des Mississippi-Delta-Blues gilt, wie er einst in den Südstaaten der USA

224 Wir erinnern uns: Der Friedrich Hans-Peter, unser Ex-Bundesinnenminister, wurde von Seehofer gleich zu Beginn der staatsanwaltschaftlichen Ermittlungen zum Abschuss freigegeben, weil dies zur „politischen Hygiene" gehöre (siehe hierzu *Winkeladvokat,*). Ganz so aseptisch hält er's bei Haderthauer nicht.

von den auf den Baumwollfeldern schuftenden maximalpigmentierten Werktätigen gespielt wurde, die eine ganz spezielle Berufsbezeichnung hatten, die mir leider gerade entfallen ist.

**Tipp**
Die Herrschaften von Sapor Modelltechnik aus Ingolstadt werben auf ihrer Homepage in der Rubrik „Automodelle“[225] übrigens mit dem **Qualitätsversprechen**: „SAPOR Modelle werden ausschließlich in Deutschland gefertigt.“ Das mag schon richtig sein. Aber bitte, liebe Ingolstädter, **fügt** der guten Ordnung halber doch noch einen **Halbsatz an**: „..., und zwar zu JVA-üblichen Hungerlöhnen von psychisch erkrankten Straftätern, die in bayerischen Gefängnissen einsitzen.“ Wenn man weiß, dass zu Billiglöhnen auf dem Niveau von Dritte-Welt-Ländern produziert wird, ließe sich vielleicht auch mal über den Preis reden; 25.000 € für ein Spitzenmodell sind halt schon eine ganze Menge Kohle - und darum geht's ja wohl.

## RICHTER, Unabhängigkeit

Das Landgericht Köln hat jetzt seine Computer-Profis und -Amateure gleichermaßen, ja selbst meine iPad-affine 85-jährige Mutter überraschende Entscheidung in den sogenannten Porno-Streaming-Fällen aufgehoben.

Für die Entscheidung der juristischen Streitfrage, die hier nicht weiter interessiert, musste man nur das wissen, was heute schon bei Zehnjährigen zum gesicherten technischen Basis-Know-how gehört, nämlich, dass ein (Internet-)Stream etwas anderes ist als ein Download. Damit ich auch in Köln[226] verstanden werde, sag ich das mal so: Es ist ein Unterschied, ob ich mir im Kino einen Film nur ansehe oder aus dem Vorführraum die Filmrolle klaue.

Die von der Schmuddel-Plattform RedTube beauftragten Schmuddel-Anwälte, die von den zehntausenden Schmuddel-

225 Siehe www.sapormodelltechnik.de.

226 Tut mir leid, Fossi. Das muss für dich ein schwerer Schlag sein, vor allem, wenn man berücksichtigt, dass das LG Kölle in der Luxemburger Straße sitzt, also noch nicht einmal auf der schäl Sick.

Usern heftige Schmuddel-Abmahngebühren verlangt hatten, sind also, um im Bild zu bleiben, angeschmiert. Gut so!

### *Wirklich witz(iw)ig*

Ob die vom LG Kölle festgestellte „grundsätzliche"[227] urheberrechtliche Unbedenklichkeit des Streaming allerdings nun unbedingt einen Fußball-Fan dazu animieren sollte, sich am Wochenende die Spiele seines Clubs auf Internet-Plattformen wie etwa „witziwig" reinzuziehen, möchte ich bezweifeln. Es sei denn, der Fan ist ein masochistisch veranlagter Sauberkeitsfanatiker, der Lust dabei empfindet, seine Festplatte regelmäßig und zeitaufwändig wieder von Viren, Trojanern und anderer Malware zu säubern, die er sich während des Streams eines ukrainischen, arabischen oder in einer anderen dunklen Ecke der Welt beheimateten Senders eingefangen hat.

### *„I will ma RUH ham!"*

Eines muss man den Richtern aus der Karnevalshochburg am Rhein allerdings zu Gute halten. Sie wussten immerhin, was ein PC ist, jedenfalls lassen die Urteilsgründe insoweit nichts Gegenteiliges erkennen.

Damit sind sie solchen Richterkollegen weit voraus, die sich demonstrativ bekreuzigen und so tun, als habe man sie unter der Robe unsittlich berührt, sobald ihr Gesprächspartner die Reizwörter „Internet", „PC", Handy" oder etwa „Laptop" benutzt. Dieser Teil der Richterschaft, der sich aus Glaubensgründen, vergleichbar den Amish People, konsequent dem technischen Fortschritt verweigert, ruft denn auch sofort nach dem Bundesverfassungsgericht, wenn er seine grundgesetzlich garantierte richterliche Unabhängigkeit (RUH[228]) dadurch gefährdet sieht, dass Ministerialbeamte von ihm die Benutzung technischer Hilfsmittel zur effizienten Erledigung seines Jobs einfordern.

---

227 Vorsicht, wenn ein Richter „grundsätzlich" sagt. Er stellt damit lediglich fest, dass er sich im Moment mit seiner Entscheidung ganz wohl fühlt, er beim nächsten Mal aber genau anders herum entscheiden könnte, weil er dann vielleicht schlecht drauf ist.

228 Nun wird auch sofort verständlich, woher der Satz „I will ma RUH ham" kommt. Mit ihm wird üblicherweise die Verfassungsbeschwerde eines Richters eingeleitet, der sich in seiner RUH gestört fühlt.

So soll sich vor noch nicht allzu langer Zeit ein als recht rigoros bekannter Richter aus Rügen vor dem Bundesverfassungsgericht erfolgreich gegen die dienstliche Weisung seines Gerichtspräsidenten zur Wehr gesetzt haben, die ihm die Benutzung von Papier und Bleistift anstelle der bisher verwendeten Schiefertafel aufgab. Zur Begründung seiner Beschwerde berief er sich, Sie ahnen es schon, auf seine RUH und, mehr ein wirtschaftspolitisches Argument, auf die Gefährdung von Arbeitsplätzen in der Kreide abbauenden Industrie in Meck-Pomm.

**Tipp**

Müssen Sie vor den Schranken eines bundesdeutschen Gerichts erscheinen, dann überprüfen Sie mit einem einfachen **Schnelltest,** wie wichtig dem Vorsitzenden des Spruchkörpers seine RUH ist.

Schalten Sie dafür Ihr **Handy** auf **höchste Lautstärke** und lassen Sie sich von einem guten Freund, der am besten auf dem Gerichtsflur wartet, um den richtigen Zeitpunkt nicht zu verpassen, während der Verhandlung **anrufen.** Gibt der Richter zu erkennen, dass er das Klingeln des Handys nicht dulde (achten Sie **auch** auf **non-verbale Reaktionen!**) oder droht er Ihnen für den Fall der wiederholten Störung durch elektronische Geräte gleich welcher Art gar eine Ordnungsstrafe an, dann wissen Sie, dass seine RUH für ihn eine hohes Rechtsgut ist. Verhalten Sie sich dann entsprechend.

Falls Sie in dem Verfahren **anwaltlich vertreten** sind, weihen Sie Ihren ahnungslosen Schwarzkittel in den genialen Schachzug ein. Auch er lernt sicherlich noch gern dazu.

## ROBOTER, Seniorenpflege

Lernende, auf Alltagssituationen flexibel reagierende Assistenzroboter in einer mit Kameras, Mikrofonen und Sensoren vernetzten Senioren-Wohnung sollen in 20 bis 30 Jahren helfen, die Betreuungssituation einer steigenden Zahl Pflegebedürftiger in einem Markt zu verbessern, der durch einen zunehmenden Mangel an Pflegekräften gekennzeichnet ist.

Die Forscher des sogenannten Exzellenzclusters „Kognitive Interaktionstechnologie (CITEC)“ haben jetzt auf dem Campus Nord der Universität Bielefeld eine verbesserte Version ihres Haushalts-Alleskönners „Meka Mobile Manipulator M1“ vorgestellt.

### *Gefühlsduselige Service-Roboter*

Der von dem in San Francisco ansässigen Unternehmen Meka Robotics hergestellte Service-Roboter hat seinen Dienst in der 60 $m^2$ großen Laborwohnung aufgenommen. Er soll u. a. mit Hilfe von Logopäden Deutsch lernen, Getränke reichen, Stühle bereitstellen, wenn Gäste kommen, und selbständig und auf Anweisung des Betreuten z. B. die Heizung regeln können. Psychologen sollen ihm im Verbund mit Kybernetikern auch beibringen, Gefühle zu zeigen, etwa einen fragenden Gesichtsausdruck aufzusetzen, wenn er einen Befehl nicht verstanden hat.

Na, da kommt ja einiges auf uns zu. In vernetzten Wohnungen mit Assistenz-Robotern werden jede Menge Daten über die betreute Person anfallen und gesammelt werden, gegen die das Self-Tracking mit Hilfe von Apps[229] fast eine Kinderei ist.

Auch für die professionellen Betreuer und die Kümmerer aus dem Kreis der Familie wird sich einiges ändern:

### *2040 – fiktive Unterhaltung zwischen zwei Kümmerern*

Unterhaltung zwischen Sohn und Schwiegertochter einer 77-jährigen Frau mit Pflegestufe I im Jahr 2040: Er zu ihr: „Ach, guck mal, die Mamma sitzt auf der Toilette. Schon zum zweiten Mal heute.“ Sie zu ihm: „Na prima, dann hat das Abführmittel ja gewirkt.“ Er zu ihr: „Du weist doch gar nicht, ob sie es überhaupt genommen hat.“ Sie zu ihm: „Doch, das hat der Sensor des Arzneimittelschranks gemeldet.“ Er zu ihr: „Der meldet nur, ob sie die Packung mit dem Abführmittel berührt hat.“ Sie zu ihm: „Richtig, aber das Video aus dem Badezimmer zeigt, dass sie die Tabletten geschluckt hat.“ Er zu ihr: „Geschluckt oder nur in den Mund eingeführt?“ Sie zu ihm: „Geschluckt, sieh dir mal die Messergebnisse der Magensonde an.“ Er zu ihr: „Warum sagst du das nicht gleich!“

229 Siehe *Selbstvermessung*.

Mit der seit 2004 im Kampf gegen die Geldwäsche und zur Terrorabwehr geschaffenen und seitdem ständig erweiterten Möglichkeit einer Kontenabfrage durchleuchten staatliche Stellen einen Jahr für Jahr immer größer werdenden Teil der über 500 Mio. (Spar-)Konten und Depots der Bundesbürger.[230]

Geprüft werden die sogenannten Kontostammdaten, die die Banken, teilweise über externe Dienstleister, in einer speziellen Datenbank zu speichern gesetzlich verpflichtet sind. Hierzu zählen Kontonummer, Eröffnungs- und Auflösungsdatum, Nachname, Vorname und Geburtsdatum des Kontoinhabers sowie Nachname, Vorname und Geburtsdatum von Verfügungsberechtigten des Kontos; Veränderungen sind täglich einzupflegen.

### *Wer will noch mal, wer hat noch nicht?*

Herr der Daten ist die Bundesanstalt für Finanzdienstleistungsaufsicht (BaFin), die in gesetzlich geregelten Fällen, vor allem strafrechtlicher Natur, selbst auf die Daten zugreift. Für Finanz- und andere Behörden erledigt seit 2005 das Bundeszentralamt für Steuern (BZSt) diesen Job, z. B. in der Sozialhilfe, Sozialversicherung (Kranken-, Unfall- und Rentenversicherung), Wohnraumförderung, beim Wohngeld, Erziehungsgeld und bei der Ausbildungsförderung oder Unterhaltssicherung. Seit dem 1.1.2013 können sich auch Gerichtsvollzieher an die BZSt wenden, soweit dies zur Vollstreckung erforderlich ist und die zu vollstreckenden Ansprüche mindestens 500 € betragen.[231] Von diesem Angebot haben die Geldeintreiber in der Zeit vom 1.1. bis 30.6.2013 in fast 19.000 Fällen bereits fleißig Gebrauch gemacht.

Der Betroffene erfährt in der Regel nichts von der Abfrage. Von der gesetzlich grundsätzlich vorgesehenen Vorabinformation kann wegen „Unzweckmäßigkeit“, etwa bei der Vollstreckung von Steuerforderungen, abgesehen werden, die

---

230 Gesetzliche Grundlagen: § 24c KWG (Kreditwesengesetz), §§ 93, 93b AO (Abgabenordnung).

231 § 802 Absatz 1 ZPO (Zivilprozessordnung).

nachträgliche Mitteilung über den Kontenabruf wird meist schlicht „vergessen“, wie die Bundesdatenschutzbeauftragte Andrea Voßhoff jetzt in einer Pressekonferenz feststellte, in der sie die steigende Anzahl der Abfragen – von 39.400 in 2004 über 81.000 in 2006, 114.000 in 2012 auf 142.000 im Jahr 2013 – und die abgefragte Datenmenge monierte.

***Strahlenbelastung um 0,6 mSch gestiegen***

Gleich welche Intensität die von den Staatsdienern gewählte Untersuchungsmethode hat, eine konventionelle Röntgenaufnahme der Kontodaten, eine Fluoroskopie unter Einbeziehung der Aktiendepots oder gar eine Computertomographie bezogen auf alle gespeicherten Daten, Fakt ist, und dies zeigen die Zahlen des Bundesamtes für Strahlenschutz, dass die in Millischäuble (mSch) gemessene Strahlenexposition der durchleuchteten Konto- und Depotinhaber bereits gesundheits- und rechtsstaatsgefährdende Ausmaße angenommen hat. Die Forderung der Bundesdatenschutzbeauftragten nach einem „Röntgenpass für alle Bankkonteninhaber“ erscheint vor dem Hintergrund einer von 2012 auf 2013 um 0,6 mSch angestiegenen Strahlenbelastung als nur zu verständlich.

# ROHSTOFFKRIEG

Gekämpft wird viel auf dieser Welt. Jeden Tag, überall, teilweise mit allen Mitteln. Manchmal nach bestimmten Regeln, meist aber schrankenlos und brutal. Wirtschaftlicher oder politischer Machthunger des Individuums, von Wirtschaftsunternehmen oder Staaten sind häufig der Auslöser für die mit aggressiven Mitteln geführten Auseinandersetzungen.

Die mediale Aufmerksamkeit gilt dabei vornehmlich dem von Wirtschaftsunternehmen und Staaten etwa im Nahen Osten oder Afrika betriebenen Wettrennen um die endlichen Rohstoffressourcen dieser Welt wie Erdöl, Erdgas, seltene Erden, Erze usw. Über diese global ausgetragenen Konflikte wird in den Wirtschaftsteilen der Tageszeitungen, in Internet-Blogs oder TV-Nachrichtensendungen ausführlich berichtet.

### *Der Kampf um Zucker*

Was dabei von Journalisten und Kommentatoren übersehen wird, ist der erbittert geführte Rohstoffkrieg, der vor unserer eigenen Haustür tobt, nämlich der tägliche Kampf um den Rohstoff „Zucker“, den wertvollen Treibstoff des Lebens. Und der Gegner ist nicht zu unterschätzen, er geht bei der Durchsetzung seiner Ziele mit äußerster Brutalität vor: unser eigenes Gehirn. Hierüber wird in der Presse, die uns mit ihrer Ignoranz in einer Scheinsicherheit wiegt, nicht berichtet – oder haben Sie schon einmal eine Schlagzeile auf der Seite 1 Ihrer Tageszeitung gelesen wie „Selbstsüchtiges Gehirn zwingt übergewichtigen Mann zum permanenten Zucker-Missbrauch“.

### *Die Osnabrücker „Brötchentheorie“*

Sie mögen das belächeln, aber die Lage ist viel ernster, als Sie denken. Denn wie Prof. Dr. Achim Peters von der Universität Osnabrück bei der Auswertung von 12.000 weltweit quer über alle Wissenschaftsdisziplinen erstellten Studien zum Thema festgestellt hat, können wir den Rohstoffkrieg mit unserem Gehirn um Zucker, der uns zum Übergewicht verdammt, nicht gewinnen.

Die, nennen wir es: „Brötchentheorie“ des Professors besagt kurz zusammengefasst Folgendes: Nehmen wir an,[232] Sie gehören aufgrund Ihrer genetischen Disposition zu dem Typ Mensch, der, ganz in sich ruhend, voller Gelassenheit seinen Cortisol-Stress-Hormonspiegel voll im Griff hat, wozu Peters rät, und ihr Gehirn, das mehr als die Hälfte des täglichen Glucosebedarfs für sich beansprucht, verlangt mal wieder nach Zucker, sagen wir in der Form von einem Brötchen. Dann wird, wenn Sie zwei Brötchen essen, eins für Gehirn, eins weil es Ihnen schmeckt, nur ein halbes Brötchen vom Gehirn verbraucht und die drei anderen Hälften landen auf Ihren Hüften. Folge: Das Gehirn will ein weiteres Brötchen, von dem es die Hälfte als Zucker selbst verstoffwechselt, die andere Hälfte, Sie ahnen es schon, wird zu „Hüftgold“ verarbeitet.

232 Und Sie möchten das bestimmt annehmen.

### *Mit Cortisol vollgepumpte schlanke Leichen*

Permanente energetische Überversorgung (mit Brötchen und leider auch mit anderen zuckerhaltigen Lebensmitteln) macht dick, also steuern Sie mit einer Diät gegen ihr Übergewicht an, die Ihr Hirn unter Druck setzt, weil plötzlich die Zuckerversorgung nicht mehr funktioniert. Deshalb bestraft Sie Ihr egozentrisches Gehirn, genauer: der Hypophysenvorderlappen, ein Teil der Hirnanhangdrüse, erbarmungslos indem er durch die Ausschüttung des Hormons ACTH die Nebennierenrinde zur vermehrten Ausschüttung von Cortisol stimuliert. Zu viel Cortisol aber bringt Sie garantiert früher unter die Erde, weshalb Diäten in keinem Fall eine Lösung für Ihr Problem mit dem Übergewicht sein können, es sei denn, Sie legen Wert darauf, unbedingt vorzeitig als schlanke Leiche mit einem perfekten BMI[233] beerdigt zu werden.

**Tipp**

Endlich mal eine wissenschaftlich überzeugende Theorie, auf die sich Übergewichtige voll einlassen können: lieber dick und entspannt als schlank und gestresst. Gut gemacht, Herr Prof. Peters![234] Und das Tollste ist die Erkenntnis, dass Sie ohne schlechtes Gewissen auf **Sport** zur Gewichtsreduktion verzichten können. Das bringt nämlich auch nichts. Wie eine - nach einigen Jahren vorzeitig abgebrochene - **Langzeitstudie** aus den USA mit 5.000 menschlichen Versuchskaninchen zeigte, wird durch reduzierte Nahrungsaufnahme und regelmäßig dreimal wöchentliche schweißtreibende Sporteinheiten die **Sterblichkeitsrate** - verglichen mit der Gruppe der Allesesser, die eine ruhige Kugel schoben - **nicht** nachweislich **beeinflusst.** Mit dieser Nachricht des Tages lasse ich Sie jetzt allein. Ich gehe zum Lagerkühlschrank, der im Keller steht. Da muss doch noch irgendwo eine Flasche Schampus sein. „Iiiiiiinge!"

233 Body-Mass-Index.

234 Peters, Mythos Übergewicht – Warum dicke Menschen länger leben.

# SCHNEEDIEBSTAHL

„Antenne Winterberg“ meldete heute in den 7-Uhr-Nachrichten: „Das Sauerländer Skiliftkarussell ist um eine Attraktion ärmer. Dreiste Schneediebe haben in der Nacht vom 7. auf den 8. März die 2 cm dicke Neuschneedecke am Brembergkopf vollständig abgetragen.“ „Alles ist verwüstet“, resümiert der vollkommen fassungslose Skiliftbetreiber Gottfried Große Schulte-Önning aus Schnöttentrop, während er auf seiner Anlage durch den knöcheltiefen Matsch watet. Auch die aus Glasgow und Belfast stammenden Spezialisten von „Snow Patrol“, die als schnelle Eingreiftruppe mit der Bewachung des kostbaren Neuschneeschatzes beauftragt waren, konnten sich den Vorfall nicht erklären. Ihre kurzgefasste Empfehlungen an das mit den Ermittlungen befasste Sonderdezernat „Polarbier“ lautet: „Chasing Cars“ und „Open your Eyes“. Der Leiter des Sonderdezernats will der Presse schon morgen erste Ermittlungsergebnisse vorstellen. „Die kriegen wir, da bin ich mir sicher!“

***Wintertraum im Nachtigallenweg***

Das glaube ich nun wieder nicht! Den von uns mit drei Lkw in einer Nacht-und-Nebel-Aktion vom Brembergkopf abtransportierten Schnee gibt es nämlich nicht mehr. Er ist weggeschmolzen und längst über die Kanalisation mit Abwasser so vermischt, dass selbst eine DNA-Analyse des Bundeskriminalamts nicht zu den Tätern führte. Schon während unseres Nachbarschaftsfestes „Wintertraum im Nachtigallenweg“ zeichnete sich bei Außentemperaturen um 15 Grad Celsius ab, dass es nur ein kurzes Vergnügen sein würde. Man muss uns verstehen. Wir hatten den ganzen Winter über in Holzwickede nicht eine Schneeflocke gesehen. Da wird man rattendoll auf das kalte Weiß, kommt auf die verrücktesten Ideen. Nachdem unsere Versuche, auf dem Nachtigallenweg mittels zehn aus den Kellern der Häuser ins Freie geschleppten Tiefkühltruhen eine durchgehende Eisfläche zu erzeugen, kläglich gescheitert waren, kam Fritz auf die Idee mit dem Brembergkopf. Er ist halt ein kreativer Kopf und immer für eine Überraschung gut.

***Eine nicht ernst gemeinte Entschuldigung***

Tut mir leid, liebe Sauerländer. Aber ihr könnt die am Brembergkopf weggebrochenen Einnahmen aus dem Skiliftgeschäft im Sommer wieder glattstellen, wenn ihr uns mit euren mobilen und stationären Geschwindigkeitsmessstationen an jeder Waldecke bis zur Hornhautablösung zusammenblitzt, um uns das Geld auch auf diesem Weg aus der Tasche zu ziehen.

## SCHÖNFÄRBEREI, genetische Ursachen

Wenn Sie Realist sind oder depressiver Realist, also Pessimist, dann gehören Sie zu der Minderheit von schätzungsweise 20 % der Menschen, bei denen der gefühlsduselige Mandelkern des Gehirns nicht wie bei den restlichen 80 % perfekt mit einem ACC genannten Teil des Frontallappens zusammenwirkt.

Ich finde, dass Sie das wissen sollten, denn damit entgeht Ihnen einiges, nämlich der perfekt rosarot eingefärbte Blick auf die Zukunft, der bei der überwiegenden Mehrheit der Menschen als störungsfrei funktionierender Schaltkreis in diese Gehirnwindungen eingebaut ist.

Die von den Gehirnforschern attestierte optimistische Verzerrung der Zukunft ist allgegenwärtig, sie betrifft alle Altersklassen, Kulturen, die private und berufliche Sphäre „usw. usf.“[235] – was eigentlich einleuchtet, denn ein einmal angewachsener Schädel sitzt nun mal da, wo er sitzt.

***Statistikresistenz***

Was mir am meisten Freude bereitet, ist aber die wissenschaftliche Erkenntnis, dass diese wohl genetisch bedingte Schönfärberei nicht lediglich eine durch Fakten korrigierbare Grundeinstellung ist. Damit die durch Mandelkern und ACC

---

235 „Usw. usf.“, eines von George Saunders stilistischen Kabinettstückchen in der deutschen Übersetzung von „Zehnter Dezember“, einem Buch mit zehn verstörenden, pessimistischen Kurzgeschichten zum Alltagswahnsinn. Offenbar hat dieser Mann ein Mandelkern-ACC-Problem.

geschaffene Wohlfühlatmosphäre nicht gestört wird, ist eine Sicherung in das System eingebaut. Die linke untere Stirnhirnwindung sorgt nämlich dafür, dass positive Informationen, auf denen sich in aller Ruhe eine sorgenfreie Zukunft aufbauen lässt, sofort in der Gedächtniszentrale, dem Hippocampus, abgespeichert werden, während die rechte untere Stirnhirnwindung, die für die Aufnahme negativer Informationen zuständig ist, bei den meisten Menschen unterentwickelt ist. Mit anderen Worten: Das System ist statistikresistent, jedenfalls soweit es negative Erfahrungen betrifft.

Vielleicht war Ihnen das alles ja noch nicht bekannt und Sie sehen sich jetzt mit ganz anderen Augen, nämlich als einen ziemlich hoffnungslosen Fall, als einen Optimisten, der glaubt, alles unter Kontrolle zu haben, während die Welt um ihn herum längst in Scherben liegt … Ich glaube, dass ich meinen Mandelkern mal wieder polieren und den ACC aufladen sollte.

## SCHÖNHEITSWAHN, Teheran

Wenn man mich gefragt hätte, wäre ich garantiert nicht darauf gekommen. Teheran, die Hauptstadt des streng muslimischen Iran, soll weltweit die Stadt mit der größten Dichte an Schönheitschirurgen sein, nämlich 3.600 Operateuren, die vornehmlich die Arbeitsfelder Augen, Nasen, Lippen und Wangen beackern.

### *Wo gehobelt wird …*

Vielleicht ist das aber gar nicht so verwunderlich. Denn in einer streng religiösen Gesellschaft, in der es für Frauen seit 1979 Pflicht ist, auf der Straße die Haare mindestens mit einem Schal zu bedecken, kommt dem Gesicht als dem einzigen Körperteil, das Männer sehen können, eine besondere Bedeutung zu. Offiziell werden landesweit jährlich 200.000 Schönheits-OPs gezählt, inklusive des Geschäfts mit dem Fettabsaugen wegen der durch das Hauptnahrungsmittel Reis auskömmlich mit Kohlehydraten versorgten Körper.[236]

236 Zur Dick-dünn-Problematik siehe *Fettleibigkeit, Allgemeines.*

Allerdings haben längst nicht alle Verschönerungsaktionen den erhofften Erfolg. Grund hierfür ist die mangelnde Qualifikation vieler iranischer Mediziner, die längst nicht alle auf derartige Operationen spezialisierte Fachärzte sind.

***Die Versorgungslage in Deutschland***

Das ist in Deutschland im Grunde nicht anders. Nicht jeder Arzt, der auf diesem Geschäftsfeld das Skalpell schwingt, ist auch ein approbierter Meister seines Fachs. Steht „Schönheitschirurg", „Kosmetischer Chirurg" oder „Ästhetischer Chirurg" auf dem Praxisschild, so sagt das nichts aus über den Erwerb einer besonderen medizinischen Qualifikation. Nur der Titel eines „Facharztes für Plastische Chirurgie" oder „Facharztes für Ästhetische und Plastische Chirurgie" gibt dem Patienten die Sicherheit, dass der Operateur nach dem Medizinstudium eine sechsjährige Weiterbildung absolviert und eine Facharztprüfung auf diesem Gebiet bestanden hat. Diese Fachärzte sind dünn gesät, in Deutschland ist diese kleine Gruppe von weniger als tausend Spezialisten in der Deutschen Gesellschaft der Plastischen, Rekonstruktiven und Ästhetischen Chirurgen organisiert (DGPRÄC).

**Tipp**

Sollten Sie als Frau wegen der Ähnlichkeit mit Claudia Schiffer oder als Mann wegen der ständigen Verwechslung mit George Clooney eine Veränderung Ihres Äußeren erwägen, beachten Sie für die **Arztsuche** bitte die **Checkliste** auf der Homepage der DGPRÄC (http://www.dgpraec.de/patienten/arztsuche/).

## SCHÜRZENVEREIN, Schlüsselqualifikationen

Nach 175 Jahren war es dann so weit. Der Schützenverein Lünern/Unna konnte seine erste „Schützenkönigin aus Eigenleistung" proklamieren, denn eine Dame hatte beim Vogelschießen die männlichen Konkurrenten düpiert und den entscheidenden Treffer gesetzt, der den Holzvogel zu einem rasanten Sturzflug veranlasste.

Dass sie das überhaupt durfte, als Mitglied eines Schützenvereins am Vogelschießen teilnehmen, ist beileibe noch nicht in allen deutschen Schützenvereinen selbstverständlich. Die Mehrzahl der im Deutschen Schützenbund e. V. organisierten 20 Landesverbände mit ihren lokalen Untergliederungen, den Vereinen, ist auch unter dem Druck eines stetigen Mitgliederschwundes[237] noch traditionell orientiert. Das bedeutet, dass hier Männer, und zwar ausschließlich Männer, genauer: ältere Männer, das Sagen haben, deren angestaubtes, historisch geprägtes Ideal von Glaube, Sitte und Heimat in der Tradition einer national-deutschen Bürgermiliz aus den Jahren vor der Märzrevolution von 1848 eine Öffnung der Vereine für Frauen nicht zulässt. Das muss man zwar nicht gutheißen, man kann sie aber dulden, diese Traditions- und Brauchtumspflege nach den überlieferten Mustern der Y-Chromosom-Träger[238] von anno dunnemals.

### *Schlüsselqualifikationen*

Man muss allerdings auch sehen, dass der Deutsche Schützenbund e. V. daran arbeitet, sich ein modernes, weltoffenes Image zu geben. Die von ihm propagierten Schlüsselqualifikationen für die zeitgemäße Ausübung des „Schießsports" im Sinne „des Bildungsanspruchs des organisierten Sports" orientieren sich an einem „humanistischen Menschenbild" und verlangen von den Mitgliedern der Vereine u. a.:[239] „Teamfähigkeit" (zusammen im Team mit Schützenbrüdern), „Kommunikationsfähigkeit" (am Stammtisch mit Schützenbrüdern), „Kooperationsfähigkeit" (z. B bei der Bestellung der nächsten Runde Bier im Schützenfestzelt mit Schützenbrüdern), „Planungsfähigkeit" (bei der Verabredung unter Schützenbrüdern, wer nächster Schützenkönig wird), „Zielorientierungsfähigkeit" (Umtrunk unter Schützenbrüdern erst nach dem Schießen), „Fairness" (weidmännisches Erlegen des hölzernen Vogels auf der Stange: ein Schützenbruder, ein Schuss), „Gesundheitsbewusstsein" (Nahrungsaufnahme im Kreis der Schützenbrüder in den Pinkelpausen der ver-

237 2011: 1.394.060, 2012: 1.372.418.
238 Siehe *Y-Chromosom-Träger, Amoklauf.*
239 Siehe www.dsb.de, dort in der Rubrik „Bildung".

schiedenen Traditionsschießarten[240]), „Umweltbewusstsein" (nur in die Luft schießen …) und „Leistungsorientierung" (… das aber ständig).

**Tipp**
Und wenn Ihnen das nicht gefällt, weil Sie eine Frau sind, dann werden Sie doch einfach Kanzlerin, Verteidigungsministerin, das dürfen Sie ja, oder gründen Ihren eigenen **Frauenschürzenverein.** Das weltweit größte Schützenfest wird übrigens in Hannover gefeiert, das beste - wie man immer wieder hört - in **Heiden/Kreis Borken,** dem Geburtsort meiner Holden.

## SELBSTANZEIGE

In der GroKo[241] knallt's mal wieder. Während der Junior-Partner in der Koalition die Selbstanzeige im Steuerrecht abschaffen will, beharren CDU/CSU auf der Beibehaltung dieser rechtlichen Krücke, mit der es Steuerkriminellen ermöglicht wird, zur „Wiederherstellung des Rechtsfriedens" und ihrer „Aussöhnung mit der Gesellschaft", die sie teilweise schamlos über Jahrzehnte geschädigt haben, als Ehrenmänner und -frauen mit weißer Weste zurück in die Steuerehrlichkeit zu humpeln.[242]

An dieser Krücke geht auch Alice Schwarzer, die sich ernsthaft um die Einhaltung des Steuergeheimnisses sorgt und eine gezielte Hetzkampagne wegen ihrer feministischen Aktivitäten gegen sich ausgemacht hat, weil ihr Name im Zusammenhang mit einer durch sie – unter tatkräftiger Mithilfe einer ausländischen Bank[243] – begangenen Steuerverfehlung in die Presse gelangt ist. Immerhin, das müsste sie eigentlich der Fairness halber zugeben, ist sie nicht öffentlich auf dem Scheiterhaufen vor einer johlenden Menge verbrannt worden,

240 Mir gefällt „Blattleschießen" am besten. Das ist eine Disziplin, bei der die Jungs vor einem voll belaubten Baum stehen und einfach draufhalten. Das Schwierigste ist das Auszählen der erlegten Blätter.

241 Große Koalition.

242 Siehe *Sozialschmarotzer.*

243 Wer war's? Die Schweizer, natürlich!

ein Schicksal, das ihr unter einer SPD-geführten Bundesregierung wohl sicher gewesen wäre.

Nein, nein, die Selbstanzeige muss bleiben! Das sage ich schon aus purem Eigennutz. Ich möchte nämlich nicht eines Tages ohne jede rechtliche Absicherung dastehen, wenn mein Finanzamt mir auf die Schliche kommt und merkt, dass ich jahrzehntelang 48 statt 47 Entfernungskilometer für Fahrten zur Arbeitsstätte in meine Jahressteuererklärung eingesetzt habe.

Ich plädiere sogar für eine konsequente Erstreckung dieses Instruments auf andere Deliktsgruppen, z. B. auf Mord und Totschlag. Zumindest in den Fällen, in denen der Täter die Leiche ins Ausland geschafft hat, bevor er sich hier bei uns der Polizei freiwillig stellte.

## SEENOT, Robert Redford

Um 17 Uhr heißt es „Leinen los“ – im UCI in Bochum. Ich treffe mich da mit Alfred und Detlef. Wir wollen uns das als Oskar-verdächtig eingestufte Ein-Personen-Stück „All is Lost“ ansehen, das Robert Redford in der Rolle eines im Indischen Ozean havarierten Seglers zeigt. Vielleicht kann man ja noch etwas lernen, haben wir uns gedacht.

Angeblich werden in dem Film nur drei Worte geredet, was den bestehenden, von Sylvester Stallone in „Rambo 2“ aufgestellten Minus-Rekord von – ich glaube – neun ganzen Sätzen locker toppt. Stallone erhielt für seinen desaströsen Filmauftritt 1986 die „Goldene Himbeere“ als schlechtester Schauspieler des Jahres, Redford peilt den Oskar an. Ich beurteile seine Chancen als gut, denn bekanntlich ist Schweigen ja Gold.

19.45 Uhr: Also das mit den drei Wörtern stimmt nicht ganz. Es waren ein paar mehr, aber eindeutig weniger als bei Rambo. Hängen geblieben sind bei mir „Scheiße“, „Gott“ und „Fuck“. Na ja, sie sind halt besonders … markant. Für den Oskar als „Bester Schauspieler“ dürfte es dennoch nicht reichen. Der Film ist perfekt, kein Zweifel, aber irgendwie erinnerte mich der Auftritt von Redford an Clint Eastwood, über den der italienische Filmregisseur Sergio Leone mal gesagt haben soll, er habe genau zwei Gesichtsausdrücke, einen mit und einen ohne Hut. Tut mir wirklich leid, Roberto.

---

ANZEIGE-ANZEIGE-ANZEIGE-ANZEIGE-ANZEIGE-ANZEIGE-ANZEIGE[244]

**Du bist es leid, deine Zeit mit sinnlosen Ballerspielen am PC zu verdaddeln, du willst echte Action?**

Kamerad, dann komm zu uns! Bei der **„Legion Blaustrumpf"** erwarten dich Kameraden aus mehr als 100 verschiedenen Ländern, um gemeinsam mit dir mal so richtig die Sau rauszulassen.

Verständigungsprobleme kennen wir nicht. Wir sprechen sowieso fast nie, weil man bei dem ständigen Herumgeballere ohnehin nichts hört. Wenn wir aber mal sprechen, dann **Legionärisch,** also Hochsächsisch, bei dem du alle Vokale bis auf das „o", das wir beibehalten, weil es uns an die Mündungsöffnung unseres geliebten Schnellfeuergewehrs „Olga" erinnert, einfach vergessen kannst.

**Do worst dos mogen!**

Unser markantestes Erkennungszeichen ist der Blaustrumpf. Der **Netzstrumpf aus reißfester Fallschirmspringerseide** wird – an einem Strapshalter in Tarnfarbe befestigt – am rechten Bein über der Uniform getragen.

**Do worst dos mogen!**

## Deine Geldprobleme gehören der Vergangenheit an

Du hast kein geregeltes Einkommen? Dein Rentenkonto ist leer? Du hast ein schlechtes Gewissen und hältst dich für einen Kriminellen, weil du dein erbärmliches Leben dadurch finanzierst, dass du Omas in der Einkaufsstraße die Handtasche klaust?

**Schluss damit!**

Zukünftig wirst du allein bestimmen, wie viel Geld auf deinem Schweizer Nummernkonto landet, denn die „Legion Blaustrumpf"

244 Siehe *Verleger, Erbsenzähler.*

handelt im staatlichen Auftrag. Mit uns ist das **Plündern, Rauben und Morden aus Habgier ohne Limit** ganz **legal** möglich. Davon können Investmentbanker nur träumen.

**Do worst dos mogen!**

Prüfe dich, ob du geeignet bist und schicke den Testbogen mit deinen persönlichen Daten an: Legion Blaustrumpf, Londonderry, Postfuck 12,7x99, Nordirland.

## TESTBOGEN

| | JA | NEIN |
|---|---|---|
| 1. Trägst du gern blaue Seidenstrümpfe? | | |
| 2. Singst du gern Lieder wie „Westerwald"? | | |
| 3. Bist du überwiegend männlichen Geschlechts? | | |
| 4. Bist du leicht gebehindert, stark adipös oder kannst einfach nur aus Faulheit nicht mehr als 12 Schritte in der Minute gehen? | | |
| 5. Reist du gern, auch nach Übersee? | | |
| 6. Hast du kein Problem damit, während deiner 15jährigen Ausbildungszeit nicht zu heiraten, auf die Benutzung deines geleasten BMW und den Verzehr von Big Macs zu verzichten? | | |

## Und so stimmst du dich auf uns ein

Wenn du dich noch nicht endgültig entschließen kannst, den Testbogen abzuschicken, aber schon einmal sehen willst, wie dir der blaue Seidenstrumpf steht, dann besuche unseren **Shop „www.ver-bleudung.com“.** Hier findest du auch andere Sachen, die so richtig Spaß machen.
Oder du stimmst dich auf das Leben in der „Sektion Blaustrumpf“ ein mit dem **Film** von Marty Feldmann „The last Remake of Beau Geste“. Da geht's aber so richtig rund.

**Do worst dos mogen!**

## Außerdem

Wenn du es bei uns nicht schaffst, kannst du es immer noch bei der mit uns kooperierenden „Amadeus Inc.“ versuchen, die bis 2011 „Sweetwater“ hieß. Die nehmen nun wirklich jeden Deppen.

# SELBSTVERMESSUNG

Der Trend aus den USA, freiwillig Daten über sich selbst zu sammeln, dort Self-Tracking oder „Quantified Self", Selbstvermessung, genannt, ist inzwischen auch in Europa eine beliebte Freizeitbeschäftigung geworden. Wieviele Schritte habe ich heute zurückgelegt, wieviele Emails gelesen, wie hoch ist mein Stromverbrauch, welche Musik habe ich gehört? Bewegungsprofile mit GPS, Puls, Blutdruck, Blutzuckerspiegel, Ernährung, Kalorienverbrauch, Alkoholkonsum, Spritverbrauch, sportliche Aktivitäten, Tastaturanschläge, Körperfettzunahme, Stimmungsbarometer mit Anschluss an Twitter oder Facebook, Aufgabenplanung und Erledigung, gelesene Buchseiten – die Möglichkeiten, sich selbst zu vermessen und die erhobenen Daten zu speichern oder sogar mit einer Community zu teilen, wachsen ins Unermessliche und damit Unkontrollierbare.

***Der gläserne Trottel***

Rund um die Datensammelwut ist eine eigene App-Industrie entstanden, die dazu animiert, sich nicht nur selbst besser kennenzulernen, sondern im Ergebnis auch dazu führt, sich für Dritte zu einem gläsernen Menschen zu machen. Damit stellt sich die Frage nach der Datensicherheit und nach dem Datenmissbrauch durch Auswertung einzelner Datenerhebungen bzw., noch viel gefährlicher, der Profilierung eines Menschen durch die Kombination von mit unterschiedlichen Apps erhobenen Einzeldaten.

Es liegt auf der Hand, dass sich mit dem Zugriff auf die Protokolle schon der wenigen o. g. Einzeldaten ziemlich exakte Bewegungs- und Persönlichkeitsprofile zeichnen ließen, die nicht nur für Einbrecher und andere Kriminelle, sondern auch für Arbeitgeber, Versicherungen, die Konsumgüter-, Arzneimittel- oder etwa die Werbeindustrie bzw. staatliche Sicherheitsdienste von höchstem Interesse sind.

***Der Trick mit der Aktentasche***

Der Rat selbsternannter Experten, die Daten bei unterschiedlichen Anbietern zu speichern, um den unberechtigten Zugriff

Dritter zu erschweren, ist einfach nur putzig und erinnert an die Aufforderung des US-amerikanischen Zivilschutzes aus den 50er Jahren, sich beim Abwurf einer Atombombe auf den Boden fallen zu lassen und mit einer Picknick-Decke oder einer Aktentasche zu schützen. Da bleibt einem das Lachen im Hals stecken. Ja, haben denn diese Vollpfosten noch nie von privatem oder staatlich angeordnetem Hacking gehört oder davon, dass lebenslustige IT-Spezialisten und Programmierer die in ihrem System gesammelten Daten verkaufen, wenn der Preis stimmt?

## SKIPPER, Geburtstag

Eine Kernmannschaft von vier Steinböcken, Herrmann, der Skipper, Detlef, Alfred und ich, setzen einmal jährlich gemeinsam die Segel und vergnügen uns in Blauwasserrevieren bei Griechenland, Kroatien oder der Türkei, nachdem wir von einem Dänemark-Törn, der jetzt schon einige Zeit zurückliegt, halb erfroren, stocknüchtern und mit vollkommen leeren Taschen (das ist da alles sauteuer) unsere Heimathäfen wieder erreicht hatten.

Derartige Gemeinschaftserlebnisse schweißen eine Crew natürlich dauerhaft zusammen. Daran haben auch diverse, sämtlich fehlgeschlagenen Versuche Herrmanns nichts geändert, mit allzu riskanten Manövern die von uns regelmäßig benutzten Bavarias zu versenken.

Zu seinem diesjährigen Geburtstag habe ich mir etwas Besonderes überlegt. Ich will ihm ein paar zünftige Skippergedichte widmen, die Zeugnis ablegen von seiner Liebe zum Meer, seinen außergewöhnlichen nautischen Fähigkeiten und seiner feinfühligen Art der Menschenführung. Ich denke, er wird sich freuen.

**Seine Liebe ist das Meer**

Ein Skipper ohne Schiff
ist wie ne Küste ohne Riff,
*(1. Erklärungsversuch)*

ist wie ein Kranich ohne Weiher,
*(2. Erklärungsversuch)*
wie ein Pygmäe ohne Eier.
*(3. Erklärungsversuch – ziemlich einleuchtend)*

**Ein nautisches Naturtalent**

Den Kompass Skipp' nicht leiden kann.
„Zeigt stets und ständig Norden an.
Wie soll ich da bei falschen Winden
den richt'gen Kurs nach Süden finden?“

Doch Skippi ist ein richtig Schlauer
und biegt wie gute Brückenbauer
das Eisen unter viel Gebrumm
einfach in Richtung Süden um.
So kam es, dass der Törn „Zermatt“
zu Ende war am Kattegat.

**Eine echte Führungskraft**

Ein Skipper steht im Steuerstand,
ein Glas Prosecco in der Hand.
„Nun bringt mir schnell ein Kanapee,
der Kurs tut meinen Augen weh.“
Die Mannschaft hüpft, die Mannschaft springt,
der Skipper um die Fassung ringt.

# SKYPE

Seit Angelika für sich ein Skype-Konto angelegt hat, skyped sie sich die Seele aus dem Leib. Ein echter Hype um Skype. Ich habe den am rechten unteren Bildschirmrand aufpoppenden bunten Balken „Angelika ist Online“ in den Farben Orange und Weiß heute bestimmt schon zehn Mal gesehen. Da ist sie schon wieder!

Manche behaupten, es gäbe genetische Gründe für den, nennen wir es mal: kommunikativen Eifer[245] des weiblichen Geschlechts. Ich weiß es, ehrlich gesagt, nicht genau, auch

245 Ich weiß, es werden hierfür auch andere Ausdrücke verwendet.

wenn die Ausführungen zu diesem Thema von Allan und Barbara Pease[246] diese Vermutung nahelegen.

### *Skypen today*

Für mich als Mann – mit allen insoweit bestehenden genetischen Defiziten – erschließt sich nicht die Faszination einer Kommunikationsmethode, bei der man, um mit dem gewünschten Gesprächspartner auf dem Wege der Bildtelephonie am Laptop eine Unterhaltung führen zu können, diesen, falls er sich nicht im Internet befindet, was man erfährt, wenn man den eigenen Laptop endlich hochgefahren hat, mit dem Handy oder über das Festnetz anruft, um ihm in diesem Telefonat zu erklären, dass man jetzt gern mit ihm skypen würde .

### *Skypen yesterday*

Die mittelalterliche Variante dieser doch irgendwie sehr weiblichen Methode des Informationsaustauschs, bei der der Nachricht eine Nachricht vorausgeschickt wird, das demnächst eine Nachricht eintreffe, muss so funktioniert haben: Burgfräulein A[247] hat eine Nachricht für Burgfräulein B. Burgfräulein A lässt über eine ihrer Kammerzofen dem Postkutscher der Königlichen Schneckenpost eine für Burgfräulein B bestimmte Depesche überbringen. Gleichzeitig bittet sie ihren Stallburschen, eine Taube für Burgfräulein B aufzulassen, die die Nachricht transportiert, dass demnächst mit der Königlichen Schneckenpost eine von ihr gefertigte Depesche mit einem höchst wichtigen Inhalt bei ihr, dem Burgfräulein B nämlich, eintreffe.

### *Die Vertraulichkeit des gesprochenen Worts*

Erstaunlicherweise mag Inge Skype nicht, auch nicht, so richtig jedenfalls, die Apple-Variante, FaceTime, die wesentlich komfortabler ist, weil man hier das Eintreffen des Postillions der Königlichen Schneckenpost nicht mit einer vorausgeschickten Brieftaube ankündigen muss.

Sie begründet das interessanterweise nicht etwa mit der jedenfalls bei Skype umständlichen Kontaktaufnahme mit

246 Buch „Warum Männer nicht zuhören und Frauen nicht einparken können".
247 Damals war das Wort „Fräulein" noch gebräuchlich.

dem Gesprächspartner, sondern damit, dass sie keine Lust auf „Brüllexzesse" vor dem Bildschirm ihres Laptops habe, dessen „Mickey-Mouse-Lautsprecher" keine „vertrauliche Unterhaltung" in Zimmerlautstärke zuließen.

Ich weiß nicht so recht, was ich davon halten soll. Hatte ihr nicht der gut aussehende, schwarzgelockte Kellner unseres „Lieblings-Italieners" bei einem unserer letzten Besuche die Pizza mit den Worten „Guiseppe@Holzwickede.de" serviert? Vielleicht frage ich einfach mal Mr. Smith.[248]

## SOLIDARITÄTSZUSCHLAG, Autobahnen

Für den Steuerzahler ist höchste Wachsamkeit angesagt, wenn eine Regierung das Versprechen abgibt, die Steuern in der aktuellen Legislaturperiode nicht zu erhöhen. Das gilt vor allem dann, wenn gleichzeitig ein Bundeshaushalt, der jahrzehntelang nur über eine jährliche Neuverschuldung bedient werden konnte, plötzlich ausgeglichen gestaltet werden soll, wie es uns Bundesfinanzminister Schäuble mit stolz geschwellter Brust für das Jahr 2015 verkündet hat.[249]

Es wäre verfrüht, bei einem solchen Szenario die Sektkorken knallen zu lassen, denn außer Steuerbelastungen gibt es andere staatlicherseits verordnete Grausamkeiten, die das Portemonnaie des Bürgers zumindest mittelbar belasten, wie z. B. die Auflösung der von den Beitragszahlern angesparten Rücklagen in der Renten- und Krankenversicherung, die unabweislich in kürzester Zeit zu Beitragserhöhungen in diesen Zweigen der Sozialversicherung führen wird.[250] Dass auch die in der Pflegeversicherung verteilten Wohltaten nicht zum Nulltarif zu haben sind, darüber wurde schon berichtet.[251]

### *Es lebe die deutsche Soli-Darität!*

Zunehmender Beliebtheit erfreut sich in politisch verantwortlichen Kreisen das Instrument des Solidaritätszuschlags, ver-

248 Siehe *Heizöl, Bestellung.*
249 Siehe *Bundeshaushalt, schwarze Null.*
250 Siehe *Bundeshaushalt, schwarze Null.*
251 Siehe *Pflegeversicherung, Beitragssatzerhöhung.*

niedlichend „Soli“ genannt, das gern eingesetzt wird, wenn gesamtgesellschaftliche Aufgaben von einigem finanziellen Gewicht – zusätzlich zur Steuerlast – in homöopathischen Dosen auf die Schultern der Erwerbstätigen verteilt werden sollen, wie z. B. der seit 24 Jahren (!)[252] gezahlte Soli für die Folgekosten der deutschen Einheit. Ursprünglich gedacht für den Aufbau der ostdeutschen Infrastruktur werden die Gelder längst dazu zweckentfremdet, marode Kommunalhaushalte und den Haushalt des Bundes im Gleichgewicht zu halten.

So verwundert es eigentlich nicht übermäßig, dass in der Osterpause des parlamentarischen Geschäftsbetriebs der Ministerpräsident Schleswig-Holsteins Torsten Albig mit einem „Schlagloch-Soli“ die politische Diskussion um die EU-rechtlich umstrittene und zur Finanzierung der Gesamtkosten für notwendige Reparaturmaßnahmen an unseren Verkehrswegen ungeeignete Pkw-Maut (für Ausländer) bereicherte.

### *Melkkühe der Nation*

Getrieben wird Albig von der Sorge, dass die seit einigen Legislaturperioden auf Verschleiß gefahrene Verkehrsinfrastruktur vor allem unserer Autobahnen auf ein qualitatives Niveau abrutscht, das mehr ukrainischen als mitteleuropäischen Standards, in keinem Fall aber denen einer auf funktionierende Verkehrsverbindungen angewiesenen Exportnation entspricht. Er beziffert den zusätzlichen Finanzierungsbedarf für die Wartung von Straßen und Brücken bis 2030 auf jährlich 7 Mrd. €, also gerade so viel wie uns die neue Mütterrente per anno kosten wird.[253] Dass die deutschen Autofahrer über die Kfz- und Mineralölsteuer den Steuertopf jährlich mit 53 Mrd. € füllen, von denen nur 19 Mrd. € in die Verkehrsinfrastruktur fließen und der „Rest“ anderweitig untergebracht wird, das kümmert ihn herzlich wenig, weil, O-Ton Albig, „wir uns als Gesellschaft entschieden haben, das Geld für etwas anderes auszugeben: Bildung, Soziales, (und jetzt halten Sie sich bitte fest) Rentenabsicherung.“[254]

252 Im nächsten Jahr feiere ich das 25jährige Jubiläum mit einer Flasche Rotkäppchen-Sekt!

253 Siehe *Gerechtigkeitsapostel, politische.*

254 Interview mit Albig, Ruhr Nachrichten vom 23.4.2014, Seite 2; zum Projekt „Rentenabsicherung“ siehe *Bundeshaushalt, schwarze Null.*

***Retter des Wirtschaftstandorts Deutschland***
Wie gesagt, diese Politiker-Denke, in die Taschen des Bürgers zu greifen, ohne das Wort „Steuern" bemühen zu müssen, gehört bei uns längst zum politischen Alltagsgeschäft und kann nicht mehr erstaunen. Allerdings verwundert , dass Albig mit seinem, wie er es nennt, „Denkanstoß", für den er und – trotz aller Distanzierungsversuche – auch seine Partei bundesweit abgewatscht wurden, ein Problem des CSU-Bundesverkehrsministers Dobrindt Alexander zu lösen vorgibt, das nicht in den politischen Verantwortungsbereich eines SPD-Ministerpräsidenten in Schleswig-Holstein fällt. Für diesen untauglichen und dümmlichen Versuch, sich zur Unzeit ohne Not auf dem Rücken seiner Partei bundesweit als Retter des Wirtschaftsstandorts Deutschland zu profilieren, wird ihn, so darf man vermuten, bei passender Gelegenheit der Zorn der Parteioberen treffen, zumal er Wiederholungstäter ist.[255]

# SOZIALSCHMAROTZER

Manche Menschen haben Steuerschulden, da kommt man sich selbst so richtig klein und mickrig vor, wenn man auf das blickt, was man monatlich selbst an den Staat zahlt.

***Mühsamer Weg in die „Steuerehrlichkeit"***
Beim Hoeneß Uli, dem Ex-Präsidenten des FC Bayern München, wuchs die Steuerschuld aus Börsenzockereien mit dem Geld auf dem geheimen Schweizer Zocker-Konto Nr. 4028002 mit VIP-Status bei der Züricher Vontobel Bank in den Jahren 2003 bis 2009 auf solche Summen an, dass er den Überblick verlor. Gestartet war er auf seinem Weg zurück in die Steuerehrlichkeit mit seiner fehlgeschlagenen Selbstanzeige[256] am 17.1.2013 bei 3,5 Mio. €, dann legte er noch ein paar Millionen nach, so wurden es im Laufe des Prozesses 15 Mio. €, dann 18,55 Mio. €. Verknackt wurde er schließlich zu

255 Lautstarke, die Regierung düpierende Kritik an der EEG-Reform und dem Doppelpass.
256 Siehe auch *Selbstanzeige*.

drei Jahren und sechs Monaten Freiheitsstrafe für Steuerhinterziehung in einer Gesamtsumme von 28,5 Mio. €. Und das, man muss sich das einmal klar machen, sind nur die hinterzogenen Steuern aus der 35 %-igen Kapitalertragsteuer auf die Gewinne, die er gemacht hat. D. h. sein unversteuerter Gewinn lag bei circa 81,5 Mio. €. Wie hoch das eingesetzte Kapital gewesen sein muss, das er größtenteils selbst hatte[257] bzw. sich, wenn er einmal klamm war, auch von einem der Vereinssponsoren des FC Bayern München geliehen haben soll, vermag ich mir nicht mehr vorzustellen. Man darf einen hohen dreistelligen Millionenbereich vermuten. Schon erstaunlich, wie viel Geld man als Wurstfabrikant mit seiner Hände Arbeit verdienen kann.

### *Was alles am 17.1.2013 geschah*

Im Nachhinein möchte man der SPD, den Grünen und den Linken um den Hals fallen. Denn hätte der Bundesrat mit den Stimmen der von ihnen geführten Landesregierungen nicht am 23.11.2012 dem Steuerabkommen Deutschland-Schweiz die Zustimmung verweigert, dann hätte sich der Hoeneß Uli, der bei so manchem Zeitungsinterview treuherzig versicherte, zu den Unternehmern zu gehören, die ihre Gewinne in Deutschland versteuern,[258] weiter hinter der Maske des steuerehrlichen Biedermanns[259] und mit zahlreichen Auszeichnungen hochdekorierten Wohltäters der Menschheit[260] verstecken können.

257 Sein Sicherheiten-Depot bei der Vontobel Bank, das sog. Margenkonto, für die von 2003 bis 2009 ausgelösten ca. 12.000 Zocker-Transaktionen war zeitweise mit fast 164 Mio. € Eigenkapital unbekannter Herkunft prall gefüllt, was auch nötig war, denn es gab Tage, da löste Hoeneß mit persönlichem Kundenauftrag am Telefon („Execution only“) Devisengeschäfte im Gesamtvolumen von 450 Mio. Schweizer Franken (SFR) plus 190 Mio. € aus, was ihm teilweise satte Jahresgewinne (2003: 52 Mio. €, 2005: 78 Mio. €), teilweise herbe Tagesverluste bescherte (17.12.2008: 18 Mio. SFR Verlust aus einem Termingeschäft, siehe WamS 23.3.2014, Seite 31). Neben dem Margenkonto gibt es dann nach das Handelskonto, mit dem am Devisenmarkt spekuliert wird. Für diese Handelskonto war mit der Bank der Hebel zwölf vereinbart, d. h. Hoeneß hätte theoretisch mit dem Zwölffachen seines Margenkontos, also rund 2 Milliarden €, spekulieren können (WamS 30.3.2014, Seite 34).

258 „Ich weiß, dass das doof ist. Aber ich zahle volle Steuern“ (Bild-Zeitung 2005).

259 „Natürlich will ich den Erfolg, aber nicht um jeden Preis. Wenn es ums Geld geht, muss man auch mal zufrieden sein“ (Brand 1, 2011).

260 Unter anderem: Bayerischer Verdienstorden (2002), Bambi in der Kate-

So aber war mit dem Versteckspiel an dem Tag Schluss, an dem das auf das Veto des Bundesrates im Vermittlungsausschuss erarbeitete Vermittlungsergebnis von der Bundesregierung abgelehnt und damit das kuschelige Anonymität garantierende Steuerabkommen mit der Schweiz endgültig gescheitert war. Dieser Tag war übrigens der 17.1.2013, derselbe Tag also, an dem der Hoeneß Uli mit seiner Selbstanzeige „reinen Tisch" machen wollte. Schon merkwürdig, wie manche Ereignisse auf einen Tag zusammenfallen. Aber wahrscheinlich tut man ihm Unrecht, wenn man aus dem Zusammenfallen der beiden Ereignisse auf den 17.1.2013 schlussfolgert, es habe ihn bei seiner Selbstanzeige weniger die tätige Reue, sondern vielmehr die Angst vor der Entdeckung seines kriminellen Tuns getrieben.

### *Küsschen für „dumme Fragen"*

Ein Küsschen bekommt selbstverständlich auch der Reporter des „Stern", der am 14.1.2013 bei der Vontobel Bank „dumme Fragen" stellte, die zumindest als mitursächlich dafür angesehen werden können, dass am 18.1. ein Mitarbeiter der Bank eine Datei mit den Unterlagen zu einem „Kunden U. H." packen musste, die dann auf den beiden USB-Sticks landeten, mit denen die Verteidiger von U. H. am 27.2. und, weil nicht auslesbar, noch einmal am 5.3.2013, also fünf Tage vor dem Prozessbeginn, den Ermittlern 70.000 Seiten Bankunterlagen vor die Füße kippten.[261]

Warum wurde eigentlich der Prozessbeginn zur Sichtung der Unterlagen nicht verschoben? Eine Antwort könnten nur der Richter, Rupert Heindl, und die Staatsanwälte, z. B. Achim von Engel, geben.

**Tipp**

Da das Urteil rechtskräftig geworden ist, fährt der Hoeneß Uli zur Haftverbüßung im geschlossenen Vollzug in die **JVA Landsberg am Lech** ein, so richtig mit Häftlingsbekleidung und acht bis zehn Quadratmeter großer Zelle. Auf Pay-TV für die Champions-

gorie „Wirtschaft" (2009), Bayerische Staatsmedaille für soziale Verdienste (2012).

261 Siehe WamS vom 23.3.2014, Seite 31.

League-Spiele seines FCB wird er dort verzichten müssen. Schon nach wenigen Monaten kann der Leiter der JVA dann über **Vollzugslockerungen,** Außenbeschäftigung, Ausführung oder Ausgang, entscheiden. Dabei trägt der Uli dann seine private Kleidung. Selbst **Freigang** zur Arbeitsstelle ist möglich mit anschließender Übernachtung im Offenen-Vollzugs-Haus Leonrodstraße. Die Freiheitsstrafe kann nach 28 Monaten, Zweidrittelverbüßung, frühestens nach 21 Monaten durch die Vollstreckungskammer ausgesetzt werden - eine Entwicklung, mit deren Eintritt man wohl rechnen darf, wie in Justizkreisen gemunkelt wird. Seien Sie also nicht überrascht, wenn Ihnen der Uli so gegen Ende des Jahres irgendwo in München in **ziviler Kleidung** begegnet. Er ist dann als Freigänger auf dem Weg von oder zu seiner Arbeitsstelle in der Jugendabteilung des FC Bayern München, denn ein Sozialschmarotzer will er unter keinen Umständen sein.

## SPARBUCH, europäisches

Wenn die noch vagen und, wie es scheint, reichlich unausgegorenen Pläne des französischen EU-Binnenmarktkommissars Michel Barnier zu einem öffentlich geförderten europäischen Sparbuch, etwa bei der Europäischen Investitionsbank (EIB), für Sparer erwägenswert sein sollen, dann müssten die in Aussicht gestellten Vorteile, nämlich Steuervergünstigungen, die nach seinen Vorstellungen noch mit staatlich garantierten Renditen verzuckert werden könnten, als Paket spürbar oberhalb der Zinssätze liegen, die die Banken der EU-Mitgliedstaaten ihren Kunden für Tagesgeld oder für längerfristige Bargeldanlagen zu zahlen bereit sind.

***Das meinen auch die Banken***

Wie soll das gehen? Attraktive Steuervergünstigungen und staatliche Zinsgarantien ließen, was die deutschen Banken – unter Hinweis auf die nach dem derzeitigen System gesicherte innerstaatliche Finanzierung von Krediten an die mittelständische Wirtschaft – betonen, die deutschen Sparguthaben nach Brüssel fließen und entzögen damit der eigenen in diesem Bereich gut funktionierenden Kreditwirtschaft die Mittel.

Doch lassen wir mal die volkswirtschaftlichen Aspekte außen vor und blicken nur auf den „kleinen Mann auf der Straße“, der ja nicht nur Sparer, sondern vor allem Steuerzahler ist. Wie stellt sich die Situation für Sie und mich dar?

***Nur der Sparer lacht nicht***

Ein auf breiter Basis aus Steuermitteln des jeweiligen EU-Staates gefördertes Sparen – jenseits der durch die Banken bei der Geldanlage derzeit seriös zu erwirtschaftenden Renditen – führte wegen der geplanten Steuervergünstigungen zu steuerlichen Mindereinahmen und belastete wegen der staatlich garantierten Renditen notwendigerweise zusätzlich die Ausgabenseite des Staatshaushalts, weil bei solider Anlage der Spareinlagen Zinsen oberhalb der derzeit von den Banken gezahlten Sätze am Markt betriebswirtschaftlich nicht darstellbar sind.

Und dreimal dürfen Sie, liebe Leser, raten, wer das in die Staatskasse gerissene Loch wieder schließt, wenn das jetzt mit Taschenspielertricks gestrickte Budget des Bundes[262] dann mal wieder zu wackeln droht. Würden die Pläne des EU-Binnenmarktkommissars umgesetzt, dann ergäbe sich die aberwitzige Situation, dass der Steuerzahler im Ergebnis über Steuererhöhungen die Zinsen selbst finanziert, die ihm der Staat als Sparer vorher großzügig gewährt hat. C’est fou,[263] Monsieur Barnier! Aber, keine Angst, zunächst müssen die EU-Staaten dem für Ende des Jahres angekündigten endgültigen Vorschlag zustimmen, dann das Europaparlament. Ich prognostiziere, das wird nix!

## SPD, Strategie

Die SPD tut im Moment recht vergnügt als Junior-Partner in der GroKo.[264] Ist es in Wirklichkeit aber nicht, kann es auch nicht sein, denn die Schere zwischen den von ihr und der CDU/CSU (41,5 %) bei den letzten Bundestagswahlen erziel-

262 Siehe *Bundeshaushalt, schwarze Null.*

263 Das ist krank.

264 Große Koalition.

ten Ergebnissen klafft weit auseinander. Die einst stolze Volkspartei ist auf beängstigend schwache 25,7 % abgesackt. Damit liegt sie zwar noch deutlich vor der FDP (4,8 %), die sich bekanntermaßen für diese Legislaturperiode eine Auszeit genommen hat, von der nicht wenige hoffen, dass sie länger als geplant andauert; aber so recht befriedigen tut das die Genossinnen und Genossen sicherlich nicht.

Eine Meldung im Wirtschaftsteil der Ruhr Nachrichten könnte ihr den Weg weisen, zu alter Stärke zurückzufinden. Wenn man, was wohl zulässig ist, davon ausgeht, dass die in Wirtschaft und Politik wirkenden systemrelevanten Mechanismen nahezu identisch sind, dann ist für die alte Tante SPD die Nachricht interessant, dass der Weggang des Konzernlenkers Axel Heitmann von Lanxess für einen Anstieg der Aktie um mehr als 8 % führte. Berücksichtigt man zudem, dass der Absprung von Matthias Zachert von Merck zu Lanxess zu einem Kurseinbruch bei der Merck-Aktie um zeitweise mehr als 10 % führte, dann ist für mich die Strategie der SPD klar vorgezeichnet. Sie lautet: Schmeißt eure Pflaumen raus und ersetzt sie durch echte Könner, die ihr beim politischen Gegner abwerbt!

Nur mal angenommen, die würden das tun, sähe das Ergebnis bei der nächsten Bundestagswahl – unter Berücksichtigung der vorgenannten Zahlen – so aus: CDU/CSU minus 10 %, macht 31,5 %, SPD plus 8 %, macht 33,7 %!

**Tipp**

Bliebe nur noch die Frage zu beantworten, **wer gefeuert** und **wer geholt** wird? Hier könnte ein Mitgliederentscheid schnell Klarheit bringen. Nimmt man das ZDF-Politbarometer vom Dezember 2014, das von der Mannheimer Forschungsgruppe Wahlen mit einer Skala von +5 bis -5 erstellt wird, als Richtschnur für die Kandidatenkür, wäre **Angela** der „Königstransfer" (Durchschnittswert 2,6), abgeben müsste man **Andrea Nahles,** die nur noch einen Punktwert von 0,3 auf der Beliebtheitsskala unserer Politiker erreicht. Doch das ist nur eine Anregung.

# SPIELTRIEB, Opel-GT-Syndrom

So ein paar Sachen, die Inge tut, sind mir unerklärlich – eigentlich die meisten. Hierzu gehört auch die seit neuestem zelebrierte Angewohnheit, Küchenhandtücher nach der Benutzung sofort wieder in den dafür bestimmten Ausziehschrank unserer neuen Küche zu hängen, um sie eine halbe Minute später wieder rauszuholen, weil etwas abzutrocknen ist.

Ich hoffe, dass das nur eine Episode ist, in der sie sich auf die neue Situation einstellt. Wenn nicht, dann … werde ich verrückt.

***„Nur Fliegen ist schöner“***

Wie dem auch sei. Das Ganze erinnert mich stark an das Verhalten der Opel-Fahrer, die in ihrem in den siebziger Jahren als supergeil eingestuften GT über die Autobahnen donnerten. Der Werbeslogan „Nur Fliegen ist schöner“ ist Ihnen vielleicht noch im Ohr. Diese Fahrer konnte man leicht daran erkennen, dass ihr linker Unterarm von dem dauernden Ein- und Ausklappen der Scheinwerfer erheblich muskulöser ausgebildet war als der rechte. Sie sahen den degenerierten, auf Sandplätze spezialisierten Tennisspielern ähnlich, deren linker Arm, soweit sie Rechtshänder waren, total unterentwickelt – am Körper nur notdürftig befestigt – herunterbaumelte, während der rechte Ober- und Unterarm die Abmessungen ihrer Oberschenkel aufwies. Entsetzlich anzusehen, künstlich geschaffene Menschen, Homunculi.
Der Reiz des Neuen, ich hoffe, das es das ist, hat bei Inge noch zu keinen körperlichen Abnormitäten geführt. Es scheint mir aber nur eine Frage der Zeit zu sein, bis sich ihre rechte Hand, mit der sie den Schrank aufzieht und zudrückt, verbreitert und vielleicht auch die Oberarmmuskulatur auf den Dauerreiz reagiert. Ich werde das beobachten und das Thema gegebenenfalls unter Hinweis auf das Opel-GT-Syndrom ansprechen.

***Auf Zeit spielen?***

Abgesehen davon verstößt Inges Verhalten gegen alle ergonomischen Grundsätze. Niemand, der halbwegs bei Verstand ist, würde etwa den Hammer nach der Ausführung eines Schlags in den Werkzeugkeller zurücktragen, um ihn wieder an den Arbeitsplatz zurückzuschaffen, wenn der nächste Schlag ansteht. Ob ich ihr das einfach einmal sage?

Ich denke, ich sollte, schon um unangenehmen Retourkutschen zu entgehen, einfach noch zwei, drei Monate warten, bis der Neuigkeitseffekt verpufft ist und wieder Normalität einkehrt.

## SPÜLMASCHINE, Bestückung

Wenn Inge eine leere Spülmaschine bestückt, ordnet sie das schmutzige Geschirr nie im hinteren Teil der Maschine ein, sondern immer ganz vorn, so dass ich reflexartig zu den Geschirrspül-Tabs greife, wenn ich die Maschine öffne, weil ich denke: „voll!".

Körperliche Defizite, wie etwa Bewegungseinschränkungen oder zu kurze Arme, sind es nicht, die sie daran hindern, auch die hinteren Bereiche des Innenraums der Spülmaschine zu erreichen. Es kann auch nichts mit ihrer Angst vor dunklen, engen Räumen zu tun haben,[265] denn die Geschirrkörbe lassen sich über zwei Teleskopschienen herausziehen und so ans Tageslicht befördern.

Plausibel erscheinen mir zwei andere Erklärungen. Ich schwanke noch, welche die zutreffende ist.

### *Gibt es eine „Frauen-Spülmaschine"?*

Die Bedienungsfehler beim Einräumen des Geschirrs könnten damit zusammenhängen, dass wir eine speziell für Männer entwickelte Spülmaschine gekauft haben, deren Technik sich Frauen nicht erschließt.[266] Eine Frauen-Spülmaschine, Sie wissen, wie ich das meine, müsste maximal 20 cm tief, dafür aber mindestens 2,5 m breit sein und über keinerlei Einteilungen verfügen, weil Frauen diese sowieso nicht oder falsch benutzen.

265 Siehe *Kellerphobie*.

266 Es gibt ja schließlich auch Frauen- und Männer-Fahrräder, um nur ein Beispiel für geschlechtsspezifisch konstruierte Gebrauchsgegenstände zu nennen.

### *Alles eine Sache des Gesichtsfelds*

Denkbar wäre es aber auch, dass Frauen aufgrund ihrer genetischen Prädisposition Spülmaschinen, unabhängig von deren geschlechtsspezifischer Konstruktionsweise,[267] anders einräumen können als Männer dies aufgrund ihrer im Erbgut angelegten Veranlagung tun müssen. Frauen haben erwiesenermaßen ein anderes Gesichtsfeld als Männer, sie können – bei ruhiger Kopfhaltung – alle zentralen und peripheren Punkte und Gegenstände des Außenraums visuell wahrnehmen, auch ohne sie direkt zu fixieren. Der Mann hingegen ist auf sogenanntes foveales Sehen geeicht, bei dem die Blicklinie exakt auf das gewünschte Objekt ausgerichtet ist. Das periphere Sehen benutzt er nur, um Bewegungen des Objektes wahrzunehmen, was auch durchaus sinnvoll war, als wir noch in Kleingruppen bärenfellbehängt mit unseren Speeren und Keulen Mammuts unter lautem Geschrei über Felsen in Schluchten abstürzen ließen.

Was bedeutet das für das Einräumen von Geschirrspülmaschinen? Da sich diese Geräte nicht bewegen – wenn sie es doch tun, sollten Sie den Installateur rufen –, ist das periphere Sehvermögen des Mannes bei der Annäherung an das Objekt bedeutungslos. Er öffnet die Frontklappe, bemerkt das bewegungslos verharrende schmutzige Geschirr in der ersten Reihe, schaltet daraufhin das periphere Sehvermögen aus und stellt seine Sehschärfe auf den Tunnelblick des Jägers ein. In dieser Position verharrt er dann einige Zeit, um schließlich nach den Geschirrspültabs zu greifen, weil die Maschine offenbar voll ist. Frauen können diesem Missverständnis nicht erliegen. Da sie die Welt mit Hilfe ihres speziell ausgebildeten Gesichtsfelds nicht auf Details beschränkt, sondern im großen Ganzen wahrnehmen, können sie – wie die Philosophen – auch hinter die Dinge blicken und erkennen, dass da noch massig Platz ist. Theoretisch.

267 Ich meine die Spülmaschinen!

# STAATSGEBIET, Vergrößerung

Russland will die Krim nicht annektieren, jedenfalls nicht im Wege einer kriegerischen Auseinandersetzung. Das wird auch nicht nötig sein, denn die strategisch und auch historisch für Russland bedeutsame Halbinsel Krim gehört zwar seit 1991 völkerrechtlich zur Ukraine, ist aber eine autonome Republik mit einer Gesamtbevölkerung von 2 Mio. Einwohnern, von denen fast 60 % Russen, 24 % Ukrainer, 12 % Krimtataren und 5 % „Sonstiges“ sind.

***Krieg ist out, Referendum ist in***

Bei dem von Putin angestrebten Referendum stehen die Chancen auf einen Beitritt zur Russischen Föderation ausgesprochen gut,[268] zumal Zehntausende wie Engelchen vom Himmel gefallene russlandtreue schwerbewaffnete Soldaten als Wahlhelfer fungieren. Die Wahlgeschenke an Staatsdiener und Wahlvolk sind auch schon verteilt: Die neue Republik Krim würde, wie aus Moskau zu hören war, zu einem gleichberechtigten Mitglied der Russischen Föderation mit allen Rechten und Vollmachten und die Bürger der Krim würden gleiche Löhne, Renten und Ansprüche auf Sozialleistungen haben wie russische Staatsangehörige.

Das alles widerspricht natürlich elementar ukrainischem Verfassungsrecht, internationalem Völkerrecht und dem mutmaßlichen Willen der fast 80 % Ukrainer, also circa 40 Mio. Menschen in der Ukraine selbst.

***Und die anderen?***

Nimmt man Putins Husarenstreich als Modell, autonome Teile eines fremden Staates gegen nationales und internationales Recht per Referendum dem eigenen Staatsgebiet einzuverleiben, ergeben sich vollkommen neue Ansatzpunkte für Expansionsbestrebungen anderer europäischer Staaten.

---

268 Es hat funktioniert, die Zustimmung zum Referendum lag bei über 90 %. Was man so alles mit militärischem Druck, Wahlgeschenken und Wahlfälschungen erreichen kann.

### *Referendum à la Putin in Südtirol?*

Nehmen wir z. B. die nördlichste Provinz Italiens: Südtirol, das seit dem Autonomiestatut von 1972 umfassende Selbstverwaltungsrechte inklusive eines eigenen Budgetrechts hat. Die historisch gewachsenen Verbindungen vor allem zum österreichischen Kulturraum zeigen sich auch bei der Sprachverteilung: ca. 70 % der Bevölkerung spricht Deutsch, 26 % Italienisch und 4 % Ladinisch.[269] Ideale Voraussetzungen für ein Referendum mit dem Ziel, Südtirol heim nach Österreich zu holen. Putin würde das sicherlich verstehen.

### *Referendum à la Putin im Elsass?*

Für Deutschland sehe ich durchaus die Möglichkeit, die Region Elsass auf dem Weg über ein Referendum friedlich und nach streng demokratischen Regeln zurückzuerobern. Zwar ist die Amts- und Schulsprache heute ausschließlich Französisch, doch wird Deutsch von circa 50 % der Schüler in der Vorschule und circa 90 % in der Grundschule gelernt; in der Mittelstufe der Gymnasien immerhin noch von circa 70 %, obwohl unsere Sprache aus der Sicht der Franzosen „très dur“, also knallhart ist. Die deutschsprachigen Wurzeln der Elsässer lassen sich halt nicht verleugnen, was nicht verwundert, denn als Elsass-Lothringen nach dem Ersten Weltkrieg an Frankreich abgetreten wurde, waren von den 1,9 Mio. Einwohnern 1,6 Mio. deutsche Muttersprachler. Allerdings läuft uns – biologisch betrachtet – die Zeit ein wenig davon. Wir sollten das Referendum à la Putin schnell auf den Weg bringen, am besten solange die Zustimmungswerte des französischen Ministerpräsidenten Hollande Unter 20 % liegen, wie jetzt die Zeitung „Le Figaro“ berichtete.

Als deutlich schlechter schätze ich für uns die Rückgewinnung von Nordschleswig ein, das als ehemaliges Herzogtum Schleswig seit 1920 zu Dänemark gehört. Die 15.000 bis 20.000 deutschsprachigen Nordschleswiger sind zahlenmäßig mit ihrem 2 %-Anteil an der Bevölkerung der Region Syddanmark nicht referendumsgeeignet. Außerdem bin ich mir nicht sicher, ob sie tatsächlich die dänische gegen die deutsche Staatsangehörigkeit eintauschen würden.

---

269 Ladinisch, nicht Lateinisch.

## STABILITÄT, politische

Als ich jetzt über den Rücktritt von Enrico Letta, den soundsovielten italienischen Ministerpräsidenten las, hat mich das nicht überrascht, da in Italien Regierungen meist nicht länger im Amt bleiben als ein gutes Ossobuco alla milanese zum Durchgaren braucht. Eine Ausnahme war Berlusconi, aber der hat schon immer sein eigenes Süppchen gekocht.

Anders ist das z. B. in Frankreich, wo der gallische Hahn als Coq au vin für stabile politische Verhältnisse sorgt. Bekanntermaßen wird das Gericht von echten Franzosen nur dann als genießbar angesehen, wenn der Hahn mindestens fünf Jahre in einem Rotweinsud zusammen mit reichlich jungem Gemüse langsam vor sich hin geköchelt hat.

Ein Muster an politischer Kontinuität ist Deutschland, und zwar wegen seiner Kohlspeisen. Wenn man den Blumenkohl zubereitet hat, mit einer leichten schwarz-rot-gold eingefärbten Buttersoße übergießt, ihn dann erkalten lässt und in die hinterste Ecke des Kühlschranks stellt, um in dort nach circa vier Jahren als ein eingeschrumpeltes schwarzes Etwas wiederzufinden, nicht mehr weiß, was es ist und plötzlich unerklärlichen Heißhunger auf Blumenkohl verspürt, beginnt das Ganze von vorn und wir haben Angela für vier weitere Jahre an den Hacken.

Ganz anders ist das in Russland. Hier gibt's täglich gut abgehangenen Gulag mit lauwarmen Sotschi. Und der Chefkoch Putin rührt alles jeden Tag eigenhändig frisch zusammen. Auch mit diesem Rezept lässt sich politische Stabilität herstellen.

## SUPERCOMPUTER, Leistungsfähigkeit

Die Supercomputer dieser Welt, die eine Rechenleistung von mehreren PFLOPS[270] pro Sekunde haben, werden längst nicht

270 Ein PetaFLOPS sind $10^{15}$ FLOPS (Floating Point Operations Per Second, also Gleitkommaoperationen pro Sekunde), mithin eine Billiarde (15 Nullen) Rechenoperationen, die man z. B auch dadurch erreicht, dass 20.000 leistungsstarke PCs miteinander verbunden werden.

mehr nur zu militärischen Zwecken eingesetzt. Klar, die NSA hängt auch da mit drin, schwerpunktmäßig sind es aber Klima- und Neurowissenschaftler, die diese Maschinen für ihre Forschungsarbeiten mit der Simulation von hochkomplexen Wettermodellen und Entdeckungsreisen im neuronalen Kosmos nutzen.

Der weltweit gesehen leistungsstärkste Computer, der „Tianhe-2",[271] mit fast 34 PFLOPS, verteilt auf eine Grundfläche von 750 m²,steht im National Super Computer Center in China, auf Platz Nr. 2 thront der „Titan" (circa 18 PFLOPS, circa 420 m², USA). Da können die Supercomputer aus Europa nicht mithalten: Der Schweizer „Piz Diant" steht in der Rangliste auf Platz 6 (6,4 PFLOPS, circa 195 m²) und die deutsche „JUQUEEN", die sogenannte Jülicher Königin aus dem Kreis Düren, rangiert gar nur auf Platz 8 (5 PFLOPS, circa 110 m²).

### *182 Tischtennisplatten – das Maß aller Dinge*

Auffällig bei einem Größenvergleich der genannten Supercomputer ist, dass die für das Aufstellen benötigte Grundfläche in Relation steht zu der in dem jeweiligen Land am stärksten verbreiteten Volkssportart – ein Zusammenhang, der vielleicht nicht sofort ins Auge springt, sich aber zwanglos ergibt, wenn man sich einmal die Mühe macht, diesen Ansatz mathematisch zu verfolgen.

Die 750 m² für die 34 PFLOPS des „Tianhe-2" entsprechen exakt der Fläche von 182 nahtlos nebeneinander aufgestellten Tischtennisplatten. Tischtennisplatten, China, klingelt's da bei Ihnen? Wenn Sie jetzt diesen Ansatz mit der Zahlenmystik des Feng Shui kombinieren, die der Ziffer 1 Vollkommenheit und Göttlichkeit, der 8 Wohlstand und Macht und der 2 die Leichtigkeit zuordnet, erkennt auch ein Nicht-Chinese sofort den Grund dafür, warum die 34 PFLOPS Rechenleistung auf genau 750 m² Grundfläche verteilt wurden.

Folgt man der These von der Rechnerleistung-Volkssport-Relation, wird auch der Grund für die Minderleistungen des US-amerikanischen „Titan", des Schweizer „Piz Diant" und der deutschen „JUQEEN" erklärbar. Ein Basketballplatz ist

271 Milchstraße. Bescheidener geht's nun wirklich nicht.

nun einmal auf 420 $m^2$ limitiert, ein Tennisplatz beim Einzel[272] auf 195 $m^2$ und eine Kegelbahn liegt mit Anlauf und Kugellauffläche bei 110 $m^2$.

### *Käserollen reicht nicht*

Wenn Sie diese stringente Beweisführung noch nicht überzeugt hat, dann vielleicht der Hinweis, dass England in der Liste der Supercomputer dieser Welt nicht vertreten ist. Was auch plausibel ist, denn die Grundfläche der von ihnen beim alljährlichen Käserollen in der Grafschaft Gloustershire benutzten Sportgeräte reicht kaum aus, um darauf einen PC zu installieren.

Wenn Sie mich jetzt fragen, warum das alles so ist, wie es ist, dann muss ich Ihnen eine Antwort schuldig bleiben. Ich habe nur den relationalen Zusammenhang entdeckt, eigentlich mehr zufällig, ohne danach zu suchen, eine Erklärung für dieses Phänomen habe ich nicht. Sie vielleicht?

272 Roger Federer.

# T

## TABLET-PC, Worterkennungsfunktion

Sprache ist ein höchst unvollkommenes Kommunikationsmittel, weil sie, anders als man das gemeinhin einschätzt, meist keine allgemeinverbindlichen Bedeutungsinhalte transportiert. Sie führt immer wieder zu Missverständnissen zwischen den Gesprächspartnern, und zwar nicht nur auf der interkulturellen Ebene, etwa bei Gesprächen zwischen Mann und Frau,[273] sondern überhaupt.

***Wenn Maschinen dolmetschen***

Gänzlich verworren wird das Ganze, wenn man in den Kommunikationsprozess zwischen Menschen Maschinen einbindet, die sich anmaßen zu wissen, was wir unserem Gegenüber mitteilen wollen, und zwar noch bevor wir es ausgesprochen oder niedergeschrieben haben. Ein Dolmetscher würde so etwas nie wagen. Man stelle sich das einmal für eine Sitzung der UN vor, in der Abrüstungsfragen diskutiert werden!

Die Worterkennungsfunktion des iPad ist so ein vermittelnd eingreifender Kommunikator, der in einer Art vorauseilendem Gehorsam munter drauflosplappert.

Und das kann gefährlich werden. Es begann eigentlich alles ganz harmlos mit einem an den Personalchef meines Noch-Arbeitgebers gerichteten Schreiben, in dem ich mich für das Weihnachtsgeschenk des letzten Jahres, einen schicken eBook-Reader, bedanken wollte. Ich schrieb den Text mit flinken Fingern ohne meinen Blick von der Tastatur abzuwenden und drückte auf „Senden". Das hätte ich besser nicht getan!

***Dankesschreiben als Pamphlet***

Die Worterkennungsfunktion hatte aus einem nicht zu langen, liebenswürdig und flott getexteten, vielleicht eine Spur zu devoten Dankesschreiben

273 Beispiel von heute Morgen: Ich: „Ich lüfte gleich einmal durch, wenn du angezogen bist!" Inge: „Ja, aber warte, bis ich mich angezogen habe."

Lieber Herr Rainer Korn,

als ich Ihr Geschenk-Paket heute in der Post fand, sackten mir Tränen der Rührung in die Augen.

Das kann ich wirklich gut gebrauchen, und ich bin schon jetzt darauf versessen, es gleich einem wirklichen Härtetest zu unterziehen.

Beste Grüße – auch an die gesamte Belegschaft des Hauses

Ihr sehr ergebener

Jörg Greck

ein in sich schlüssiges, aber doch dem Anlass nicht ganz angemessenes Pamphlet entwickelt, ein Manifest der Arbeiterklasse, das ein wenig an die Zeiten des Klassenkampfes zum Beginn der industriellen Revolution erinnerte:

Lieber reiner Korn,

als solch ein Scheiß, Sie Tränensack, Sie Rührei!

Ich geh jetzt erst mal eine rauchen, um das Ganze zu vergessen. Das ist nun wirklich die Härte, Sie Untertan.

Feste Nüsse – für alle Seilschaften in Bausenhagen.

Irre seid Ihr alle.

Dreckspack!

Die mir noch am gleichen Tag per Eilboten zugestellte Kündigung war offensichtlich ohne diese iPad-Funktion verfasst worden. Sie war eindeutig und ließ keine Interpretationsspielräume offen.

**Tipp**
**Schalten** Sie die **Worterkennungsfunktion** Ihres iPad unbedingt **aus,** wenn Sie in eine Email schreiben wollen, und zwar so: Einstellungen/Allgemein/Tastatur/bei Autokorrektur Schieberegler auf O ziehen. Wenn Sie hingegen gern gefährlich auf der Überholspur leben, mal etwas riskieren möchten, nicht wissen wollen, ob es nach dem Heute für Sie auch noch ein Morgen gibt, vergessen Sie diesen gut gemeinten Rat und unterziehen Sie Ihre sozialen Netzwerke einem **Stresstest** mit der Worterkennungsfunktion.

## TELEFONHOTLINE, Sprachbarrieren

Kundenservice, „das" Dauerthema im Internetzeitalter schlechthin. Es gibt kaum noch eine Dienstleistung, ein Produkt ohne (meist sächselnde) Telefonhotline. Es ist zunächst einmal ein lobenswerter Ansatz, dem Kunden Erklärungsbedürftiges per Telefon oder Email zu erläutern bzw. es zu versuchen, denn wenn ein Sachse mit Profi-Headset am anderen Ende der Leitung sitzt, gelingt das nicht immer auf Anhieb.

Ich versuche bei einem interkulturellen Meinungsaustausch auf dieser Ebene erst einmal Vertrauen aufzubauen, um dann gemeinsam mit meinem Gesprächspartner die Sprachbarriere zu überspringen. Zum Lockermachen und um unsere gemeinsamen landsmannschaftlichen Wurzeln zu betonen, verwende ich gern einen inzwischen schon etwas angejahrten Witz mit DDR-Bezug, den ich einmal im Morgenmagazin auf WDR 2 gehört habe und seitdem nicht mehr vergessen kann. Ich frage also: „Was war zu DDR-Zeiten das am häufigsten verwendete Wort bei den Grenzkontrollen?" Er/Sie: „Kehne Ohnong." Ich: „Gänsefleisch!" Er/Sie (meist ein wenig überrascht): „Nuu!" Ich: „Gänse fleisch mo de Kofferroom ofmochen!" Meist ist das ein echter Eisbrecher. Versuchen Sie es einfach mal.

## TELEFONHOTLINE, Warteschleife

Die Telefon-Warteschleife einer Hotline verlangt vom Anrufer Geduld, Konzentration und ein dickes Fell.

Die sanft säuselnde Frauenstimme aus einer Endlosschleife vom Band verbreitet, das sollte man wissen, irreführende und im Verbund mit den dazwischen geschalteten Werbespots, die wie beim Fernsehen wegen ihrer extremen Lautstärke zu einem Beinahe-Kollaps des Trommelfells führen können, auch irremachende Lügengeschichten, die monoton alle 30 Sekunden wiederholt, dadurch aber nicht richtiger werden.

Und so startet die Geisterbahnfahrt: „Aufgrund des hohen Anrufaufkommens sind alle freien Plätze belegt." Das ist doch schon mal eine Ansage, die nachdenklich macht: freie Plätze sind belegt?

### *Lügengeschichten vom Band*

Dann folgen meist Informationen dazu, wie Sie die nächsten Stunden Ihres Lebens verbringen werden: „Ihre voraussichtliche Wartezeit beträgt 37 Minuten." Gut, wenn ich's schon mal unfallfrei durch die drei vorgeschalteten Computer-Quizrunden geschafft habe, will ich nun auch meine 100.000 €-Frage stellen, also: Außenlautsprecher des schnurlosen Telefons an – und dann geht's aber so richtig los: Unterirdische Hintergrund-Kakophonien wie in Edgar Wallace-Filmen auf quietschender Hammondorgel oder leicht ins Ohr gehende Oberton-Musikthemen von Mozart mit einem Synthesizer zu einem dickflüssigen Klangbrei verrührt. „Mich kocht Ihr nicht weich!"

Dann kommen die Lügengeschichten, alle 30 Sekunden. „Wir sind sofort für Sie da", was mich einigermaßen erstaunt bei einer prognostizierten Wartezeit von jetzt noch 36 Minuten. Bald darauf eine neue Durchsage: „Der nächste freie Platz ist für Sie reserviert." Das klingt schon eine Spur ehrlicher; noch 35 Minuten und 30 Sekunden. Dann wieder eine Lüge, sie kann's einfach nicht lassen: „In wenigen Augenblicken sind wir für Sie da." Glaub' ich nicht, der Countdown für die Wartezeit sagt etwas anderes: noch 35 Minuten.

Dann der Werbebock, kein Problem für mich, der Hörer des schnurlosen Telefons liegt im äußersten Winkel meines

Schreibtischs, ich fühle mich sicher. Nach dem Intermezzo wieder die bekannten Lügengeschichten. Noch 34 Minuten und 30 Sekunden …

***Da isser wieder***
Und dann plötzlich, wie aus dem Nichts, ich bin entnervt, leicht schläfrig und habe feuchte Hände, ein Mensch am anderen Ende der Leitung, der sich mit leicht sächselnder Stimme vorstellt. Den Namen habe ich nicht verstanden, hat er etwa „Gänsefleisch“ gesagt?[274]

***Gedächtnislücken***
Ich will loslegen und merke, dass ich mich an den Grund meines Anrufs nicht mehr erinnern kann. Ist das peinlich. Ich murmele „falsch verbunden“ und lege mit hochrotem Kopf auf. Das nächste Mal mache ich mir vorher eine Notiz.[275]

## TERRORANSCHLAG, US-Atomanlage

Auf die bedeutendste Lagerstätte für waffenfähiges hochangereichertes Uran in Oak Ridge im Bundessaat Tennessee, den „Y 12 National Security Complex“, wurde am 28.7.2012 von einem schwerbewaffneten Terrorkommando ein heimtückischer Anschlag verübt. Nur den lückenlosen Schutzmaßnahmen und dem entschlossenen Eingreifen der aus Spezialkräften der US-Marines bestehenden Wachmannschaft war es zu verdanken, dass es nicht zu einer Katastrophe kam.

Die drei mit äußerster Brutalität und Verschlagenheit vorgehenden Attentäter wurden jetzt von dem Bundesrichter Amul Thapar in Knoxville zu einer Schadensersatzzahlung von 53.000 $ und saftigen Freiheitsstrafen verurteilt, die beiden männlichen Mitglieder des Terrorkommandos, Greg Boertje-Obed und Michael Walli, zu je fünf Jahren und zwei Monaten, die weibliche Mittäterin, Megan Rice, zu zwei Jahren und elf Monaten Freiheitsentzug.

---

274 Zu sächselnden Telefonhotlines siehe *Telefonhotline, Sprachbarriere*.
275 Siehe auch *Notizzettel*.

***Attentäterprofil: Katholische Nonne und Vietnam-Veteranen***

Die 84-jährige katholische Nonne Megan Rice, die als Kopf des Terror-Trios gilt, hatte zusammen mit den beiden circa 60 Jahre alten Vietnam-Veteranen den Maschendraht der drei Sicherheitszäune dieser von der US-Regierung als „Fort Knox des Uran" bezeichneten Anlage mit einem gewöhnlichen Bolzenschneider durchschnitten, das Lagergebäude mit brutalen Friedensparolen besprüht und mit Kunststoff-Babyflaschen beworfen, die Menschenblut enthielten.

Der zuständige Bundesanwalt Jeff Theodore kommentierte das Urteil als der Schwere der Tat angemessen, zumal sich Megan Rice während der Gerichtsverhandlung uneinsichtig gezeigt habe. An ihrer Tat, so Megan Rice, mit der sie auf die unmoralische und illegale Lagerung von Atomwaffen in den USA habe aufmerksam machen wollen, bereue sie nur, „dass ich damit 70 Jahre gewartet habe."

Machen Sie sich übrigens keine Sorgen um unsere Goldreserven. Ich habe das gerade geprüft. Die Deutsche Bundesbank hat kein Gold in Fort Knox liegen, sondern nur bei der New Yorker Fed.

**Tipp**

Falls Sie **Megan Rice** wegen ihrer verabscheuungswürdigen Tat mal so richtig die Meinung geigen wollen, wie es schon Tausende US-Bürger vor Ihnen getan haben, dann schreiben sie an folgende **Knastadresse:** Megan Rice 22100, Irwin County Detention Center, 132 Cotton Drive, Ocilla GA 31774. Ihre beiden Mitstreiter Gregory Boertje-Obed (22090) und Michale Walli (4444) sitzen im selben Knast. Vergessen Sie nicht, Ihre vollständige Absenderadresse auf einem Briefumschlag (mit Normgröße) anzugeben. Heftklammern oder Büroklammern im Brief sind nicht erlaubt – wahrscheinlich, um weitere Attentate zu verhindern.

## TIER, Allgemeines

Die Lebensform „Tier" lässt sich grob in zwei Kategorien einteilen: Nutztiere, siehe *Nutztierhaltung, Chancen,* und Spaßtiere, also solche Tiere, die nicht gemolken oder gegessen werden – jedenfalls nicht überall auf der Welt; man erkennt die Spaßtiere auch daran, dass sie außer Verdauen und Schlafen im Grunde nichts machen. Sie liegen ihrem Besitzer nur auf der Tasche und haben in ihrer Mehrzahl nicht einmal einen anständigen Job. Wie gesagt, das ist eine vergröbernde Einteilung.

Die Nutztiere leben überwiegend ländlich zurückgezogen, wo sie z. B. als Rind unsere Atmosphäre mit dem Treibhausgas Methan anreichern und dafür sorgen, dass wir keinen Sonnenbrand kriegen, siehe *Treibhausgasemission.* Die Spaßtiere verbringen einen guten Teil ihres Lebens damit, es klang schon an, die Städte zu verkoten, was manche Gemeinderäte schon über eine Abwrackprämie für bestimmte Tiergattungen hat nachdenken lassen, siehe *Abwrackprämie, Hunde.*

Doch das ist in Deutschland, dem Land der Katzen- und vor allem Hundeliebhaber undenkbar, siehe *Hundeförderung, schrankenlose,* weshalb der Dortmunder Gemeinderat seine Pläne auch schnell auf Eis legte und stattdessen unter dem Motto „Für Hund & Katz“ eine große Tierschau mit Workshop-Charakter in den Westfalenhallen veranstaltete, siehe *Tiermesse, Programmpunkte*, und zeitgleich der Initiative zur Erleichterung der Arbeit von im kirchlichen Auftrag tätigen Langohren beitrat, siehe *Osterhase, Eierversteckmaschine,* um damit den Vorwurf latenter Tierfeindlichkeit ein für alle Mal aus der Welt zu räumen.

Neben den gemeinen Spaßtieren wie Hund und Katze gibt es auch exotische Arten, die unsere Beachtung verdienen. Manche können ganzjährig bejagt werden wie etwa der Ohrwurm, siehe *Ohrwurm, Jagd,* andere stehen unter Artenschutz, siehe *Zwergpinguin, artgerechte Haltung,* was längst noch nicht allen bekannt ist.

Engagierte Zoologen entdecken auch immer wieder neue Tierarten wie z. B. die Steinlaus, das Nasobēm oder den Werwolf, der nach neuesten wissenschaftlichen Erkenntnissen nur im Singular dekliniert werden kann, siehe *Zoologie, Erkenntnisse.*

## TIERMESSE, Programmpunkte

Der Zugang zur großen Tiermesse mit über 240 Hunden aus 11.000 Rassen[276] in den Dortmunder Westfalenhallen ist nicht für jeden so ohne Weiteres möglich. Sie, die Hunde, brauchen schon einen gültigen Impfpass, sonst wird es nichts mit dem Gratis-Hundeeis in der Geschmacksrichtung Erdnuss-Banane-Honig.

Auch sonst wird für Deutschlands beliebteste Vierbeiner[277] und ihre Frauchen und Herrchen einiges geboten inclusive DSDS (Dortmund sucht den Superhund). Erste-Hilfe-Kurse am Tier, Workshops zur Tierfotografie und – in Halle 5 – auf Wunsch Unterwasserfotos von den kleinen Lieblingen für den Fall, dass sie den Tauchgang unbeschadet überstehen.

Der Workshop „Welcher Hund passt zu welcher Familie" ist für potenzielle Hundekäufer ein Muss. Wenn Sie allerdings schon wissen, dass Dackel nicht zu stark übergewichtigen Hundehaltern passen, weil der tote Winkel unter Schmerbäuchen für kleinwüchsige Vierbeiner eine Todeszone ist oder sich gut trainierte Schäferhunde oder britische Hütehunde der Rassen Border Collie bzw. Shetland Sheepdog für Großfamilien ab sechs Personen nur bedingt eignen,[278] ist eine Teilnahme nicht zwingend erforderlich, es sei denn, Sie wollen Ihr Wissen einfach mal auffrischen.

Also, ich werde am Sonntag hingehen, wenn wegen des Muttertags (?) die Eintrittspreise halbiert werden und die 11.000 Hunde, die in den Hallen 4 bis 8 untergebracht sind, die 600 Katzen in der Halle 3B zum interkulturellen Meinungsaustausch besuchen. Ein wirklich interessanter Programmpunkt, der auch für Nicht-Hundehalter Spannung verspricht.

---

276 Andersherum ist es wohl richtig.

277 Siehe *Hundeförderung, schrankenlose*.

278 Uns allen ist noch der Artikel im Daily Mirror aus dem Januar des Jahres in Erinnerung, in dem von den äußerst negativen Erfahrungen der achtköpfigen Familie Floyd aus der Grafschaft Cornwall berichtet wurde, die von ihrem mit zahllosen Auszeichnungen hoch dekorierten fünfjährigen Hütehund, einem Shetland Sheepdog namens Pink, in der Küche ihres Hauses wie eine Schafherde zusammengetrieben und dort für ganze drei Tage festgesetzt wurde.

# TREIBHAUSGASEMISSION

Unter dem Gesichtspunkt der Treibhausgasemissionen macht es keinen Unterschied, ob Sie sich eine Kuh kaufen und auf die Weide schicken oder mit einem VW Polo Bluemotion pro Jahr circa 30.000 km durch die Gegend fahren. Eine für Sie überraschend Ökobilanz? Ich hab' mal gerechnet, die Zahlen sehen so aus:

***Pupsende Kühe und stinkende Autos***

Der VW Polo hat einen Kohlenstoffdioxydausstoß ($CO_2$) von 88 g/km, eine durchschnittliche Kuh, die auf die Weide geschickt wird, emittiert pro Tag beim Rülpsen und Furzen circa 400 l Methangas ($CH_4$) in die höheren Schichten der Erdatmosphäre. Dort wirkt es als Treibhausgas 20- bis 30-mal (im Mittel 25-mal) schädlicher als Kohlenstoffdioxyd.

Das spezifische Gewicht von Methan liegt bei 720 g/m³. Das heißt, der Gasausstoß einer Kuh liegt pro Tag – in Gramm gerechnet – bei: 720 : 1.000 x 400 = 288 g, pro Jahr dann bei 105.120 g (288 x 365), wenn man davon ausgeht, was man wohl darf, dass die Kuh auch an Sonntagen, hohen (kirchlichen) Feiertagen und auch während ihres Urlaubs, so sie denn überhaupt Urlaub macht, die Verdauung nicht einstellt.

***1.320.579 Mal Erde - Mond***

Das bedeutet, dass der Besitzer des VW Polo 1.195 km pro Jahr fahren könnte (105.120 : 88), um die – in Gramm gemessene – gleiche Menge schädlicher Treibhausgase in die Luft zu schicken. Da aber nun einmal Methan gemittelt 25-mal schädlicher wirkt als Kohlendioxyd, hat er, was den Treibhauseffekt betrifft, mit der rülps- und pupssüchtigen Kuh erst dann gleichgezogen, wenn er die 25-fache Fahrtstrecke, also 29.864 (1.195 x 25) km mit seinem Fahrzeug zurückgelegt hat.

Bitte denken Sie an unsere Muster-Kuh und fahren Sie beruhigt mit Ihrem Auto weiter. Das wird Ihnen dann besonders leichtfallen, wenn Sie sich vorstellen, dass es Ende 2013 in Deutschland einen Bestand von ca. 13 Mio. Rindern gab, circa 4 Mio. Milchkühen und circa 3,5 Mio. Kälbern. Allein die zusammengerechnet 17 Mio. Rinder und Milchkühe stoßen pro Jahr 1.785.000 t Methan aus (0,105 [t jährlich pro Kuh = 105.120 g] x 17 [Mio. Rinder und Milchkühe]). Rechnet man dieses Zwischenergebnis auf die 0,000088 t $CO_2$ um, die ihr VW Polo an Emissionen pro km emittiert, so könnten Sie jährlich eine Fahrtstrecke von 507.102.272727 km zurücklegen (1.785.000 [t Methan von 17 Mio. Rindern und Milchkühen] : 0,000088 [$CO_2$-Emission des VW Polo pro km in t] x 25 [erhöhter Schädlichkeitsfaktor von Methan gegenüber $CO_2$]. Dies entspricht pro Jahr 1.320.579 Mal der Entfernung Erde – Mond (384.000 km). Also, geben Sie einfach Gas!

***Lachgas ist nicht zum Lachen***

An der grundsätzlichen Aussagekraft der vorgestellten Ökobilanz wird sich auch dadurch nichts verändern, dass jetzt mit neuen Fütterungsmethoden, etwa Mais, versucht wird, den Methanausstoß der Kühe zu verringern. Die Einsparung von 20 Gramm Methan pro Tag und Kuh wird dadurch ins Negative gekehrt, dass ein wirtschaftlicher Maisanbau nur unter dem massiven Einsatz von Kunstdünger, der Distickstoffoxyd ($N_2O$), also Lachgas, enthält, möglich ist, das Lachgas aber 296 mal (!) umweltschädlicher ist als $CO_2$, das von Ihrem Auto ausgestoßen wird.

## TRIMETHYL-2,6-PURINDION

Entdeckt hat die Droge – übrigens auf Anregung Goethes – der deutsche Apotheker und Chemiker Friedlieb Ferdinand Runge im Jahr 1820. Inzwischen ist sie weltweit das von Erwachsenen am häufigsten verwendete Mittel zur Bewusstseinserweiterung – mit Umsatzzahlen, die Cannabis- und LSD-Produzenten vor Neid erblassen lassen.

Dies war nicht von Anfang an so, denn 1,3,7-Trimethyl-2,6-purindion galt lange Zeit als hochgefährlich. Über einen längeren Zeitraum konsumiert, sollte es Diabetes, Magengeschwüre, Herzinfarkte und Schlaganfälle auslösen.

Die Auswertung einer aktuellen epidemiologischen Studie mit fast 30.000 Teilnehmern durch das Potsdamer Institut für Ernährungsforschung hat demgegenüber zu der Erkenntnis geführt, dass der Stoff – in Maßen konsumiert – sogar gesundheitsfördernde Wirkung hat: weniger Alzheimer-Erkrankungen durch die Unterdrückung der Tau-Protein-Ablagerungen in den Nervenzellen und eine gesteigerte Erinnerungsleistung durch Stimulation der kognitiven Fähigkeiten.

Mich hat das überzeugt. Ich werde deshalb ab sofort noch eine zweite Tasse Kaffee trinken, um mehr Koffein beim Frühstück zu tanken.

# UHRZEITANSAGE, Sexismus

Wem es noch nicht aufgefallen ist, dem sag' ich's jetzt einfach: Der Minutenzeiger einer Uhr, und zwar jeder Uhr, mit Ausnahme der Digitaluhren, die die Uhrzeit mit Ziffern anzeigen und einiger exotischer Exemplare, die die Zeit durch Verrieselung von Sand, den Schattenwurf der Sonne oder eine andere altertümlich anmutende Art und Weise abbilden, ist ein sexuell äußerst aktives Kerlchen.

***Der Minutenanzeiger – ein echter Potenzprotz***

Ununterbrochen stellt er seinem weiblichen Pendant, der Stundenanzeige, nach und schafft es tatsächlich, sich 24 Mal pro Tag (!) über sie zu legen und sich mit ihr zu vereinigen, etwa um Punkt 12 oder 24 Uhr. Als ich heute Nacht um 4.22 Uhr – von Harndrang getrieben – aufwachte und auf die Uhr schaute, war es wieder einmal so weit. Ein sanftes Stöhnen deutete an, worum es ging. Dass ich die Beleuchtung des Weckers einschaltete, um die Uhrzeit abzulesen, hat ihn nicht im Geringsten gestört, er machte fröhlich weiter. Mir war das Ganze, anders als dem Sekundenanzeiger, ein wenig peinlich; dieser Schelm aber drehte sich, seiner voyeuristischen Veranlagung folgend, nach meinem Gefühl doppelt so schnell wie sonst, um den Liebesakt aus nächster Nähe wieder und wieder zu begaffen.

Wer diese Fakten kennt, tut sich schwer, die von einer weiblichen Person gestellte Frage nach der Uhrzeit stets wahrheitsgetreu zu beantworten. Denn wenn die Zeitangabe mit einem tête à tête des Minutenanzeigers mit seiner Stundenanzeige zusammenfällt, kann die Nennung einer Uhrzeit wie die versteckte Aufforderung zum Beischlaf klingen.

**Tipp**

Statt „12 Uhr" sagen Sie also besser „5 Minuten nach 12", denn dann ist die Sache mal wieder längst gelaufen. Auch können sie sexuelle Anzüglichkeiten bei Ihrer Zeitansage dadurch vermeiden, dass Sie sich für diese bewussten Situationen ein **philosophisches Hintertürchen** öffnen und die Frage mit der Feststellung beantworten: „Dem Glücklichen schlägt keine Stunde". Damit schinden Sie - jedenfalls bei älteren Semestern - Eindruck. Direkt im Anschluss an diese Bemerkung verstricken Sie Ihr Gegenüber in ein Gespräch über Friedrich von Schiller und seinen Wallenstein. Das dauert dann meist länger, und Sie sind aus dem Schneider. Wenn Ihnen Schiller zu angestaubt oder aus einem anderen Grund nicht passend erscheint, dann bauen Sie mit dem Anti-Kriegs-Song von Chicago aus dem Jahr 1969, „Does Anybody Really Know What Time It Is?", einfach schnell eine Brücke vom **Vietnamkrieg** zu den heute weltweit schwelenden kriegerischen Konflikten. Beklagen Sie ausgiebig die Ungerechtigkeiten in dieser Welt und stoßen dann mit ihrer Gesprächspartnerin auf den Weltfrieden an, nachdem Sie vorher - wie Bill Murray und Andie MacDowell in „Und täglich grüßt das Murmeltier" - gemeinsam ein kleines Gebet gesprochen haben. Natürlich können Sie auch einfach eine **Ohnmacht vortäuschen.**

## UNESCO-KULTURERBE, Bewerbung

Im Unterschied zur UNESCO-Liste des Weltkulturerbes, die ausschließlich Baudenkmäler, Stadtensembles sowie Kultur- und Naturlandschaften umfasst, das Dresdener Elbtal zählte bis zum Neubau der Waldschlößchenbrücke dazu, rechnen nach der „Repräsentativen Liste" zum immateriellen Kulturerbe der Menschheit insgesamt 281 kulturelle Ausdrucksformen, die sich als Traditionen, Bräuche, menschliches Wissen und Können darstellen.

Daneben gibt es noch eine „Liste des dringend erhaltungsbedürftigen immateriellen Kulturerbes", mit der die UNESCO auf vom Aussterben bedrohte Kulturformen hinweist, und das „Register guter Praxisbeispiele", in das Projekte und Aktivitäten aufgenommen werden, die modellhaft die Grundsätze und Ziele des Übereinkommens widerspiegeln.

### *Patentierte Marotten*

Ich erwähne das hier alles so ausführlich, weil Sie nach der Lektüre der folgenden Praxisbeispiele, die es in die „Repräsentative Liste“ oder eine Stufe höher geschafft haben, auf den Gedanken kommen könnten, sich Ihre eigenen Marotten von der UNESCO patentieren zu lassen.

So sind in der genannten Liste z. B. verzeichnet: Der argentinische und uruguayische Tango (Und was ist mit Ihrem Schützenfest-Schieber?), die tibetische Oper in China, die sich durch ihre reizvolle Singweise und farbenprächtige Masken und Kostüme auszeichnet (Ihr Nachbarschaftskarneval, ist das etwa nichts?), das mongolische Naadamm-Festival, eine Art Steppen-Olympiade, die aus Bogenschießen, Pferderennen und Ringkampf besteht (Erinnert Sie das nicht an die letzte Geburtstagsfeier Ihres achtjährigen Sohnes?), die Pfeifsprache El Silbo von der spanischen Kanareninsel La Gomera (Pfeifen Sie nicht auch manchmal aus dem letzten Loch?) und das Krabbenfischen auf Pferden in Belgien (Auf Pferden kann man noch ganz andere Sachen machen, erinnern Sie sich?).

Und nach oben gibt es keine Grenze, wie die Aufnahme des Maisanbaurituals aus Guatemala in die „Liste des dringend erhaltungsbedürftigen immateriellen Kulturerbes“ zeigt. Ich habe mal mit meinem Münsterländer Schwiegervater Johann Kartoffeln gepflanzt … Mit „Ritual“ ist das, was da abgeht, nur äußerst dürftig beschrieben.

### *Der Wettlauf hat begonnen*

Ich möchte Sie darauf hinweisen, dass das Wettrennen um eine Aufnahme in die „Repräsentative Liste“ jetzt auch in Deutschland begonnen hat. Die Bäcker plustern sich auf mit ihren angeblich 3.000 Brotsorten, wollen es mit den Argumenten „Vielfalt“ und „Backtradition“ auf die Liste schaffen und liefern sich dabei ein Kopf-an-Kopf-Rennen mit den Bierbrauern, die über das Reinheitsgebot einen Listenplatz ergattern wollen, um damit gegenüber den ausländischen Konkurrenten beim Bierabsatz zu punkten.

### *Meine ganz persönlichen Kandidaten*

Ich weiß ja nicht, was Sie machen, ich werde meine Nachbarn mal ins Gespräch bringen. In die „Repräsentative Liste“, zumindest aber in das „Register guter Praxisbeispiele“, sollten wir es schaffen. Zum Thema „Tradition“ schicken wir Fritz ins Rennen, der seit mindestens 30 Jahren seine Autos immer in der Garage, nie aber auf der Straße abstellt. Ulrike U. steht für den Aspekt „Bräuche", weil sie mich immer mit aufmunternden Sprüchen bedient, wenn ich mal wieder fünf Raummeter Holz bekommen habe, die gestapelt werden müssen: „Sieht irgendwie nach Regen aus" oder „Das dauert ja mal wieder ewig". Für das „menschliches Wissen" bin ich zuständig, weil ich es „immer schon gewusst" habe, wenn ein Plan fehlgeschlagen ist. Den Part „menschliches Können" ordnen wir Udo zu, weil er erwiesenermaßen bis zu elf Themen auf einmal ins Gespräch bringen und darin halten kann, was nicht einmal Rastelli geschafft hat.

## URIN, Monitoring

Bekanntlich versuchen Polizei, der Verfassungsschutz, Geheimdienste[279] und die Industrie[280] aus den unterschiedlichsten Motiven und mit den unterschiedlichsten Mitteln über uns Daten zu erheben. Das weiß man.

Dass jetzt aber auch schon Wasserwirtschaftler in Exkrementen rumwühlen, um sich ein Bild über unsere „Freizeitaktivitäten" zu machen, ist neu und verblüfft vielleicht auch Sie.

***Datenerhebung in der Kanalisation***

Wissenschaftler des Fachgebiets Siedlungswasser und Abfallwirtschaft der Universität Duisburg-Essen, echte Kanalarbeiter also, haben für den Europäischen Drogenbericht des Europe Monitoring Centre for Drugs and Drugs Addiction (EMCDDA) das Abwasser einiger deutscher Städte auf Rückstände von mit dem Urin ausgeschiedenen Benzoylecgonin, dem Hauptbestandteil von Kokain, untersucht.

Mit einem Wert von täglich circa 320 mg Benzoylecgonin pro 1.000 Einwohner konnte sich Dortmund im europäischen Kokain-Ranking noch vor Mailand (circa 230 mg), aber natürlich erst hinter unseren holländischen Freunden aus Amster-

279 Siehe *Abhöraktion, NSA*; *Heizöl, Bestellung*; *Mathematikstudium, Gefahrenpotenzial*.

280 Siehe auch *Selbstvermessung; Roboter, Seniorenpflege*.

dam (circa 390 mg) auf einem wirklich beachtenswerten Platz im Mittelfeld der Drogen-Metropolen behaupten. Unangefochten auf Platz 1 rangiert Antwerpen (circa 840 mg), überraschenderweise sogar noch vor den in London beheimateten Finanzjongleuren (circa 710 mg), denen ich – ohne Kenntnis der jetzt veröffentlichten Zahlen – den Spitzenplatz zugetraut hätte. Wahrscheinlich aber laufen Aktienderivate im Moment nicht so gut, was dann gleich auf die Boni und damit auf den Kokainkonsum durchschlägt.

Rechnet man den Dortmunder Kokainverbrauch auf das Jahr hoch, ergibt sich übrigens – konservativ gerechnet – die erstaunliche Menge von circa 270 kg Kokain, denn es werden nur 25 % des Rauschgifts beim Pinkeln als Benzoylecgonin ausgeschieden.[281]

Gegenstrategien? Aushebeln ließe sich die Analyse der Wasserwirtschaftler wohl nur durch eine erhebungssichere Entsorgung des Urins in der freien Wildbahn, etwa im Vorgarten Ihres Nachbarn, wenn der keine Wild-Kamera installiert hat;[282] ansonsten muss ich davon abraten.

### *Befund: Fußballweltmeisterschaft*

Der Befund „Kokain“ beim Durchsieben von Abwasser, pfui Deibel, ist, das sei hier einmal festgehalten, übrigens genauso eindeutig wie es die Rückschlüsse der Müllabfuhr aus einem stark erhöhten Anteil an Chipstüten und leeren Erdnussdosen in Ihrer Wertstofftonne in Kombination mit dem vom Stromableser klammheimlich dokumentierten Veltins-Leerguthalden in Ihrem Keller und von Ihnen in einem Klartraum entschärften Albträumen[283] sind, in denen „Jogi“ Löw die Hauptrolle spielte: Es war vor nicht allzu langer Zeit Fußballweltmeisterschaft.

281 Rechenbeispiel: 320 [mg Benzoylecgonin pro 1.000 Einwohner] x 580 [Tausendereinheiten der Einwohner von Dortmund] x 365 [Tage] x 4 [Faktor zur Ermittlung der Gesamtmenge des Kokains] = 270,98 kg.

282 Siehe *Waldspaziergang, Kameras.*

283 Siehe *Albtraum, Gegenstrategien.*

# USA, Allgemeines

Die USA sind das Land der unbegrenzten Möglichkeiten, siehe *Nationen-Ranking.* Als solches fühlen sie das starke Bedürfnis, diese Ausnahmestellung der übrigen Welt immer wieder vor Augen zu führen, jedenfalls dann, wenn ihre Interessen durch eine politische oder – immer wichtiger – wirtschaftliche (Fehl-)Entwicklung an irgendeinem Ende der Welt gefährdet sind. Dies immer möglichst zeitnah festzustellen, ist nicht einfach, aber möglich, denn sie haben zwei mächtige Verbündete, nämlich Gott und die NSA, siehe *Abhöraktion, NSA,* die mit ihnen für die gerechte Sache streiten.

Das ist auch nötig, denn sie sind ständigen Bedrohungen durch innere, siehe *Terroranschlag, US-Atomanlage,* und äußere Einflüsse ausgesetzt; ja, manchmal scheint sich sogar die Natur gegen sie zu wenden in der Gestalt von Meeresströmungen, siehe *Geigerzähler, Reisegepäck,* oder Hurrikanen, siehe *Wirbelsturm, Namensgebung.*

Angesichts dieses Bedrohungsszenarios verwundert es nicht, dass die USA gegenüber der übrigen Welt Stärke zeigt, ganz so, wie es schon ihre auch heute noch heftig besungenen Helden bei der Eroberung des Westens über die historischen Handelsrouten getan haben, siehe *Cowboy, martialischer Gang.* Dabei sind die USA aber immer bemüht, ihr Handeln vor aller Welt zu rechtfertigen. Wenn ein UN-Mandat für ein schnelles Eingreifen nicht zu bekommen ist, tut es manchmal auch eine originelle politische Doktrin, die eine ihrer administrativen Spitzenkräfte wie ein Stand-up-Comedian ruckzuck aus dem Ärmel schüttelt, siehe *Politkosmologe, amerikanischer.* OK, hierbei wird manchmal des Guten zu viel getan, trotzdem ist es für uns als Europäer wichtig mit den US-Amerikanern im Gespräch zu bleiben, siehe *Meinungsaustausch, US-Amerikaner,* auch wenn das nicht immer ganz einfach ist, weil – einem Bonmot zufolge – einige dieser Weltbeglücker Europa für die Hauptstadt Belgiens halten.

# V

## VERGANGENHEITSBEWÄLTIGUNG, katholische Kirche

Der neu aufgelegte Versuch der römisch-katholische Kirche, die Fälle sexuellen Missbrauchs von Kindern und Jugendlichen durch ihre Priester aufzuklären, zu dokumentieren und Präventionsstrategien zu entwickeln, geht zurück auf einen im Januar 2010 vom Rektor des Canisius-Kollegs in Berlin, Klaus Mertes, an die Absolventen der Jahrgänge in den 1970er und 1980er Jahren gerichteten Brief, in dem er seine Erschütterung und Scham über die sexuelle Gewalt zum Ausdruck brachte, von der ihm ehemalige Schüler der Berliner Eliteschule berichtet hatten. Am 28.1.2010 wurde sein Brief in der Berliner Morgenpost abgedruckt.

***Chronologie der Aufarbeitung des Unrechts***

Die Welle der Empörung, die durch Deutschland lief, und in der Folge die Bekenntnisse der Missbrauchsopfer, die teilweise jahrzehntelang aus Scham geschwiegen hatten, zwangen die katholischen Kirchenoberen schon am 30.3.2010 zur Einrichtung einer bundesweiten Telefonhotline für Missbrauchsopfer und deren Angehörige durch den inzwischen durch die Deutsche Bischofskonferenz (DBK) installierten Missbrauchsbeauftragten, den Trierer Bischof Stephan Ackermann.

Auch wurden bereits am 31.8.2010 die in 2002 von der DBK verabschiedeten Leitlinien für den sexuellen Missbrauch Minderjähriger durch Kleriker, Ordensangehörige und andere kirchliche Mitarbeiter in überarbeiteter Fassung veröffentlicht; erstmals sollten Verdachtsfälle grundsätzlich an die Staatsanwaltschaft weitergeleitet werden, wenn das Opfer nicht widerspreche.

Am 23.9.2010 stellte dann die DBK einen Präventionskatalog für alle katholischen Einrichtungen in Deutschland vor, der in jedem der 27 Bistümer die Einrichtung einer Stelle vorsieht, die für die Einhaltung präventiver Sicherheitsmaßnahmen zuständig ist, etwa die Beschaffung erweiterter polizeilicher Führungszeugnisse für alle in der Kinder- und Jugendarbeit beschäftigten haupt- und nebenberuflichen Mitarbeiter.

Anfang März 2011 wurde auf Betreiben der DBK auch ein kirchlicher Entschädigungsfonds eingerichtet, ausgestattet mit 6 Mio. €, der bis Ende 2013 circa 1.300 Anträge entgegennahm. Die Regel-Entschädigung liegt bei sage und schreibe 5.000 €.

### *„Studie, die Erste“*

Kernstück der neuen Ehrlichkeit im Umgang mit Missbrauchsfällen in der katholischen Kirche war der von der Deutschen Bischofskonferenz 20.6.2011 gefasste Beschluss, Kirchenmitarbeiter damit zu betrauen, unter Aufsicht des Kriminologischen Forschungsinstituts Niedersachsen (KFN) sämtliche Personalakten der vergangenen zehn Jahre – in neun Bistümern zurück bis zum Jahr 1945 – auf Hinweise zu sexuellen Übergriffen zu durchsuchen und dem KFN die Daten Tatverdächtiger in anonymisierter Form zur Verfügung zu stellen. Aus dem Material sollte eine Studie entstehen, die erstmalig das von katholischen Priestern und der Institution Kirche bei der Aufklärung und Verfolgung der Missbrauchsfälle begangene Unrecht wissenschaftlich aufarbeitet, dokumentiert und Präventionsstrategien ermittelt. Dieses Vorhaben scheiterte kläglich. Am 8.1.2013 kündigte die DBK den Vertrag mit dem KFN, weil dessen Leiter, Prof. Christian Pfeifer, der Kirche über die Presse gezielte „Aktenvernichtung“ und „Zensur“ bei der Veröffentlichung der Untersuchungsergebnisse vorgehalten hatte.

### *„Studie, die Zweite“*

Nun soll eine neue Studie mit neuem Personal und einem breiteren Untersuchungsauftrag die gewünschten Erkenntnisse liefern. Bischof Stephan Ackermann stellte das neue Konsortium von sieben Professoren der Fachrichtungen Kriminologie, Psychologie und Altersforschung vor, die jeweils bestimmte Teilaspekte des Untersuchungsauftrags darstellen sollen.

### *Alle Dimensionen des Unrechts erfasst?*

Das Projekt ist auf dreieinhalb Jahre angelegt. Im Dezember 2017 soll das bis dahin der Öffentlichkeit nicht zugängliche

Papier vorliegen. Die Studie sieht mehrere Phasen vor. Zunächst sollen die von den Bistümern, die kirchlichen Orden sind außen vor, zur Verfügung gestellten Akten auf ihre Vollständigkeit geprüft werden, dann werden die Daten in anonymisierter Form an das Forscherteam übermittelt. Parallel dazu sollen Gespräche mit mindestens 100 Opfern und 70 Tätern geführt werden, um die Täter-Opfer-Beziehung auszuloten und die Rolle der Institution Kirche beim Umgang mit den Missbrauchsfällen zu untersuchen; weitere Aufklärung zu diesem Punkt erhoffen sich die Forscher von einer Auswertung der Strafakten. Ein weiterer Punkt der Untersuchung betrifft den Erkenntnisgewinn, den man aus thematisch einschlägigen ausländischen Studien erzielen will, die in den USA oder den Niederlanden erarbeitet wurden.

### *Vergangenheitsbewältigung aus der Sicht der Opfer*

Ein ganz und gar, man möchte sagen, christlich geprägter Untersuchungsauftrag, der nicht das Leid der Missbrauchsopfer unter einem Schuld-und-Sühne-Ansatz im Blick hat, dazu sind wohl auch schon zu viele Akten in den Bistümern vernichtet oder bereinigt worden, sondern einer, der einem größeren Ziel dient, nämlich der Vermeidung zukünftigen Unrechts durch eine Optimierung der organisatorischen Abläufe im Unternehmensalltag – eine Art kontinuierlicher Verbesserungsprozess im Sinne einer moderat angepassten ISO 9001-Zertifizierung. Der Präventionsgedanke ist sicherlich auch ein wichtiger Aspekt in der allgemeinen Strafrechtspflege, doch nicht deren einziges Ziel. Solange das individuelle Unrecht des Täters und der seine Tat vertuschenden und damit deckenden Funktionsträger der kirchlichen Nomenklatura ungesühnt bleibt, widerfährt dem Opfer keine Gerechtigkeit – weder nach weltlichen noch nach kirchlichen Maßstäben.

Aber welche Institution stellt sich schon selbst dadurch in Frage, dass sie freiwillig zahllose Anklagen gegen pädophile Manager auf der unteren und mittleren Ebene der Unternehmenshierarchie ermöglicht. Da sei das kanonische Recht vor, das es der katholischen Kirche in einem staatskirchenrechtlichen Modell ermöglicht, einen sehr eigenen Weg bei der Bewältigung ihrer dunklen Vergangenheit zu gehen.

# VERLEGER, Erbsenzähler

An einem in jeder Beziehung trüben November-Tag des Jahres 2014 passierte höchst Ärgerliches, das weitreichende Auswirkungen auf mein Buch hatte und den Inhalt in unerträglicher Weise verkürzte. Ich möchte Ihnen das vom Verleger verursachte Desaster nicht vorenthalten.

***Ansichten eines Erbsenzählers***

So gegen 13.15 Uhr, aus der Sicht eines Verlegers also gleich nach dem Frühstück, klingelte bei mir das Telefon. Der geschäftsführende Verleger meldete sich und kam gleich forsch zur Sache: „Also, ich habe jetzt mal kalkulieren lassen. Von Ihnen liegen so um die 2.000 Manuskriptseiten vor. Wenn wir das mit dem, was noch kommt, auf Großoktav umrechnen, landen wir bei ca. 1.200 Druckseiten. So geht das nicht, das kriegen wir nicht in den Markt!“ Mein Einwand, die Bibel und andere Werke der Weltliteratur seien dicker und trotzdem erfolgreich, wischte er vom Tisch. „Sie wollen sich doch wohl nicht mit den Jesus (offenbar hielt er ihn für den Verfasser des kirchlichen Weltbestsellers) oder Tolstoi vergleichen!“

***Kalt wie eine Hundeschnauze***

Ganz und gar nicht. Also versuchte ich es auf einer anderen Schiene und argumentierte mit einem grundgesetzwidrigen Eingriff in die Kunstfreiheit (Antwort: „Sie wollen mich wohl erheitern!“), nutzlos aufgewendeter geldwerter Arbeitszeit, denn alles lief ja wohl darauf hinaus, dass ich meinen Text eindampfen sollte (Antwort: „Das nennt man künstlerisches Risiko, mein Guter!“), der Erwartungshaltung der Leserschaft, der wir ein gerupftes Huhn statt eines stolzen Hahns vorsetzen würden (Antwort: „Die wissen doch gar nicht, was Sie sich da im Einzelnen zusammengeschrieben haben!“), der Enttäuschung bei meiner Mutter (Antwort: „Schöne Grüße auch!“), der Enttäuschung bei meiner Frau (Antwort: „Gemeinsam kommen Sie da durch!“), der Enttäuschung bei mir, die nur allzu leicht in Arbeitsunlust bis hin zur totalen Verweigerung umschlage (Antwort: „Gut, dann blasen wir das Ganze eben ab. Die Sunk Costs sind verkraftbar. Die Zahlen liegen auf meinem Schreibtisch!). Eins muss man ihm ja lassen, er hat immer schlagende Argumente bei der Hand. Ein Kaufmann eben.

***Streng vertraulich – nur für die Leserschaft***

Das war eine Lehrstunde für mich, die mir gezeigt hat, dass es ein grober Fehler war, den Autorenvertrag auf einem Bierdeckel abzufassen. Aber auch der Herr Verleger wird seine Lektion noch lernen, eine Lektion über die Macht der Feder in der Hand eines Mitglieds der schreibenden Zunft. Das ist eine unzähmbare Kraft, die letztlich immer über die Willkür des Tyrannen triumphiert hat – auch wenn es manchmal Jahrhunderte dauerte. Und ich ertappe mich dabei, wie ich leise und still vergnügt die Melodie der Marseillaise vor mich hinsumme.

Die folgende Information ist nur für die Leserschaft bestimmt und ich bitte hierzu um strenge Vertraulichkeit bis nach der Drucklegung. Ich werde nämlich Folgendes tun: Um meinen aufgestauten Ärger über die verordneten leserfeindlichen Kürzungen abzubauen, werde ich an versteckter Stelle im Text ein extrem gemeines Schmäh-Kreuzworträtsel unter einem unverfänglichen Stichwort[284] über Verleger einbauen. Erstens. Zweitens werde ich ihm meine ganze Verachtung in einer in der *Erbsensprache*,, verschlüsselten Botschaft entgegenschleudern, die ich dramaturgisch nach der Gertrude-Stein-Technik aufgebaut habe.

Aber bitte, das muss jetzt wirklich unter uns bleiben.

## VERLEGTES, Suche

Geht Ihnen das auch manchmal so? Gerade hatten Sie das Ding noch in der Hand und jetzt ist es weg, scheint sich einfach in Luft aufgelöst zu haben.

284 Siehe *Kreuzworträtsel, leicht gemacht.*

***Ruhig bleiben***
Jetzt nur nicht panisch reagieren oder verkrampfen. Ruhig bleiben, durchatmen, nachdenken, was Sie in den letzten zehn Minuten gemacht haben, wo Sie sich aufgehalten haben. Das kann doch nicht so schwierig sein. Um ganz sicher zu gehen, machen Sie sich eine Liste der Tätigkeiten und Orte, die Sie dann systematisch abarbeiten … Immer noch nichts? Sie merken, dass Sie langsam wegen des ständigen Hin- und Herlaufens in den Fokus Ihrer Frau rücken. Um der drohenden Frage, „suchst du was?“ zu entgehen, setzen Sie sich in einen stillen Winkel Ihrer Wohnung und tun so, als sei alles in bester Ordnung. Vergraben Sie sich hinter der Tageszeitung, einem Buch oder, wenn es sich nicht vermeiden lässt, tun Sie etwas ganz Verwegenes und arbeiten einen Punkt auf Ihrer „Zu-erledigen-Liste“ ab, um den Kopf freizukriegen.

***Erklärung zurechtlegen***
Für den Fall der Fälle legen Sie sich für Ihre Frau auch immer eine plausible Erklärung für Ihren unerklärlichen Bewegungsdrang zurecht: Drohender Wadenkrampf passt – ab 60 – eigentlich immer, auch der Hinweis auf ein Durchlüften der Wohnung wird nach meiner Erfahrung akzeptiert. Vergessen Sie in diesem Fall aber nicht, tatsächlich das ein oder andere Fenster zu öffnen (und auch wieder zu schließen, wenn Wintertags die Innenraumtemperatur unter 10 Grad Celsius gesunken ist).

Ein schlechtes Gewissen müssen Sie wegen Ihrer partiellen Bewusstseinsstörung nicht haben. Schließlich stehen Sie noch mitten im Berufsalltag oder hetzen als vielbeschäftigter Rentner den ganzen Tag von Termin zu Termin, von Aufgabe zu Aufgabe und wissen nicht mehr, wo Ihnen der Kopf steht, weil Sie Ihr Tagespensum nur dann schaffen, wenn Sie mindestens drei Dinge gleichzeitig tun. Da ist es vollkommen verständlich, dass Sie wieder einmal Ihr vermaledeites Portemonnaie suchen.

***Nie tiefgefrorene Portemonnaies einstecken***
Manchmal kehrt die Erinnerung auch über einen richtigen Kohlehydrate-Fett-Eiweiß-Cholesterin-Schock wieder zurück, dachte ich mir, ging zum Kühlschrank, holte den Schinken aus

dem Kühlfach und griff nach dem ersten Ei. Genau genommen müsste ich sagen, „wollte nach dem ersten Ei greifen“, denn meine Hand ruhte auf dem gesuchten Portemonnaie, das es, auf welche Weise auch immer, bis in die Eiablage des Kühlschranks geschafft hatte. Und das wohl schon seit längerer Zeit, denn es war schweinekalt, als ich es, schneller als Harry Houdini seinerzeit Gegenstände von der Bühne verschwinden ließ, in der Gesäßtasche meiner Jeans zwischenlagerte, um es später unbemerkt von Inge auf meinen Schreibtisch zu legen, wo es hingehört.

Unglücklicherweise erschien genau in diesem Moment Inge in der Küche, so dass ich die Spiegelei-Nummer mit der eiskalten Geldbörse an meinem Hintern durchziehen musste. Nun sind 15 Minuten unter normalen Bedingungen eigentlich kein langer Zeitraum, mit einer schockgefrorenen Geldbörse in der Tasche dehnen sie sich allerdings auf die Länge einer tausendjährigen Eiszeit. Als ich vom Küchentisch aufstand, wusste ich, wie es sich anfühlen muss, barfuß und nur mit einem T-Shirt bekleidet an einer Nordpolexpedition teilzunehmen.

Immerhin, Inge hat nichts bemerkt, wohl auch deshalb, weil sie gerade (wieder einmal) auf der Suche nach Ihrer hornfarbene Brille war, die die (für Brillen) ungewöhnliche Eigenschaft besitzt, sich unsichtbar machen zu können. Im Kühlschrank war sie jedenfalls nicht, da habe ich gleich nachgesehen, als ich wieder aufgetaut war.

## VERSPRECHEN, Autor

Alle in diesem für Sie unverzichtbaren Ratgeber geschilderten Primär- und Sekundärerfahrungen mit seltsamen Alltagsphänomenen beruhen auf knallharter journalistischer Recherche und sind[285] wahr.

Sich dazu zu entschließen, nur Tatsachen zu berücksichtigen und nicht der Phantasie freien Lauf zu lassen, auch nicht, wenn es nur darum geht, einer Geschichte mit ein paar zusätz-

285 Überwiegend.

lichen Details den richtigen Drall zu geben, kostet Überwindung und viel Kraft, wenn man jahrzehntelang Tag für Tag dem Einfluss einer Münsterländerin ausgesetzt ist.

Menschen aus dem Land der Wasserschlösser wie meine Holde vertreten bekanntlich die Auffassung, eine Geschichte müsse nicht wahr sein, wichtig sei nur, dass sie gut ist. O heiliger Franz von Sales, du Schutzpatron der schreibenden Zunft, bitte mach, dass ich mich auf ewig der Wahrheitsliebe verpflichtet fühle. Ab sofort, für immer, oder wenigstens dann, wenn's für mich nicht nachteilig ist! Mehr kann ich Ihnen an dieser Stelle nun wirklich nicht versprechen.

**Tipp**

**Versprechen** Sie den Menschen, vor allem denen, mit denen Sie täglich zu tun haben, nie mehr als Sie halten können. Ein Versprechen ist wie ein Vertrag, ein Schwur.

Wenn Sie feststellen, dass Sie Ihr Versprechen (wieder einmal) nicht eingehalten haben, dann **entschuldigen** Sie sich oder **streiten** einfach alles **ab** (Varianten: Versprechen nie, nicht so oder in missverständlicher Form abgegeben.) Notfalls berufen Sie sich auf **Unzurechnungsfähigkeit.** Sie werden überrascht sein, wie viele Ihrer Familienangehörigen, Freunde und Bekannten verständnisvoll mit dem Kopf nicken.

# WACHHUND, kirchlicher

Man darf vermuten, dass in Köln in dieser Karnevalssession besonders kräftig geschunkelt wird, denn der beim Kirchenvolk längst durchgefallene Erzbischof der Stadt und – seiner kirchlichen Funktion entsprechend selbstverständlich erzkonservative – Kardinal Joachim Meisner hat die Reißleine gezogen und sich nach 25-jähriger Dienstzeit von Papst Franziskus pensionieren lassen.

Der selbsternannte „Wachhund Gottes", was kein offizieller kirchlicher Titel ist, aber viel über das Selbstverständnis dieses Mannes verrät, legte seit seiner Aufnahme ins Kardinalskollegium am 2.2.1983 durch Johannes Paul II. Wert darauf, in Interviews schlicht mit „Herr Kardinal" und nicht mit „Euer Eminenz" angeredet zu werden, was zusätzlich einiges darüber aussagt, wie der Mensch Joachim Meisner gestrickt ist. Nämlich bescheiden und bodenständig – ganz so wie seine Heiligkeit Papst Franziskus dies kürzlich in seiner doch sehr besonderen, 15 Krankheiten der Kurie beschreibenden Weihnachtsbotschaft (u. a. Eitelkeit und Karrieredenken) an die leitenden Vertreter der katholischen Kirche eingefordert hat.

### *Durchgefallen, „Herr Kardinal"*

Wie weit sich der 80-jährige, in Schlesien geborene Seelsorger mit der kirchlichen Lehre nach seinem Verständnis vom Leben der ihm anvertrauten Katholiken entfernt hatte, zeigten zuletzt die im Dezember 2013 veröffentlichten Ergebnisse einer im Auftrag von Papst Franziskus zur Vorbereitung der Sonderbischofssynode im Oktober 2014 erfolgten Umfrage im Erzbistum zu Familien- und Konfliktthemen wie Verhütung, Umgang mit Geschiedenen und gleichgeschlechtlichen Partnerschaften.

Die Kölner dürfen sich also auf einen neuen Erzbischof freuen – jedenfalls bis zur seiner „Wahl" durch das Kölner Domkapitel, das zuvor allerdings eine Liste mit „kanonisch geeigneten Kandidaten" bei der Bischofskongregation in Rom einreichen muss, um die Mitsprache der Kurie und des Papstes zu gewährleisten. Der Pontifex wird dann drei Kandidaten benennen, nicht notwendig aus dieser Liste, aus denen das Domkapitel dann „auswählen“ darf. Bis zur Neuwahl wird übrigens der 47-jährige Stefan Heße das Erzbistum leiten. Er ist Kölner, was für eine gewisse Weltoffenheit spricht, allerdings auch Meisners letzter Generalvikar, also wohl eher ein Hardliner. In jedem Fall, freut euch nicht zu früh, liebe Kölner.[286]

## WACKELPUDDING, griechischer

Das Völkerrecht ist eine ziemlich vage Angelegenheit, im Grunde ein rechtlicher Wackelpudding, den man beliebig hin und her zerren kann, ganz so wie es die individuelle Interessenlage des Staates erfordert,[287] jedenfalls dann, wenn man sich beruft auf das Völkergewohnheitsrecht, die allgemeine Rechtsgrundsätze des Völkerrechts, einseitige Rechtsakte internationaler Organisationen, Entscheidungen des Internationalen Gerichtshofs oder das sogenannte Soft Law, das ist flüssiger völkerrechtlicher Wackelpudding. So richtig konkret wird das Völkerrecht eigentlich immer nur dann, wenn es um Völkervertragsrecht geht, wenn also zwei oder mehrere Staaten eine sie betreffende Angelegenheit untereinander verbindlich regeln.

### *Die Expertenkommission „Sisyphus“*

Der griechische Staat, chronisch klamm und deshalb immer schon recht kreativ unterwegs, wenn sich die Chance bietet, in fremde Kassen zu greifen, hat nun einen Weg gefunden, wie er seine Haushaltsmisere mit einem Schlag minimieren kann. Das Athener Finanzministerium hat eine Expertenkommission einen 80-seitigen als „streng geheim“ unter Verschluss gehaltenen Bericht erarbeiten lassen, der Deutschland als Schuldner einer

286 Nachtrag: Jetzt isses der Rainer Maria Woelki geworden. Der stand zwar nicht auf eurer Vorschlagsliste, aber es hätte schlimmer kommen können, liebes katholisches Köllner Fußvolk.

287 Siehe zu Putins Ukraine-Referendum *Staatsgebiet, Vergrößerung*.

Entschädigungszahlung an den griechischen Staat in einer Gesamthöhe von 162 Milliarden € ausweist, 108 Milliarden € für den Aufbau der im Zweiten Weltkrieg zerstörten Infrastruktur des Landes und weiterer 54 Milliarden € für zwischen 1942 und 1944 erzwungene Kredite an Nazi-Deutschland.

Das mag ja alles monatelang brav und arithmetisch richtig – unter Auswertung von mehr als 190.000 Seiten über mehrere Archive verstreuten Materials – gerechnet worden sein, lieber Herr Panagiotis Karakousis.[288] Nur war es ein total sinnloses Projekt, eine Sisyphusarbeit sozusagen, denn Griechenland hat keine Ansprüche mehr auf Reparationszahlungen aus der Zeit des Zweiten Weltkriegs gegenüber Deutschland.

***Völkerrechtlicher Crashkurs für Giannis Stournaras[289]***

Es ist im Grunde ganz einfach. Das Londoner Schuldenabkommen vom 27.2.1953 legte fest, dass alle an Deutschland nach dem Zweiten Weltkrieg gerichteten Reparationsforderungen, also auch die des griechischen Staats, im Anschluss an einen Friedensvertrag ausgehandelt würden. Einen förmlichen Friedensvertrag gab es jedoch nie; „anstatt eines Friedensvertrags" wurde aber am 12.12.1990 in Moskau der Zwei-plus-Vier-Vertrag abgeschlossen, der keine Reparationszahlungen vorsieht, was auch Griechenland akzeptierte. Nun haltet euch doch einfach an die geschlossenen völkerrechtlichen Verträge und die dazu abgegebenen Erklärungen, ihr lieben Griechen. Das wäre wirklich nett. Außerdem: Dieser Tage wurde gemeldet, dass der griechische Staatshaushalt – bei Ausblendung der Staatsschulden – in 2013 erstmals seit Ausbruch der Schuldenkrise einen Primärüberschuss von 2,9 Milliarden € erwirtschaftet hat. Also, geht doch!

## WALDSPAZIERGANG, Kameras

Es ist ein verlässlicher Indikator für die Marktgängigkeit eines Produkts, wenn ALDI einen Artikel in seinen über 1.300 quer über das gesamte Bundesgebiet verteilten Filialen anbietet –

288 Chef der griechischen Expertenkommission.
289 Amtierender griechischer Finanzminister.

ganz gleich, ob es sich um Dauerwurst, Unterwäsche oder sogenannte Wildkameras handelt. Mit Letzteren zeichnen Förster und Jagdliebhaber in ihrem Revier das Verhalten marodierender Wildschweinhorden, illegaler Müllentsorger, Wilderer oder etwa Holzdieben beweissicher als Video oder Einzelbildaufnahme auf einem Speicherchip auf. Natürlich auch des Nachts, denn Infrarot-LEDs gehören mittlerweile zur Standardausstattung.

Der rheinland-pfälzische Datenschutzbeauftragte Edgar Wagner schätzt – auf der Basis der Verkaufszahlen der Discounter – die Anzahl der bundesweit in deutschen Wäldern von Jägern gut versteckt angebrachten Fotofallen auf weit über 100.000 Stück.

### *Wildschwein oder Pilzsammler?*

Von Ausnahmen – wie für Spaziergänger gesperrte Wildbrücken oder aus wissenschaftlichen Gründen erfolgte Zählungen seltener Tiere – abgesehen, sind die Wildkameras illegal. Da die mit Bewegungsmeldern bestückten Waldspione auch Jogger, Pilzsucher oder Waldspaziergänger erfassen, verschickte der Datenschützer erste Bußgeldbescheide über 5.000 € an die Jäger, die trotz Aufforderung ihre Kameras nicht aus dem Revier entfernten.

Der für Rheinland-Pfalz erwartete Musterprozess dürfte bundesweite Signalwirkung haben – mit einer Ausnahmen: In Hessen ist das Anbringen von Wildkameras an Hochsitzen und Lockfütterungsstellen abseits von Waldwegen zulässig, wenn deutlich darauf hingewiesen wird. Denn diese Plätze dürfen von Menschen der Gattung „gemeine Waldbesucher“ nicht betreten werden.

**Tipp**

Wenn Sie demnächst mal wieder zu einer Wanderung aufbrechen, die Sie durch bewaldete Gebiete führt, **benehmen** Sie sich dort **nicht wie** ein **Wildschwein.** Rülpsen, furzen, spucken, das Urinieren in frisch angelegten Fichtenschonungen, das achtlos an den Wegesrand geworfene Papiertaschentuch, der mit ein paar gezielten Tritten zum Grill umfunktionierte Papierkorb aus Metall, der Holzfrevel, begangen an zwei meterlangen am Wegesrand in idealer Kofferraumbreite aufgestapelten Fichtenholzstücken, der Liebesakt[290] auf der Waldschonung oder am Stamm unter dem Anonymität suggerierenden Laubdach einer zweihundertjährigen Eiche - all diese deutschen Waldspaziergängern so vertrauten Verhaltensweisen sind vor dem Hintergrund der Wildkameras kritisch auf ihre Gemeinverträglichkeit zu prüfen.

Und unterschreiben Sie unter **keinen Umständen Einverständniserklärungen** etwa dieses Inhalts, die Ihnen von irgendeinem Grünrock mit vorgehaltener Flinte vor dem Betreten des Waldstücks unter die Nase gehalten werden: „Achtung, dieser Wald wird videoüberwacht. Mit seinem Betreten gehen sämtliche Verwertungsrechte an den von mir während des Aufenthalts hergestellten Einzelbild- und Videoaufnahmen unentgeltlich auf den Betreiber der Überwachungsanlage über. Gleichzeitig erkläre ich meine Zustimmung zu einer Veröffentlichung des angefertigten Bildmaterials im WWW unter voller Nennung meines Namens und Wohnsitzes."

## WALPURGISNACHT

Würden Sie so richtig einen draufmachen, um einer um das Jahr 710 im südenglischen Wessex geborenen, mutmaßlich 779 in Heidenheim gestorbenen, vermutlich am 1.5.870 in jedem Fall aber, das ist verbürgt, durch Papst Hadrian II. wegen des erwiesenen Wirkens von mindestens zwei Wundern heiliggesprochenen Benediktinerin und Äbtissin mit dem schönen Namen Walburga die Ehre zu erweisen?

Falls Sie diese Fragen – leichtfertig – mit Nein beantwortet haben, obwohl Sie gestern von Ihrer Frau auf eine dieser Tanz-in-den-Mai-Veranstaltungen verschleppt worden sind, dann haben Sie sich dort vielleicht – nach dem zwölften Pils – köstlich amüsiert, wissen aber nicht, warum Sie in der sogenannten Walpurgisnacht das Tanzbein geschwungen haben.

Der Brauch, den Tag der Heiligsprechung Walburgas am 1.5. eines jeden Jahres zu feiern, existiert seit dem Mittelalter, wo der Kult um die Benediktinerin im 11. Jahrhundert unter

290 Das ist überhaupt nicht abwegig. Mitte 2012 wurde in Österreich ein Oberkärntner Kommunalpolitiker beim Liebesspiel im Wald von einer mit Infrarot-LEDs ausgestatteten Wildkamera abgelichtet, wie der ORF berichtet.

dem Kölner Erzbischof Anno II. seinen Höhepunkt erreichte. In dieser Zeit wurden die Feierlichkeiten am 30.4. mit einem Nachtgebet eingeleitet, das, Sie ahnen es vielleicht schon, heute, von kommerziellen Veranstaltern gekapert, als „Tanz in den Mai“ eine neuartige, eher weniger religiös geprägte Sinngebung erfahren hat.

**Tipp**

Falls es Ihnen nicht gelingen sollte, mit Ihren Tischnachbarn ein längeres gehaltvolles Gespräch über den Sinn der Tanzveranstaltung vor dem geschilderten religiösen Hintergrund zu führen, um dem nächsten Tänzchen zu entgehen, dann seien Sie trotzdem ganz entspannt, denn es **gilt** auch **als Tanzen,** wenn Sie nach dem zwölften Pils unfallfrei den Weg vom Tresen zur Toilette bewältigen. Als mir das Andreas so erklärte, hat ihn seine Frau Christel allerdings nur mitleidig angelächelt.

## WECHSELLICHTZEICHENANLAGE, Taktung

Das Bundesministerium für Verkehr (und digitale Infrastruktur) will sich um die optimierte Taktung von Verkehrsampeln kümmern, die auf den Behördenfluren – aus welchen Gründen auch immer – „Wechsellichtzeichenanlage“ (WLZA) genannt werden. Spitzenbeamte des zurzeit vom Dobrindt Alexander geleiteten Hauses haben auf einer am 1.4.2005 gestarteten Inspektionstour alle 1,5 Mio. deutschen WLZA auf diesbezügliche Optimierungsmöglichkeiten untersucht und dabei errechnet, dass sie auf ihrer Rundreise volle drei Jahre vor Rotlicht zeigenden Ampeln gewartet haben.

„Mit diesem Zeitdiebstahl muss endlich Schluss sein, volkswirtschaftlich ist das nicht zu vertreten“, stellte ein aufgebrachter Bundesverkehrsminister fest. „Die richtige Taktung ist eine hohe Kunst, die nur wenige beherrschen. Ich freue mich, Ihnen mitteilen zu können, dass es mir jetzt gelungen ist, den weltweit führenden Spezialisten für dieses wirtschaftspolitische Leuchtturmprojekt zu gewinnen“.

Auf Rückfrage bestätigte Kirill Petrenko die Personalentscheidung des Ministers. „Ich fühle mich sehr geehrt und habe den Auftrag mit großer Demut, aber auch Zuversicht angenommen. Ich glaube auch, dass ich für diese Aufgabe der Richtige bin. Wissen Sie, das harmonische Zusammenspiel von 1,5 Mio. Ampeln herzustellen, lässt sich durchaus mit meiner derzeitigen Tätigkeit als Dirigent eines großen Klangkörpers bei der Ring-Aufführung in Bayreuth vergleichen. Ein paar Einzelspieler mehr zu integrieren, zu einer stimmigen, überzeugenden Interaktion zu führen, ist aus meiner Sicht eine lösbare Aufgabe."

Im Bundesverkehrsministerium gibt es aber noch einen Alternativ- und einen Notfallplan für den unwahrscheinlichen Fall des Scheiterns der Mission Petrenkos. Die für intelligente Verkehrssysteme erforderlichen Algorithmen könnten auch von den bei der NSA tätigen Spitzenmathematikern[291] entwickelt werden. Hilfsweise wird in dem auch für die bundesweite Entwicklung der digitalen Infrastruktur zuständigen Ministerium daran gedacht, die Wartezeit vor Ampeln durch das Einspielen von Werbeblocks in dem für die Anzeige des Rotlichts bestimmten Sektors der WLZA zu verkürzen. „Die Kosten für die elektronische Nachrüstung spielen wir mit den Einnahmen aus der Werbung locker wieder ein", stellte Dobrindt hierzu zufrieden fest.

---

**ANZEIGE-ANZEIGE-ANZEIGE-ANZEIGE-ANZEIGE-ANZEIGE-ANZEIGE**[292]

# Schöner gehen

**Wir machen Sie fit fürs Jenseits**

Natürlich können Sie sich so wie Müller, Meier oder Schulze unter die Erde jubeln lassen: Im Sarg, Hände an der Hosennaht, in einem gewöhnlichen Reihengrab auf Ihrem kommunalen Friedhof oder nach der Verbrennung in einer Urne auf einer netten kleinen Stele mit unverbaubarem Blick auf eine benachbarte Birke.

291 Siehe *Mathematikstudium, Gefahrenpotenzial.*
292 Siehe hierzu *Verleger, Erbsenzähler.*

## Leben und Sterben – alles aus einem Guss

Doch ist es wirklich das, was Sie wollen? Wollen Sie ernsthaft auf eine solche Art und Weise Zeugnis ablegen von einer spießigen, kleinbürgerlichen Existenz, über die Ihre Nachbarn noch in Jahrzehnten verächtlich die Nase rümpfen? Das haben Sie nicht verdient, denn Ihr Leben war einfach großartig: Der noch auf 48 Monate abzustotternde Flachbildfernseher mit der Bildschirmdiagonale von 2,5 m, das geleaste BMW-Cabrio aus der Dreierreihe, die auf Pump finanzierten Auslandsreisen nach Südamerika, auf die Malediven und in die USA, der 6 m lange, deckenhoch verbaute Wohnzimmerschrank, der aussieht wie ein schweineteures Hülsta-Modell in Wirklichkeit aber von Roller kommt usw. Gilt nicht vielmehr auch für Sie der Satz: „Zeige mir, wie du deine letzte Ruhestätte gestaltet hast, und ich sage dir, wie du gelebt hast."

## Trendige alternative Bestattungsformen

*Wir haben für Sie – zusammen mit anerkannten Wissenschaftlern aus aller Welt – eine Reihe alternativer Bestattungsformen entwickelt, die Sie begeistern werden. Und das alles zu unschlagbaren Tiefstpreisen.*

### Für Raumfahrer

Die Himmelsbestattung ist unser exklusives Top-Angebot. Nach der Einäscherung transportiert Sie ein Heliumballon in einer Kapsel auf 30 km Höhe, wo Sie, dem Himmel ganz nah, in die unendlichen Weiten des Kosmos entlassen werden. Die Himmelsbestattung kann in den Varianten „Premium" und „Anonym" durchgeführt werden. Bei der Premium-Variante werden der Flug und die Verstreuung der Asche mit zwei hochauflösenden Kameras gefilmt. Ihre Angehörigen und Freunde sind live via Internet dabei und erhalten eine DVD von der ergreifenden Zeremonie und ein Zertifikat. Selbstverständlich bieten wir auf Wunsch auch Gruppenbestattungen an, wenn Sie das einrichten können.

### Für Öko-Freaks

Die alkalische Hydrolyse wurde in den USA bereits tausendfach erprobt. Ihr Körper wird – nach dem Ableben – in einem Druckbehälter aus Edelstahl mehrere Stunden in Kalilauge bei 150 – 160 Grad Celsius erhitzt. Die zurückbleibende braune Flüssigkeit kann bedenkenlos über den Abfluss entsorgt werden.

Ein umweltschonendes Bestattungsverfahren, mit dem Sie sich schon jetzt vertraut machen sollten. Denn die Öko-Freaks der GRÜNEN wollen es nach ihrer Rückkehr in den Bundestag für alle Bundesbürger verpflichtend einführen.

**Für Gartenfreunde**

Bei der Promession werden Sie zunächst gefriergetrocknet (bei -196 Grad in Stickstoff) und anschließend zu einem feinen geruchlosen Granulat zerkleinert, das problemlos kompostiert werden kann.
Auf diesem Weg können Sie auch nach Ihrem Ableben noch jahrelang in Ihrem Garten aktiv sein.

**Für Wissenschaftler**

Durch eine enge Zusammenarbeit mit führenden deutschen anatomischen Instituten können wir Ihnen Vereinbarungen zur Körperspende anbieten, die die Kosten der Einäscherung zu 100 % Ihrem Vertragspartner aufbürden. So schonen Sie die Erbmasse zum Vorteil der Hinterbliebenen, die es Ihnen danken werden.

Die Körperspende zu wissenschaftlichen Forschungszwecken hat in Deutschland eine lange Tradition. Momentan gibt es etwa 80.000 bis 100.000 solcher Verträge, die den Spendern eine Aufnahme in den Anhang der Online-Fassung des wissenschaftlichen Nachschlagewerkes Pschyrembel in der Rubrik „Verdiente Versuchskaninchen" sichert.

*Kontaktieren Sie uns unter:*
*Schöner gehen, 12345 Ableben, Himmelspforte 1, Email: schoener-gehen@-verschwindibus.eu, Homepage: www.reich-mir-deine-hand.eu.*

---

# WINKELADVOKAT

Hans-Wurst Friedrich gegen den die Staatsanwaltschaft in der Edathy-Affaire wegen des Verdachts der „Verletzung des Dienstgeheimnisses und einer besonderen Geheimhaltungspflicht"[293] ermittelt, sah sich als Opfer von „Winkeladvokaten" und „Rechtspositivisten", die ihm vorgeworfen hatten,

293 Straftatbestand nach § 353b StGB.

Dritte, den SPD-Chef Sigmar Gabriel, unbefugt über staatsanwaltschaftliche Ermittlungshandlungen informiert zu haben. Womit er nicht gerechnet hatte, die Empfänger der Information machten diesen Vorgang der Weitergabe von Insider-Informationen, die Friedrich in seiner Eigenschaft als Noch-Innenminister anvertraut worden waren, in einer Presseerklärung publik. Zu einem Zeitpunkt also, als die Nachfragen der Presse zu dem Vorgang allzu hartnäckig wurden und die unmittelbare Gefahr bestand, selbst ins Kreuzfeuer der Journalisten-Kanaille zu geraten.

### *Juristenschelte*

Fast mag man ein wenig Mitleid mit Angela Merkels Bauernopfer haben, denn sein diskreter Hinweis an Gabriel war als vertrauensbildende Maßnahme in einer langsam zusammenwachsenden Koalition gemeint, ein Zückerchen für den zukünftigen Partner. Merkel und mit ihr die bereits erwähnten „Winkeladvokaten" und „Rechtspositivisten" sahen das anders. Merkel hält Friedrichs Rücktritt in von ihr selten gehörter Deutlichkeit für „absolut richtig und notwendig", denn sein Verhalten bedrohe „das Vertrauen in den Rechtsstaat". Man könnte denken, dass die Sache damit ein Ende hat.

### *Für einen Amigo nicht zu verstehen*

Weit gefehlt. Den wochenlang pressetechnisch abgetauchten Seehofer Horst dürstet es nach Blut, dem Blut der SPD, einer Kompensation in Form eines personellen Aderlasses oder, wenn ich ihn recht verstanden habe, einem Entgegenkommen des Koalitionspartners in politischen Streitfragen und zwar wegen „Geschwätzigkeit" der SPD-Oberen in dieser Sache.

Ich verstehe das sehr gut. Ein Mann aus dem bayerischen Amigo-Ländle muss in höchstem Maß irritiert sein, wenn ein Amigo einen anderen Amigo in die Pfanne haut, wenn er sein eigenes politisches Überleben bedroht sieht. So etwas sitzt man mit ein paar lauwarmen Erklärungen aus und macht dann einfach weiter. Das ist gute alte bayerische Tradition. Der Seehofer Horst erwägt deshalb folgerichtig auch eine Anzeige gegen die gesamte SPD-Spitze wegen „Feigheit vor dem Feind".

Stellt sich also in diesem von dem Seehofer Horst angeregten Polit-Geschacher die Frage, was die SPD der CSU an

Kompensation anzubieten hat? Diese Frage kann freilich erst dann beantwortet werden, wenn der politische Marktwert Friedrich nach dem Grundsatz „Entscheidend ist auf'm Platz" ermittelt worden ist.

### *Kompensationsüberlegungen*

Versucht man, sich an ihn als Innenminister zu erinnern, was man eigentlich nicht gern tut, versucht man es aber trotzdem, ergibt sich das Profil eines Menschen der – vielleicht schon seit frühesten Kindheitstagen – unter schwersten Angstzuständen leidet. Denn wie wollte man es sonst erklären, dass im Mittelpunkt seines politischen Wirkens das Bedürfnis nach Sicherheit und Kontrolle eine zentrale, alle anderen Erwägungen überlagernde Rolle spielt: NSA-Abhörskandal, Vorratsdatenspeicherung, Einsatz eines Bundestrojaners, Einrichtung eines Nationalen Cyber-Abwehrzentrums, Ausweitung der Videoüberwachung in Innenstädten und auf der Autobahn – man könnte noch stundenlang so weitermachen und auch seine Forderung nach einem Austritt Griechenlands aus der Euro-Zone erwähnen, für die er öffentlich von Merkel abgewatscht wurde.

### *Personell*

Also lieber Seehofer Horst, auf den ersten Blick bietet sich kein SPD-Spitzenmann gleichen Formats an. Da gibt es aber noch die Landesgruppe Bayern in der SPD. Ein Mitglied könnte zum Abschuss freigegeben werden. Eine solche Lösung hätte den Charme, dass auf beiden Seiten ein Bayer gefallen wäre, abgeschossen durch die „Preißn in Berlin".

### *Inhaltlich*

Für ein Entgegenkommen in politischen Sachfragen, die der CSU besonders wichtig sind, ist natürlich auch der Marktwert Friedrichs der entscheidende Gradmesser. Danach käme etwa in Betracht die Aufhebung des Verbots von öffentlichem Schnupftabakkonsum auf allen Schützenfesten in SPD-regierten Bundesländern oder die Zwangsmitgliedschaft aller Vereinsmitglieder des Fußballvereins aus der Verbotenen Stadt beim FC Bayern München. Ja, ich denke, das ginge.

# WINNETOU, Geburtstag

Was?! Was hat mir da Detlef gerade am Telefon mit tränenerstickter Stimme erzählt? Winnetou ist Anfang Februar 85 Jahre alt geworden!

Winnetou, mein Held – erfunden von dem genialen Lügner Karl May aus Hohenstein-Ernstthal in Sachsen, der mir mit seinen Geschichten die Kindheit verzauberte – hatte Geburtstag und ich erfahre das erst jetzt!

***Alles begann auf Amrum***

Ich weiß noch, wie alles begann, bei einem Urlaub auf Amrum. Ich war ein siebenjähriger Pimpf, als mir „Winnetou (I)“ zum ersten Mal begegnete. Die Enttäuschung darüber, dass das gesamte Taschenbuch nicht ein Bild enthielt, wich schon bald grenzenloser Begeisterung über diesen edlen indianischen Friedensstifter mit der Silberbüchse. Dann kam der erste Film. Zunächst wieder große Enttäuschung, weil ich den Unterschied zwischen Buch und Drehbuch noch nicht kannte und eine 1:1-Kopie des Buches auf Zelluloid erwartet hatte. Später hab' ich dann meinen Frieden mit den Verfilmungen gemacht – schon wegen der göttlichen Musik, die Martin Böttcher dazu geschrieben hatte. Sie ließ mich die ganze Weite der unendlichen (kroatischen) Prärie erahnen, ich spürte den sanften Wind, wie er über das Büffelgras strich, das so herrlich duftete. Das war doch alles nicht erst kürzlich?!

***Alles endet am Lagerfeuer***

Und jetzt wird Pierre Brice, der einzig wahre Winnetou, in nicht allzu ferner Zeit in die ewigen Jagdgründe eingehen? Das darf einfach nicht passieren. „Winnetou, du darfst nicht sterben!“ Mein einziger Trost: Sein Freund Old Shatterhand, alias Lex Barker, erwartet ihn bereits am prasselnden Lagerfeuer. Da bin ich mir sicher. Trotzdem könnte ich heulen, auch wenn mir das niemand glaubt!

# WIRBELSTURM, Namensgebung

Kiju Jung ist ein aufstrebender Doktorand an der University of Illinois, der das Verhalten von Verbrauchern erforscht. In seiner neuesten Studie mit dem Titel „Female-Named Hurricanes Are Deadlier than Male-Named Hurricanes“[294] hat er nachgewiesen, dass das in der betroffenen Bevölkerung Vorsichtsmaßnahmen auslösende Angstpotenzial von Hurrikanen niedriger ist, wenn sie keine männlichen, sondern (niedliche) weibliche Vornamen tragen. In der Konsequenz forderten die von ihm im Zeitraum von 1950 bis 2012 ausgewerteten Daten von über 90 atlantischen Wirbelstürmen mit weiblichen Vornamen mehr Todesopfer als ihre männlichen Pendants.

Was bedeutet das a) für die Namensgebung von lebensgefährlichen Wetterphänomenen und b) für das Verhalten von Verbrauchern im Allgemeinen?

### *Männerquote bei Hurrikanen*

Nun, zunächst war es unter dem Gesichtspunkt des vorbeugenden Katastrophenschutzes eine richtige Entscheidung der US-Meteorologen, in den 70er-Jahren mit der bis dahin geübten Praxis zu brechen, den Hurrikanen – wegen ihres unberechenbaren Verhaltens – nur weibliche Vornamen zu verpassen und eine „50 %ige Männerquote“ einzuführen, die man schrittweise auf 100 % erhöhen sollte, wenn man Kiju Jungs These folgt, wogegen nichts spricht. Im Gegenteil, denn das Wort Hurrikan leitet sich aus dem in Maya-Sprachen verwendeten Begriff „Huracán“ ab, was schlicht „Gott (und eben nicht Göttin) des Windes“ bedeutet.

### *Stressreduzierung mit semantischen Mitteln*

Für das Alltagsgeschäft empfehle ich in Anlehnung an die vorgestellte Studie erhöhte Wachsamkeit bei allen Produkten mit leicht erkennbaren oder verklausulierten weiblichen Namen. Während bei „Meister Propper“ oder „Ajax“ das Gefahrenpotenzial offensichtlich ist, fällt die – nach der These von Kiju Jung – einem Namen immanente Warnfunktion etwa

294 Wirbelstürme mit weiblichen Vornamen sind tödlicher als solche mit männlichen.

bei „Mercedes“ weg. Wie Sie „Persil“ einstufen, müssen Sie selbst entscheiden.
Natürlich kann man einen weiblichen Vornamen auch dazu benutzen, um unbegründete Ängste mit semantischen Mitteln gezielt abzubauen. Ich denke, dass ich meinen äußerst, sagen wir mal, lebhaften und irgendwie auch unberechenbaren Pittbull „Ottokar“ ab sofort „Maria“ nenne und die unsere Gäste regelmäßig irritierende Königskobra „Karl-Heinz“ in „Josefine“ umtaufe. Doch welchen Vornamen vergebe ich für meinen gelb-orange leuchtenden männlichen Leiurus quinquestriatus,[295] der bisher auf „Franz“ hörte? „Clementinchen“ könnte passen, schon wegen der Farbgebung des Skorpions und seiner Körperlänge von unter 10 cm.

295 Skorpionart aus Nordafrika, die angeblich ein bisschen giftig sein soll.

# X

## XETRA-Suggestion

Der Kleinanleger, der in Aktien macht, geht davon aus, dass sich der Börsenkurs seines Papiers nach den Kauf- und Verkaufsorders regelt, die im elektronischen Handel über die Plattform Xetra der Deutschen Börse computergesteuert abgegeben werden. Ist die Nachfrage hoch, steigt der Aktienkurs, ist sie niedrig oder liegen viele Verkaufsaufträge für das Papier vor, stagniert er oder sinkt – entsprechend dem Prinzip von Angebot und Nachfrage.

So würde sich der Aktienkurs auch bilden, wenn alle etwa im DAX[296] gelisteten Aktien an öffentlichen Börsen über Xetra gehandelt würden. Das ist aber – entgegen dem von diversen TV-Sendern mit ihren „Börsenberichten und Analysen direkt vom Parkett der X-Börse" suggerierten Eindruck – nicht der Fall.

***Fürsten der Finsternis***

Neben den öffentlichen Börsen z. B. in Frankfurt oder Düsseldorf gibt es in den USA und Deutschland circa 80 alternative Handelsplätze, an denen – unter dem Deckmantel der Anonymität von Käufer und Verkäufer – über sogenannte Dark pools (of liquidity) die „big tickets" ausgeführt werden, also Handelsaufträge im Wert von 20 Mio. € und darüber. Dies geschieht in aller Stille abseits der öffentlichen Börsen, deren Kurse sich unbeeinflusst von dem Handeln der weltweit auf Baikal oder Sigma X agierenden finanzstarken Investmentfonds entwickeln sollen. Möglich wurde diese Entwicklung durch die EU-Richtlinie über Märkte für Finanzinstrumente aus dem Jahr 2004, mit der die Monopolstellung der öffentlichen Börsen bei der Preisbildung im Aktienhandel abgeschwächt werden sollte.[297]

296 Deutscher Aktienindex.

297 Richtlinie 2004/39/EG vom 21.4.2004 (Markets in Financial Instruments Directive, MiFID).

Fakt ist, dass das Volumen des Xetra-Handels in einem beängstigenden Sinkflug ist. Bei den DAX-Werten liegt es nur noch bei 40 %, was bedeutet, dass die hinter den Kulissen ablaufenden kursneutralen Dark-Pool-Geschäfte bereits den überwiegenden Teil, nämlich 60 %, des Handels mit Aktien ausmachen. Da die Handelsaktivitäten dieser „Fürsten der Finsternis" durch kursrelevante Informationen ausgelöst werden, die man den öffentlichen Börsen vorenthält, steht der manipulative Charakter dieser Geschäfte im Verborgenen außer Frage.

Wenn Sie demnächst mal wieder kurz vor der „Tagesschau" Anja Kohl über die neuesten Kursentwicklungen an der Deutschen Börse fachsimpeln hören, warum sich dieser Kurs so und jener so entwickelt habe, dann denken Sie bitte daran, dass Ihnen diese Dame zum tatsächlichen Handelsgeschehen nicht einmal die Hälfte der Wahrheit erzählt.

# Y

## Y-CHROMOSOM-TRÄGER, Amoklauf

Eigentlich habe ich Menschen aus Japan, man könnte auch sagen: Japaner und -innen, bisher immer als vorbildlich zurückhaltend und rücksichtsvoll ihren Mitmenschen gegenüber empfunden. Dass sich diese Einstellung auch auf das Verhältnis von japanischen Männern zu japanischen Frauen bezieht, hatte ich unterstellt.

Deshalb hat es mich fast umgehauen, als ich jetzt die Nachricht über eine Sitzung des Tokioter Stadtparlaments las, in der es der Abgeordneten Ayaka Shiomura bei ihren Ausführungen zur verbesserten finanziellen Unterstützung von Schwangeren und Müttern aus den Reihen der männlichen Parlamentarier höhnisch entgegenhallte: „Wie wäre es, wenn du erst mal heiratest?“

### *Gewichtsreduzierung durch solidarisches Handeln*

So geht es nicht! Ich bin tief enttäuscht und um eine Illusion ärmer. Um meine Solidarität mit der geschundenen Parlamentarierin zu zeigen, werde ich ab sofort keinen japanischen Reis mehr essen, der nachgewiesenermaßen auf Feldern produziert wurde, die mit (männlichen) Büffeln gepflügt werden. Da ich mir seit den frauenfeindlichen Entgleisungen des Schweizer Verteidigungsministers Ueli Maurer im Nationalrat[298] schon Käshörnli verkneife, seit Brüderles Bar-Fauxpas[299] auf Kartoffeln verzichte und wegen Berlusconis Bunga-Bunga-Eskapaden keine Spaghetti mehr esse, werde ich nach meinen Berechnungen so in sechs Monaten wegen des ausbleibenden Kohlehydratnachschubs auf zwergenhafte 100 kg zusammengeschrumpft sein. Gut, dann ist das eben so.

### *Evolution – das dauert!*

Übrigens, jedenfalls in der nächsten Zeit ist nicht damit zu rechnen, dass sich das Problem amoklaufender Y-Chro-

298 Siehe *Humor, schweizerischer.*
299 Siehe *FDP, neue Partei-Hymne.*

mosom-Träger von allein auf evolutionärer Grundlage lösen wird. Das im männlichen Erbgut dominante Y-Chromosom ist nämlich stabiler als angenommen. Dies haben jetzt US-amerikanische Wissenschaftler vom Massachusetts Institute of Technologie (MIT) – zum Leidwesen auf Erlösung hoffender feministischer Gruppierungen – nachgewiesen. Zwar blieben in 300 Millionen Jahren Evolution nur 19 von circa 600 Genen erhalten, die es sich brüderlich mit dem X-Chromosom teilte, in den letzten 25 Millionen Jahren ging aber nur noch ein mit Ying- und Yang-Andockstationen besetztes Gen perdu. Wenn der Schwund an Gemeinsamkeiten in diesem Schneckentempo fortschreitet, dürfte es noch ca. 450 Millionen Jahre dauern, bis die Erde erlöst ist. Diese Erkenntnis mag der einen oder anderen den Abend verderben, ist aber wohl nicht zu ändern.

Wie sich wohl die ehemalige stellvertretende FDP-Bundesvorsitzende Cornelia Pieper mit Blick auf diese Forschungsergebnisse fühlt, die im Jahr 2007 in einem Interview mit der Zeitschrift BUNTE apodiktisch feststellte: „Doch während die Frau sich ständig weiterentwickelt … blieb der Mann auf seiner Entwicklungsstufe stehen. Als halbes Wesen … Er ist weiterhin nur männlich und verschließt sich den weiblichen Eigenschaften wie Toleranz, Sensibilität und Emotionalität. Das heißt, er ist – streng genommen – unfertig und wurde von der Evolution und dem weiblichen Geschlecht überholt."

Offensichtlich noch nicht ganz, liebe Cornelia, noch nicht ganz.[300]

300 Zu weiteren Sprüchen dieses intellektuellen Kalibers siehe „Die Champions League des Sexismus" auf www.manndat.de. Mein eindeutiger Favorit ist ein Zitat der ehemaligen US-amerikanischen Außenministerien Hillary Clinton: „Frauen sind Hauptopfer im Krieg. Frauen verlieren ihren Gatten, ihre Väter, ihre Söhne im Kampf."

# ZEITVERBIEGUNG, staatlich verordnete

70 % der Deutschen sind dagegen, das steht mal fest. Trotzdem wurden auch in diesem Jahr am letzten Sonntag im März, wie alle Jahre seit 1980, die Uhren um eine Stunde auf die Sommerzeit vorgestellt, d. h. der kleine Zeiger sprang um 2 Uhr automatisch auf 3 Uhr vor, falls Sie eine funkgesteuerte Quarz-Zwiebel besitzen, falls nicht, viel Spaß beim Zeigerdrehen.[301]

***Zeigerdrehen hat Tradition***

Der Brauch des zweimal jährlichen Zeigerdrehens hat eine lange Tradition. Während die vor circa 2.500 Jahren – wohl von den Sumerern – erfundene Sonnenuhr derartige Manipulationsversuche mangels einer ausreichenden Anzahl von Zeigern noch nicht zuließ, war spätestens seit der Entwicklung der mechanischen Zeitmessung im 14. Jahrhundert klar, dass sich staatliche Stellen früher oder später mit der Verbiegung der Zeit zum Nutzen ganzer Volksgemeinschaften befassen würden.

Benjamin Franklin, zwar kein US-amerikanischer Präsident, aber als einer der Wegbereiter und Unterzeichner der amerikanischen Verfassung durchaus eine staatstragende Autorität, hatte sich bereits 1784 mit der optimierten Ausnutzung von Tageslicht unter ökonomischen Gesichtspunkten befasst. 1916 machten dann Großbritannien ernst und führte die „British Summer Time“ ein. 1973 wurde unter dem Druck der (ersten) Ölkrise in Deutschland mit der Sommerzeit geliebäugelt, die dann 1980 eingeführt wurde, auch weil einige europäische Nachbarländer bereits eine solche Regelung hatten, die mittlerweilen EU-weit gilt.[302]

---

301 Vergessen Sie nicht die Uhr im Badezimmer!

302 Russland hat übrigens immer Sommerzeit, USA, Kanada und Mexiko stellen immer am zweiten Sonntag im März die Uhren auf Sommerzeit. In Südamerika und Asien gibt es keine einheitliche Regelung, einige Länder ziehen mit, andere nicht.

### *Energieschwund nur durch Mediziner messbar*

Der für die Einführung der Sommerzeit genannte ökonomische Grund „Energieersparnis“ wird selbst vom Umweltbundesamt als nicht stichhaltig angesehen.[303] Die Berechnungen zu den Verbräuchen während der Sommerzeit weisen vielmehr eine negative Energiebilanz aus, weil zwar in den Abendstunden Strom für Licht gespart wird, aber während er Morgenstunden in kühleren Frühlingsmonaten mehr geheizt werden muss.

Den einzig messbaren Energieschwund verzeichnen die medizinischen Experten der Krankenkasse „DAK-Gesundheit“ in ihrer aktuellen Umfrage bei den Betroffenen, die infolge der Zeitumstellung jährlich mit einem Mini-Jetlag und den damit verbundenen gesundheitlichen Beeinträchtigungen wie Schlafstörungen und deren Folgen zu kämpfen haben.[304]

**Tipp**

Der mit der Umstellung auf die Sommerzeit verbundene **Zeitdiebstahl** ist übrigens nicht strafbar. Einen Strafantrag zu stellen, bringt also nichts außer einem Eintrag in die Liste „ortsbekannter Querulanten“ Ihrer zuständigen Polizeidienststelle. Sie können natürlich so tun, als ginge Sie das Ganze nichts an und die Zeitumstellung bis zum 26.10.2014, der nächsten Umstellung auf die Winterzeit, der „Normalzeit“, **ignorieren,** um Ihren Biorhythmus nicht aus dem Lot zu bringen.[305] Dabei sollten Sie jedoch klar die **Gefahr sozialer Isolation** sehen, die durch Ihr zu spätes Erscheinen bei den bis zum genannten Tag im Oktober anstehenden Terminen z. B. bei Ihrem Psychiater oder Drogenhändler zwangsläufig entstehen wird. Aber vielleicht fühlen Sie sich ja stark genug, um ein Leben in einem Paralleluniversum zu führen. Zum Stressabbau empfehle ich eine Online-Petition[306] zur Abschaffung der lästigen Zeitumstellung oder das mehrmalige tägliche Absingen der Summertime-Arie aus George Gershwins „Porgy and Bess“.[307]

---

303 Seit 1996 haben wir übrigens sieben statt sechs Stunden Sommerzeit, also noch weniger Energieersparnis!

304 30 % der krankenversicherten Frauen, 18 % der Männer.

305 Das hatte wohl der Seehofer Horst im Sinn, als er am auf die Zeitumstellung folgenden Montag an einer Telefonkonferenz mit der Bundeskanzlerin vom Bett aus teilnahm, wie er die Presse stolz wissen ließ.

306 Siehe hierzu *Online-Petitionen, Frustabbau.*

307 Sing along with me: „Summertime and the livin‘ is easy. Fish are jumpin’ and the cotton is high …“

# ZOOLOGIE, Erkenntnisse[308]

Es gibt immer wieder neue Erkenntnisse aus dem Bereich der naturwissenschaftlichen Forschung, die wie aus dem Nichts plötzlich auftauchen und unser Wissen um dieses oder jenes mit Einsichten bereichern, ohne die zu leben uns ab diesem Zeitpunkt unmöglich erscheint.

***Steinläuse – die Alleskönner***

Wo stünde die internistische Medizin wohl ohne die Forschungsarbeiten Loriots zum Wert der Steinlaus bei der Therapie von Gallen-, Blasen- und Nierensteinen, die sogar an thematisch richtiger Stelle in dem renommierten medizinischen Wörterbuch Pschyrembel gewürdigt wird? Richtig: in der Steinzeit. Dass dieses possierliche Tierchen auch noch andere Tricks draufhat, wissen wir, seit das Bundesverkehrsministerium darüber nachdenkt, die Feinstaub- durch eine Steinlausplakette zum Nachweis geminderter Abgasemissionen bei Kraftfahrzeugen zu ersetzen.[309]

***Zebras und Pinguine meiden***

Bedeutsam für eine stressfreie Lebensführung sind die Erkenntnisse zu den Charaktereigenschaften von Zebras und Pinguinen, mit denen der bundesweit vor allem als Echsenforscher bekannte Zoologe (und nebenberuflich als Schauspieler tätige) Michael Hatzius erst in jüngster Zeit an die Öffentlichkeit trat. Seitdem wissen wir aus erster Hand, dass Zebras hinterhältig und faul sind[310] und Pinguine klauen. Dieses Wissen zu haben, gibt mir ein Gefühl der Sicherheit, denn jetzt kann ich mich gedanklich gezielt auf entsprechende Treffen vorbereiten, bei denen ich bisher immer so ein unbestimmtes flaues Gefühl der Unsicherheit in der Magengegend hatte.

---

308 Über neueste wissenschaftliche Erkenntnisse zum Umgang mit Ohrwürmern siehe *Ohrwurm, Jagd*.

309 Achten Sie auf Hinweise in Ihrer regionalen Tageszeitung.

310 Und eitel, wenn man Hegen glauben will: Die Frage, warum das Zebra Streifen trägt, die Fachwelt seit jeher bewegt. Ich sprach jetzt mit dem Nashorn Hegen. Es meint: „der schicken Streifen wegen".

### *„Bücher-Tiere" – schön aber selten*

Unbekannte exotische Tierarten, die in keinem Lexikon verzeichnet sind und uns deshalb ein Aha-Erlebnis bescheren, hat uns Christian Morgenstern in seinen „Galgenliedern" nahegebracht. Neben dem (nach landläufiger Schulmeinung nur im Singular deklinierbaren) Werwolf ist da vor allem das Nasobem zu nennen, das, von seinem Kind begleitet, auf seinen Nasen einherschreitet.

Gesehen habe ich noch keines, ich werde jetzt aber verstärkt darauf achten, wenn ich mit Inge in die Toskana fahre. Denn bekanntlich verbrachte der italienische Schriftsteller Carlo Lorenzini,[311] Spezialist für Langnasen und Autor des Romans „Die Abenteuer des Pinocchio", einen großen Teil seiner Kindheit in einem Dorf namens Collodi, das zwischen Lucca und Pistoia liegt. Manchmal fußen Buchideen ja auf akribischen Naturbeobachtungen.[312]

## ZWERGPINGUIN, artgerechte Haltung

Ich beobachte das schon seit einiger Zeit. Manfred und Ulrike muss ein Zwergpinguin zugelaufen sein. So Anfang November des vergangenen Jahres, da ist er mir jedenfalls zum ersten Mal aufgefallen.

### *Schneewittchen*

Zunächst machte das possierliche Tierchen, das ich Schneewittchen taufte, einen sehr lebhaften Eindruck. Mal stand Schneewittchen in ihrem Käfig links neben der Eingangstür, mal rechts, mal schaute sie mir freundlich direkt in die Augen, mal wandte sie den Blick mit einem kleinen Kichern verschämt zur Seite, wie das Pinguin-Fräuleins nun mal so machen. Schneewittchen schien sich rundum wohlzufühlen.

### *Der gläserne Pinguin-Sarkophag*

Mich hat das eigentlich immer gewundert, denn das Glasbehältnis, in das sie eingepfercht war, eine handelsübliche ver-

311 Besser bekannt unter seinem Nachnamen-Pseudonym Collodi.

312 Siehe z. B. auch Giulia Enders, Darm mit Charme – Alles über ein unterschätztes Organ.

glaste Gartenlaterne von circa 70 cm Höhe und einer Grundfläche von maximal 20 × 20 cm, erinnerte mich an einen gläsernen Pinguin-Sarkophag. Es fehlten nur noch die sieben Zwerge, dann wär's perfekt gewesen. Ich beruhigte mich dann mit dem Gedanken, dass Pinguine ja doch nicht so viel herumlaufen, ihr Element vielmehr das Wasser ist.

Aber jedenfalls war das angebotene Futter aus meiner Sicht total ungeeignet. Ab Mitte Dezember gab's nur noch mit kleinen Strohsternchen und bunten Kugeln geschmückte Tannenzweige. Sicher, das Auge isst mit, aber Tannenzweige, das war eindeutig kein Futter für einen Zwergpinguin. Ich hab' das gegoogelt.

Dann bekam Schneewittchen plötzlich Probleme. Sie stand apathisch, den Blick dumpf zur Hauswand gerichtet, in ihrem Gurkenglas und tat keinen Mucks. Das war nicht mehr der muntere, lebenslustige Zwergpinguin, den ich kannte, Schneewittchen ähnelte eher einem dieser aus toten Augen starr ins Unendliche blickenden Tonkrieger aus Xian. Mich wunderte das nicht, denn das Futter hatte man ihr entzogen, die Tannenzweige waren abgeräumt.

### *Fritz „setzt ein Zeichen“*

Ich habe mich über diesen barbarischen Akt von Tierquälerei offen mit Fritz unterhalten. Wir waren uns schnell einig, dass wir handeln mussten, „noch heute Nacht“. Die Befreiungsaktion lief dann etwas aus dem Ruder. Zwar wurde Schneewittchen von den Enten am idyllisch in der Holzwickeder Ortsmitte gelegenen Teich, insbesondere von den Erpeln, sofort angenommen. Da aber Fritz unbedingt noch „ein Zeichen setzen“ wollte und nach der gelungenen Auswilderungsaktion die zum Fußweg gerichtete Wand des Hauses von Manfred und Ulrike in einer roten Lackfarbe aus einer Sprühdose mit teils recht derben Parolen schmückte, werden wir jetzt zwei Nachbarn verlieren. Manfred und Ulrike ziehen wohl nach Unna, jedenfalls hat Ulrike so etwas angedeutet.

Das tut mir irgendwie leid, aber artgerechte Tierhaltung war das nicht, was ihr da veranstaltet habt!

# Danksagungen

Dieses Buch wäre ohne die tatkräftige und aufopferungsvolle Unterstützung meiner Ehefrau, meiner Freunde, Bekannten, Kritiker, führender Köpfe aus dem politischen, kirchlichen, literarischen, musischen, medizinischen und wirtschaftlichen Umfeld nie geschrieben worden.

Sie reichten mir in Wort und Tat stets ihre helfende Hand, wenn ich kurz davor war, entnervt aufzugeben. Ich kann hier voller Überzeugung feststellen: Würde es Euch/Sie nicht geben, dann gäbe es auch diese Buch nicht!

Ich bedanke mich insbesondere bei:[313]

(Bischof Stephan) Ackermann, Addi, Adidas, (Leo) Adleman, (Torsten) Albig, (der) Alfi (GmbH), Alfred, (Prof. Eckhart) Altenmüller, (Peter) Altmaier, Andreas, Angelika, Anne, Ariel, (Baschar al-) Assad, (Kaiser) Barbarossa, (Lex) Barker, (Michel) Barnier, Beatles, (Boris) Becker, (Sofja Andrejewna) Behrs, Bernd, (Silvio) Berlusconi, (Kardinal Tarcisio) Bertone, (Wolfgang) Beus, (Joseph) Beuys, (Josef) Blatter, Blues Brothers, (Greg) Boertje-Obed, (Martin) Böttcher, (Dieter) Bohlen, (Hans Wolfgang) Brachinger, (Bertolt) Brecht, (Gordon) Brown, (Rainer) Brüderle, (Hamburger) Bürgerschaft, (Edelgard) Buhlmann, (George W.) Bush, CDU, Christel, Christian, Christina, Claude, (Inspektor) Clouseau, (Hillary) Clinton, (Manfred) Clynes, (Tom) Cruise, CSU (auch Landesgruppe Berlin), (Matt) Damon, Daniel, Deep Purple, Django, Denver, Detlef, DGzRS, (Kai) Diekmann, (Alexander) Dobrindt, (Richard) Easterlin,

313 Ohne Gewähr für Vollständigkeit.

(Clint) Eastwood, (Horst) Ehmke, (Johann Andreas) Eisenbarth, Elphi (Hamburger Elbphilharmonie), Emerson (Lake & Palmer), (dem Wahlkampfteam der) FDP, (Roger) Federer, (Charles) Ferguson, (Eckhard) Fischer, (Gerald R.) Ford, Fossi (alias Hans-Jürgen V. aus L.), (Jamie) Foxx, (Benjamin) Franklin, (Seine Heiligkeit Papst) Franziskus, Fraunhofer (-Institut für Bauphysik), (Sigmund) Freud, Friedrich (O.), (David Caspar) Friedrich, (Hans-Peter) Friedrich, Fritz, (Peter) Gabriel, (Sigmar) Gabriel, (Joachim) Gauck, (Joseph) Gayetty, Genesis, Gerd, Gerhard, (Edith und Egon) Geerkens, (George) Gershwin, (Alexander) Gerst, (Leo) Gerstenzang (für die Erfindung der Q-tips), (Mel) Gibson, Google (Inc.), Goscinny, Gott (der es eigentlich immer ziemlich gut mit mir gemeint hat), (Günter) Grass, (Stefan) Greiner, (Hermann) Gröhe, (den Müttern und Vätern des) Grundgesetzes (für die Erfindung des Art. 97 GG), (Herbert) Grönemeyer, (Pep) Guardiola, Guiseppe, (Karl-Theodor Maria Nikolaus Johann Jacob Philipp Franz Joseph Sylvester Freiherr von und zu) Guttenberg, (Christine) Haderthauer, („Diddi") Hallervorden, Hans, (Michael) Hatzius, (Volker) Hauff, (Rupert) Heindl, Heinz, (Axel) Heitmann, Helena (von Konstantinopel), (Barbara) Hendricks, Hermann, (Hubertus) Hilgers, (Adolf) Hitler, (Bauunternehmen) Hochtief, (Uli) Hoeneß, (Francois) Hollande, (Dr.) Hook, Ina, Inge (meiner Mutter), Inge (meiner Holden), Ingrid, Irmi, (Ralf) Jäger, (Gerburg) Jahnke, Johann (meinem Schwiegervater), Jürgen (M. aus D.), Jürgen (U. aus D.), (Jean-Claude) Juncker, (Kiju) Jung, (Erich) Kästner, (Panagiotis) Karakousis, Karin, (den „Doktor-Vätern" von Scheuer an der Prager) Karls-Universität, (Volker) Kauder, (Henry [Küssinger]) Kissinger, Kitchen Aid, (Nathan S.) Kline, (Jürgen) Klopp (für zwei unvergessliche Jahre in 2011 und 2012 mit unserem geliebten BVB 09 und hoffentlich noch viele weitere unter seiner Leitung), (Anja) Kohl, (Kaiser) Konstantin (der Große), (Kevin) Kostner, (Hannelore) Kraft, Kreispolizeidirektor (Unna), (Kris) Kristofferson, (Paul) Krüger, (Geordi) La Forge, Landgericht Köln,

(Rainer) Langhans, Lanxess, (Bas) Lansdorp, (Étienne) Laspeyres, (Bernard) Lefèvre, Lego, (Sergio) Leone, (Enrico) Letta, (Hans) Leussink, (Friedrich) Liechtenstein, (Patrick) Lindner, (Bruce H.) Lipton, (Mario Vargas) Llosa, (Hermann) Löns, (Carlo) Lorenzini (alias Collodi), Loriot, („Jogi") Löw, Lothar, (Geir) Lundestadt, (Heiko) Maas, (Andie) MacDowell, (Jochen) Malmsheimer, Manfred/Manni (H. aus H.), Manfred (S. aus D.), (Helmut) Markwort, (Carsten) Maschmeyer, (Hans) Matthöfer, (Ueli) Maurer, (Paul) McCartney, (Cliff Allister) McLane, (Herr) Meier, (Ex-Kardinal [!] Joachim) Meisner, Merck, (Angela) Merkel, (Klaus) Mertes, (Philipp) Mißfelder, (Walter) Moers, (Claude) Monet, Monty Python, (Michael) Moore, (Christian) Morgenstern, (Errol) Morris, (Klaus) Mueller-Zahlmann, (Bill) Murray, (meinen) Nachbarn (soweit nicht namentlich genannt), (Randy) Newmann, (den „Spinnern" von der) NPD, NSA, (Dieter) Nuhr, (Raumschiff) Orion, (die Kuh) Patrizia, (Charly) Patton, (Allan und Barbara) Pease, (Prof. Dr. Achim) Peters, (Kirill) Petrenko, (Prof. Christian) Pfeifer, (Cornelia) Pieper, (gefolgt von, der Zufall hat es so eingerichtet:) Pinocchio, Pit, (Edgar Allan) Poe, (Ronald) Pofalla, (Urban) Priol, Proctor & Gamble, Prokon, (Meister) Propper, (Wladimir Wladimirowitsch) Putin, Rainer, (Peter) Ramsauer, Redaktionskollegen (Amrumer Spökenkieker, Castroper Taubenfreund, Die Weißwurst aktuell, Neue Rheinpresse, Ruhr Nachrichten, WDR 2-Morgenmagazin und Guinness Buch der Rekorde), (Robert) Redford, (den Betreibern der Schmuddel-plattform) RedTube, (Condoleezza) Rice, (Megan) Rice, (Mathias) Richling, (Heinz) Riesenhuber, Ringo, (Ronald) Rivest, (Julia) Roberts, (Philipp) Rösler, (Norbert) Röttgen, (Christiano) Ronaldo, Roswitha, (Bernhard) Roßmöller, (Jürgen) Rüttgers, (Karl-Heinz) Rummenigge, (Donald) Rums(!)feld, (Friedlieb Ferdinand) Runge, Ruth, (der) Sandmann, (Nicolas) Sarkozy, (Bodo) Schäfer, (Annette) Schawan, (Wolfgang) Schäuble, Scheier/Held, (Andreas) Scheuer, (Frau) Schönfelder, (Gerhard) Schröder, (Martin)

Schulz, (Alice) Schwarzer, (Horst) Seehofer, (Adi) Shamir, (Old) Shatterhand, (Satoru) Shibata (Geschäftsführer von Nintendo Europe GmbH), (Ayaka) Shiomura, Shurgard, (Christoph) Simon, (Mr.) Smith, Snow Patrol, Sodexo, (Markus) Söder, SPD, (Alfred) Speer sen. und jun., (der Vornamenlose) Spring-Brauner, (Morgan) Spurlock, (Sylvester) Stallone, (Peer) Steinbrück, (Prof. Austin) Stewart, (Gerhard) Stoltenberg, (Giannis) Stournaras, (Marie-Agnes) Strack-Zimmermann, (Franz Josef) Strauß, (Atan) Shubashi, (Hein) Süwerstrüp, (Wen-Hao) Tan, (Quentin) Tarantino, (Franz-Peter) Tebartz-van Elst, (Mutter) Teresa, (Amul) Thapar, (Jeff) Theodore, (J. R. R.) Tolkien, Toni (meiner Schwiegermutter), (Kurt) Tucholsky, (Mark) Twain, Uderzo, Udo, (Walter) Ulbricht, Ulla, Ulrike (H. aus H.), Ulrike (U. aus H.), (Papst) Urban II., (meinem) Verleger, (Otto) von Bismarck, (Gerhard) von Bressendorf, (Andreas) von Bülow, (Erzbischof Rainald) von Dassel, (Achim) von Engel, (Ursula) von der Leyen, (Johann Wolfgang) von Goethe, (Friedrich) von Schiller, Vontobel (Bank Zürich), (Henning) Voscherau, (Andrea) Voßhoff, (Otto) Waalkes, (Edgar) Wagner, (Wilhelm Richard) Wagner, (Theo) Waigel, Walburga, (Michael) Walli, (Martin) Walser, (Norbert) Walter-Borjans, Waltraud (Schmidt), (Johanna) Wanka, (Christoph) Waltz, (Winston W.) Wamsler, Weber (Grillhersteller), (Guido) Westerwelle, Wilfried, (Prof. Dr. Maximiliane) Wilkesmann, (Matthias) Wissmann, (den Plattformbetreibern von) witziwig, (Reinhold) Wosab, (Christian) Wulff, (Matthias) Zachert, (Ermenegildo) Zegna, (Phil) Zimmermann (für die Entwicklung von Skype [und Pretty Good Privacy]).